Heinrich Peuckmann

Mehr Helden aus dem Fußball-Westen

Heinrich Peuckmann

Mehr Helden aus dem Fußball-Westen
Geschichten – Legenden – Anekdoten

Aschendorff Münster

Bildnachweis:
Aschendorff Verlag: S. 13, 19, 59, 105, 113, 119, 137, 181, 183, 189; dpa: S. 9; Firo: S. 161; Fotoagentur Sven Simon: S. 15, 53, 89, 97, 100, 109, 115, 145, 147, 159, 163, 167, 169, 177, 179, 186; Pressebilderdienst Horst Müller: S. 25, 27, 29, 33, 51, 65, 95, 99, 117, 133, 153; Pressebild-Agentur Schirner: S. 26, 35; Privat: S. 37, 41, 43, 47, 49, 55, 61, 68, 71, 73, 87, 101, 121, 126, 135, 165, 170, 187, 192; Rzepka: S. 96; Team 2: S. 156; Werek: S. 81, 91, 123, 131, 142.

© 2003 Aschendorff Verlag GmbH & Co. KG, Münster

Das Werk ist urheberrechtlich geschützt. Die dadurch begründeten Rechte, insbesondere die der Übersetzung, des Nachdrucks, der Entnahme von Abbildungen, der Funksendung, der Wiedergabe auf fotomechanischem oder ähnlichem Wege und der Speicherung in Datenverarbeitungsanlagen bleiben, auch bei nur auszugsweiser Verwertung, vorbehalten. Die Vergütungsansprüche des § 54, Abs. 2, UrhG, werden durch die Verwertungsgesellschaft Wort wahrgenommen.

Gesamtherstellung: Druckhaus Aschendorff, Münster, 2003
Gedruckt auf säurefreiem, alterungsbeständigem Papier ∞
ISBN 3-402-05463-9

Inhalt

1. Einwurf: Ein Vorwort. Rübe, Ente und Zappel.
Über Spitznamen im Fußball... 7

Preußen Münsters Stürmer – „Sigi" Rachuba, Rudi Schulz
und Erwin Kostedde 9
Helmut Rahn – Dribbelkünstler und Weltmeister 13
Hans Schäfer – der Weltmeister aus Köln 19
Wewers – Wientjes – Köchling – Rot-Weiß Essens
große Abwehrreihe 25

2. Einwurf: Der weite Abwurf 31

Fritz Herkenrath – vom Fußballtor in den Hörsaal 33
Georg Stollenwerk – vom Stürmer zum Verteidiger 41
Leo Wilden – Mittelläufer im WM-System 47
Karl-Heinz Thielen – Kölns auffällige Erscheinung
auf Rechtsaußen 51

3. Einwurf: Die Frau mit dem Pelzmantel 57

Theo Redder – ein Werler Junge in der Nationalmannschaft 59
Heinz Hornig – ein Dribbelkönig, der das Dribbeln vergaß 65
SuS Kaiserau – die Talentschmiede im Schatten der
Sporthochschule 71

4. Einwurf: Der Versuch als Spielervermittler 77

Wolfgang Weber – kampfstarker Abwehrspieler aus Köln 81
Hacky Wimmer – der Dauerrenner aus Mönchengladbach 89
Seliger – Wunder – Worm. Der „Wundersturm" des MSV Duisburg 95

5. Einwurf: Ein denkwürdiges Länderspiel 103

Günter Netzer – Mittelfeldstratege und Fußballanalytiker 105
Hannes Löhr – nach schwerer Krankheit zur WM 113
Lothar Kobluhn – der Torjäger ohne Torjägerkanone 117
Horst Köppel – der Schwabe in Mönchengladbach 123

6. Einwurf: Fußballfan Bernhard Minetti 129

Dieter Herzog – der Flügelflitzer bei Fortuna Düsseldorf 131
Wolfgang Overath – der Mittelfeldstar aus Köln 137
Wolfgang Kleff – der „Otto" im Fußballtor 145

7. Einwurf: Die andere Sichtweise –
Wilfried Hilker, der Mann mit der Pfeife 149

Bernd Cullmann – kein Überflieger, aber weit gekommen 153
Hannes Bongartz – der Erfinder des Übersteigers 159
„Jupp" Tenhagen – Bochums Star im Mittelfeld 163
Gerd Zewe – Fortunas Düsseldorfs Spiellenker aus
besseren Zeiten 167

8. Einwurf: Der Schuss durch das Fenster 173

Pierre Littbarski – immer der Größte, nie der Längste 177
„Toni" Schumacher – der ehrliche Rebell 183
Michael Zorc – Borussia Dortmunds Mann im Mittelfeld 189

Letzter Einwurf. Ein Nachwort.
Fußballgeschichten, die das Leben schrieb 197

Der Autor 205

Erster Einwurf. Ein Vorwort

Rübe, Ente und Zappel. Über Spitznamen im Fußball

Die große Krise im deutschen Fußball, erst mit der letzten WM halbwegs überwunden, war schon lange vorher absehbar gewesen. An einem untrüglichen Kennzeichen hätte man sie erkennen müssen: Es gibt keine Spitznamen mehr! Es gibt nicht mehr diese Typen auf dem Spielfeld, die den Zuschauer herausfordern, ihn mit einem Wort so treffend zu charakterisieren, dass ihn sich noch spätere Generationen vorstellen können.

Früher gab es sie in jeder Mannschaft, egal ob erst- oder viertklassig.

Man muss die alte Landesligamannschaft des VfL Kamen nicht gesehen haben, aber wer die Spitznamen ihrer Spieler kennt, hat sie sofort vor Augen. „Zappel" Lepke, der wild mit den Armen ruderte und den ruhigsten Zuschauer nervös machte, „Appel" Maidorn, dessen Wangen schon vor dem Anpfiff wie Granatäpfel glühten und „Rübe" Michalski, den unter tausend Fußballerköpfen jeder sofort erkennen würde. Eine Mannschaft voller Typen.

Bei Borussia Dortmund spielten damals „Charly" Schütz und „Timo" Konietzka, die wegen ihres blinden Verständnisses „Max und Moritz" gerufen wurden, gefolgt von einem weiteren Pärchen, das sie im Sturm ablöste: „Siggi" Held und sein weibliches Pendant „Emma" Emmerich, aufeinander eingespielt wie ein altes Ehepaar. Unvergesslich, wie „Ente" Lippens über den Rasen des Westfalenstadions watschelte, wie „Hoppy" Kurrat, klein, quadratisch, aber gut, da unglaublich beweglich, die Stürmer der gegnerischen Mannschaft zur Verzweiflung brachte. „Hopp!", riefen die Zuschauer, wenn er, schon ausgetrickst, wieder aufsprang und den Ball doch noch erreichte. „Susi" Zorc, Borussias Mädchen für alles, spielt nun auch nicht mehr. Und noch bei dem Mittelstürmer Chapusiat klappte es. Klar, dass es mit seinem Namen aus der französisch sprechenden Schweiz in Dortmund Probleme geben würde, weshalb er schnell „Schappi" getauft wurde. „Schappi wird Papi" dichtete sogar eine Tageszeitung. Noch besser aber waren jene Fans auf der Haupttribüne, die seinen Namen so richtig schön ins Deutsche übertrugen und dauernd von „Schapusiak" sprachen. „Schapusiak, hasse gesehn. Is gut, ey." Nahtlos schafften sie damit den Anschluss an jene alte Meistermannschaft von 1956/57, in der es nur solche Namen gab: Cieslarczyk, Kelbassa, Kwiatkowski und der unvergessene „Spinne" Michallek, der mit seinen langen Beinen noch den jungen Uwe Seeler gebremst hat. „Was willst du denn noch auf dem Platz, Opa?", soll „Uns Uwe" ihn gefragt haben, worauf Michallek mit Bierruhe geantwortet hat: „Dich mach ich noch fertig, wenn ich fuffzig bin." So kam es denn auch.

„Bulle" Roth, „Katsche" Schwarzenbeck, der flinke „Hacky" Wimmer, der so manchem Gegner die Hacken zeigte, „Knecht" Hrubesch, das wuchtige Strafraumgewitter für jede Abwehr, „Rolli" Rüßmann, „Ruuudi" Völler als „Tante Käthe", der kleine „Litti" Littbarski, von denen manche in diesem Buch portraitiert werden, die Liste ließe sich beliebig lange fortsetzen.

Und heute? Spitznamen für Wörns, Ziege, Hamann oder Linke? Nicht vorstellbar. Das Spielsystem lässt keinen Platz für Typen, an denen sich die Phantasie entzünden könnte. Ganz klar, da besteht ein Zusammenhang: mehr Spielraum, mehr Typen, mehr Erfolg, mehr Spitznamen! Diese Logik muss erst mal einer widerlegen! Nur „Effe" Effenberg, der hatte noch einen, wenn seiner auch nicht direkt mit Fußball zu tun hat. Aber immerhin, denkt der trauernde Fußballfan inzwischen, besser so ein Spitzname als gar keiner. Denn wie soll es sonst wieder aufwärts gehen mit dem deutschen Fußball?

Preußen Münsters Stürmer – „Sigi" Rachuba, Rudi Schulz und Erwin Kostedde

Von Preußen Münsters berühmtem „100.000-Mark-Sturm" haben drei Spieler den Sprung in die Nationalmannschaft geschafft, „Adi" Preißler und „Fiffi" Gerritzen ins A-Team, „Jupp" Lammers immerhin in die Studentennationalmannschaft. Den beiden anderen dagegen, zu ihrer Zeit ebenfalls Klassestürmer, blieb diese Anerkennung versagt. Dabei war vor allem „Siggi" Rachuba, der auf Halblinks stürmte, ein torgefährlicher Mann. In 238 Spielen für Preußen Münster schoss er immerhin 97 Tore, der vierfache Nationalspieler „Fiffi" Gerritzen, der allerdings nur 166 Spiele bestritt, kam auf 83 Treffer.

Erwin Kostedde – der erste Farbige in der Nationalmannschaft

Rachuba kam 1949 von der SpVgg Erkenschwick zu Preußen Münster, ein Jahr, bevor Gerritzen aus Oldenburg kam. Die beiden haben sich gut verstanden, Gerritzen fand Rachuba charakterlich „doll". „Der war immer ruhig", sagt er, „hat nie Rabatz gemacht und war immer bester Laune."

Vor allem war Rachuba ein Mann, der seinen Mitspielern den Erfolg gönnte. Irgendwann, erzählt Gerritzen, hat er in der Wochenschau gesehen, wie ein Spieler einer italienischen Mannschaft mit einem Fallrückzieher ein Tor erzielte. Das wollte „Fiffi" unbedingt auch mal schaffen. Hinter seinem Haus befand sich eine Sandgrube und dort hat er geübt, fünfzig, hundert Mal, bis er es konnte. Wobei ihm zugute kam, dass er bei der Wehrmacht zu den Fallschirmspringern gehört und dort das Abrollen gelernt hatte.

Von seiner neuen Übung hat er seinen Sturmkollegen nichts erzählt, sondern auf eine passende Gelegenheit gewartet, bei der er sie ihnen zeigen konnte. Die kam im Spiel gegen Borussia Dortmund, bei denen immerhin Nationaltorwart Heini Kwiatkowski zwischen den Pfosten stand. „Sigi" Rachuba hat dann die entscheidende Flanke geschlagen und „Fiffi" hat außerhalb des Strafraums den Fallrückzieher angesetzt, der tatsächlich im Tor landete. Ungläubiges Staunen bei Mitspielern und Gegnern. „Sigi" Rachuba kam angerannt, hat ihn gedrückt und gerufen: „Unglaublich, wie hast du das gemacht?" Anschließend hat er versprochen, es auch mal zu üben, es dann aber doch gelassen. „Sigi" Rachuba hatte es nämlich im Kreuz, es wäre ihm nicht gut bekommen, wenn er seine Ankündigung wahr gemacht hätte. Zumal er auch keine Fallschirmspringerausbildung hatte. Seine 97 Tore hat er mit normalen Schüssen und mit Kopfbällen erzielt.

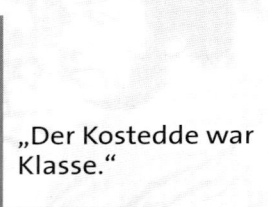
„Der Kostedde war Klasse."

Besonders erfolgreich waren Rachuba und seine Sturmkollegen 1951 bei der Deutschen Meisterschaft. Im Halbfinale beim Spiel gegen Tennis Borussia Berlin waren der Preußen-Sturm besonders erfolgreich. 8:2 wurden die Berliner geschlagen und Preußen zog zum ersten und letzten Mal ins Endspiel ein. Als Gerritzen gegen Kaiserslautern die 1:0-Führung gelang, war Rachuba der Meinung, die Erfolgsserie würde sich fortsetzen lassen. „Jetzt haben wir sie im Sack", hat er Gerritzen zugerufen, aber es kam ganz anders. Preußentorwart Otto Mierzowski war verletzt, eine Spritze, die er in der Pause bekommen hatte, wirkte nicht richtig und so hatte er Probleme beim Rauslaufen. Eine Schwäche, die Ottmar Walter mit zwei Kopfballtoren ausnutzte. 2:1 gewannen die Lauterer, nie wieder schaffte Preußen den Sprung in die Endrunde um die deutsche Meisterschaft.

Bei Kaiserslautern spielte auch der Mann, der Rachuba eine internationale Karriere verstellte. Fritz Walter spielte nämlich ebenfalls auf Halblinks, und an ihm, Sepp Herbergers Spielmacher, gab es wirklich kein Vorbeikommen. Auch nicht für Rachuba, dem es nichts half, dass er technisch ein guter Spieler war, der den Spielaufbau organisierte. Immerhin hat er den Sprung in die Westdeutsche Auswahl geschafft, was damals durchaus Bedeutung hatte.

Rachuba blieb den Preußen treu und hat später in Münster als selbständiger Handwerker einen Anstreicherbetrieb geführt. Vor einem Jahr ist er gestorben.

Rudi Schulz kam von Borussia Dortmund zu Preußen Münster, ging also denselben Weg wie „Adi" Preißler, der aber später zurückwechselte und zweimal mit den Dortmundern Deutscher Meister wurde. Rudi Schulz dagegen blieb in Münster, 280 Mal hat er für die Preußen gestürmt und dabei 28 Tore erzielt. Er war also nicht der Typ des eiskalten Vollstreckers, sondern hat die Tore vorbereitet. Vermutlich kam er deshalb nie für Herberger in Frage, und wenn, dann hätte auch er einen Walter-Stürmer gegen sich gehabt, Ottmar Walter nämlich, den Bruder von Fritz. Zusammen wurden die beiden 1954 Weltmeister.

Rudi Schulz hat bei einer Versicherung gearbeitet, er wohnt heute in Münster-Hiltrup, ist gesund und viel unterwegs.

Preußen Münster hat später aber doch einen Mittelstürmer hervorgebracht, der Nationalspieler wurde. Erwin Kostedde war das, der erste Farbige, der diesen Erfolg verbuchen konnte, lange vor Gerald Asamoah. 1974 und 75, in seiner Zeit bei Kickers Offenbach, hat er dreimal für die Nationalmannschaft gestürmt, dabei aber kein Tor geschossen. Auch für Borussia Dortmund und Werder Bremen hat Kostedde gespielt. Er war ein typischer Strafraumspieler, wendig, kopfballstark, schoss beidfüßig und hat bei all seinen Stationen in der Bundesliga 98 Tore geschossen, darunter 1974, als er für Borussia Dortmund spielte, das „Tor des Jahres". Damit gehört Kostedde bis heute zu den erfolgreichsten Stürmern in der Liga.

Noch erfolgreicher war er bei seinen Stationen in Frankreich und Belgien. Mit Standard Lüttich wurde er dreimal belgischer Meister, als er später bei Stade Laval spielte, wurde er französischer Torschützenkönig.

„Fiffi" Gerritzen hatte ihn in der Jugend trainiert und gefördert, weil er gemerkt hatte, welch großes Talent da heranwuchs.

Erwin Kostedde lebt heute zurückgezogen in Münster. Vielleicht hat zu seiner Zurückhaltung beigetragen, dass er in falschen Verdacht geriet und wegen angeblichen Einbruchs in Untersuchungshaft genommen wurde. Erwin Kostedde war aber unschuldig. Manchmal treffen sie sich noch, Münsters erfolgreichste Fußballspieler. Dann sprechen „Fiffi" Gerritzen und Erwin Kostedde über ihre Fußballerlebnisse. Es sind melancholische Gespräche, weil ihre Wege nach der aktiven Zeit ganz unterschiedlich verlaufen sind. Aber wenn man „Fiffi" auf die fußballerischen Fähigkeiten von Kostedde anspricht, spürt man seine Begeisterung. „Der Kostedde war Klasse", sagt er.

Helmut Rahn – Dribbelkünstler und Weltmeister

„Rahn hat den Ball", ruft Herbert Zimmermann in seinem unvergesslichen Rundfunkkommentar, „er müsste schießen, Rahn schießt auch ... Tor! Tor!" Und kurz darauf überschlug sich seine Stimme: „Aus, aus! Das Spiel ist aus! Deutschland ist Weltmeister!"

Das Tor, das Zimmermann so überschwänglich kommentierte, ist später zum „Tor des Jahrhunderts" gewählt worden. Sicherlich gab es kunstvollere Tore, die deutsche Fußballer geschossen haben, vorher und nachher. Klaus Fischers Fallrückzieher im Länderspiel gegen die Schweiz zum Beispiel, oder Lothar Emmerichs Kracher von der Torauslinie 1966 im WM-Spiel gegen Spanien. Aber wohl keines war wichtiger als Helmut Rahns Tor 1954.

Tor durch Helmut Rahn. Der 2:2-Ausgleich im WM-Endspiel war geschafft.

Es entschied das Endspiel um die Fußball-WM 1954, in das die deutsche Mannschaft als krasser Außenseiter gegangen war. Jahrelang waren die Ungarn in Länderspielen nicht besiegt worden, noch im Vorrundenspiel hatten sie die deutsche Mannschaft haushoch mit 8:3 besiegt, und dann so etwas. Puskas, Czibor, Hidekuti und wie sie alle hießen haben bis heute nicht verstanden, warum sie ausgerechnet das wichtigste Spiel ihrer Karriere verloren haben.

Umgekehrt war es ein denkwürdiger Sieg für die Deutschen, die noch unter den Kriegsfolgen, vor allem aber unter der Schmach des Faschismus litten. Man war Außenseiter in der Völkergemeinschaft, nun hatte man gezeigt, dass man mithalten konnte. Ein stiller Triumph, für den der Sport vielleicht der richtige Ort war.

Ein Teil des Geheimnisses, das die Ungarn nicht ergründen können, heißt Helmut Rahn aus Essen. Rahn war ein richtiger Junge aus dem Ruhrgebiet. Sein Vater fuhr die Deputatkohle aus. In Altenessen, mitten im „Pott", fing Helmut mit dem Fußballspielen an, bei Rot-Weiß hat er die längste Zeit gespielt, in Essen wohnt er bis heute.

Das Siegtor war nicht das einzige, das Rahn in jenem Endspiel schoss. Die favorisierten Ungarn waren schon nach wenigen Minuten mit 2:0 in Führung gegangen, alles deutete auf den erwartet hohen Sieg hin, da schoss Max Morlock den Anschlusstreffer. Der Ausgleich noch vor der Pause gelang Helmut Rahn. Der hatte sich Herbergers Tipp gemerkt, bei Eckbällen am langen Pfosten zu warten und auf Abpraller zu hoffen. Als ihm wirklich nach einer Ecke der Ball vor die Füße sprang, hatte er keine Mühe, ihn über die Linie zu drücken.

Der Siegtreffer kurz vor Schluss war dann ein typisches Rahntor. Vor dem Strafraum bekam er den Ball, rannte los, trickste den Verteidiger aus, drang in den Strafraum ein und zog ab. Ein Tor mit Anlauf, wie er es liebte.

Insgesamt 21 hat er in 40 Länderspielen geschossen, davon 10 bei Weltmeisterschaften. An sechster Stelle steht er in der Rangliste der WM-Torjäger, knapp hinter Pele, knapp auch hinter Jürgen Klinsmann und den unvergessenen Gerd Müller, der auch diese Torjägerliste anführt.

„Bitte sährr, ein Bier, bitte sährr."

Dabei fing die Weltmeisterschaft 1954 für Rahn gar nicht so gut an. In den beiden wichtigen Vorrundenspielen, beide Male gegen die Türkei, spielte nicht er Rechtsaußen, sondern sein Konkurrent Berni Klodt von Schalke. Lediglich in dem unwichtigen Spiel gegen die Ungarn, in dem Herberger das Bubenstück fertig brachte, nahezu die gesamte Ersatzmannschaft aufzubieten, durfte Rahn ran. Immerhin schoss er eines der drei Tore.

Herberger trug schwer an der Entscheidung, ob er Klodt oder Rahn spielen lassen sollte. In der Zwischenrunde gegen Jugoslawien entschied er sich für Rahn, der beim 2:0-Sieg einziger Torschütze der Deutschen war. Das andere war ein Eigentor von Horvath.

Nach dem Halbfinale wurde es noch einmal wacklig, denn beim hohen 6:1-Sieg schossen die Walter-Brüder je zwei Tore, dazu Morlock und Hansi Schäfer, aber keines Helmut Rahn. Bis zwei Stunden vor Anpfiff hoffte Berni Klodt noch auf seinen Einsatz, aber Herberger änderte sein Team nicht mehr. Und Rahn dankte es ihm. Weltmeister. Auch wenn manche Namen aus dem damaligen Team inzwischen zu verblassen beginnen, sein Name, dazu der von Fritz Walter und Toni Turek bleiben unvergesslich mit dem Triumph von Bern verbunden.

Nach seinen Anfängen in Altenessen wechselte Rahn für kurze Zeit ins Münsterland zum SC Oelde, dann ging er zu Sportfreunde Katernberg, damals ein beachteter Verein, in dem zum Beispiel Heinz Kubsch spielte, dreifacher Nationaltorwart und ebenfalls Mitglied des WM-Teams von

Umgeben von seinem Lieblingssportgerät: Helmut Rahn

1954. Richtig groß wurde er jedoch erst bei Rot-Weiß. Dort fand er die Mitspieler im Sturm, die er brauchte. Berni Termath spielte Linksaußen, „Penny" Islacker halblinks, die Bälle verteilte August Gottschalk, ein besonderer Fußballer, auf den alle bei Rot-Weiß hörten, sogar der eigenwillige Helmut Rahn. August Gottschalk war schon weit über dreißig Jahre alt, war ein bulliger Typ mit Glatze, dessen Oberschenkel zu massieren sich der Masseur einmal mit der Begründung geweigert haben soll, die muskulösen Beine flößten ihm Furcht ein.

Gottschalk hatte Spaß an Rahn, mit dem er wunderbar kombinieren konnte, weil Rahn die Spielzüge im Voraus ahnte.

Schon 1951, kurz nach seinem Wechsel zu Rot-Weiß, feierte er im Spiel in der Türkei seinen Einstand in der Nationalelf. Gut für ihn, dass Herberger gleichzeitig Berni Termath berief, so dass sich die beiden Vereinskameraden gegenseitig das Lampenfieber ausreden konnten. Beim 2:0-Sieg schoss aber Morlock beide Tore, die Essener Jungen gingen leer aus.

Einen Monat später, beim 4:1-Sieg gegen Luxemburg in Essen, war das ganz anders. Rahn schoss ein Tor, Berni Termath gleich zwei. Überhaupt war es ein Essener Länderspiel, denn in der Abwehr feierte Heinz Wewers seinen Einstand.

Am Anfang lief die Länderspielkarriere von Rahn und Termath völlig parallel, Herberger spielte mit dem Gedanken, eine Essener Flügelzange zu bilden, aber nach sechs Spielen war es aus. Termath wurde lange nicht mehr eingeladen, Helmut Rahn blieb übrig. Er hatte jetzt auch keine Essener Hilfe mehr nötig, denn Fritz Walter, Mannschaftskapitän und Herbergers verlängerte Arm auf dem Spielfeld, hatte ihn ins Herz geschlossen und übte einen guten Einfluss auf den eigenwilligen, stets fröhlichen Ruhrgebietsjungen aus, der auch ein Bier nicht verschmähte.

1953 wurde Rahn mit Rot-Weiß Essen deutscher Pokalsieger, im Endspiel wurde Alemannia Aachen geschlagen und 1955 gewannen die Rot-Weißen die Deutsche Meisterschaft. Beim 4:3-Sieg schoss Helmut Rahn jedoch kein Tor, dafür bereitete er zwei Treffer vor. „Penny" Islacker war mit drei Toren der Held des Spiels, wobei das dritte ein besonders kurioser Treffer war. Islacker hatte sich eine schwere Fußprellung zugezogen, konnte kaum noch laufen und musste hinter dem Tor behandelt werden. So stand er, als er aufs Spielfeld zurückhumpelte, beim Angriff der Essener im Abseits. Aber Termath lief bis an die Außenlinie und flankte von dort zurück in den Strafraum, wodurch das Abseits aufgehoben wurde. Der verletzte Islacker, der nicht mehr laufen geschweige denn schießen konnte, nahm den Ball mit einem Flugkopfball und wuchtete ihn ins Tor. Ein unvergesslicher Siegtreffer, gegen den die Kaiserslauterer vergeblich protestierten. Und weil Islacker nicht mehr laufen konnte, andererseits beim Anstoß der Kaiserslauterer in der eigenen Hälfte stehen musste, schulterte Helmut Rahn ihn kurzerhand und trug ihn in die Essener Spielhälfte. Neben den Vorlagen zu den Toren sein wichtigster Beitrag zum Gewinn der deutschen Meisterschaft.

„Penny" Islackers Spitzname ist übrigens einem Hörfehler zu verdanken. Beim Vorortverein TuS Helene spielte Franz, wie er eigentlich hieß, zusammen mit seinen beiden Brüdern und die riefen ihn bei seinem Kosenamen „Fränne", was aber die Zuschauer nicht verstanden. „Penny" hatten sie herausgehört und seitdem blieb dies sein Spitzname. Auch er bekam eine Chance in der Nationalmannschaft, 1954, nach dem Gewinn der Weltmeisterschaft, als viele Spieler aus dem Endspiel wegen Gelbsucht im Krankenhaus lagen, unter anderem auch Helmut Rahn. Neben Islacker wurde noch einmal Berni Termath als Linksaußen berufen, doch weil der sich schon nach wenigen Minuten verletzte, stand der Halblinke Penny Islacker allein auf weiter Flur. Nie wieder bekam er bei Herberger eine Chance.

Später hat er eine Kneipe in Essen übernommen, hat nicht richtig abtrainiert, und wohl auch ungesund gelebt. Schon mit 43 Jahren ist er gestorben.

Nach dem Endspiel brach die Essener Meistermannschaft auseinander. August Gottschalk wurde in einem Essener Vorortverein Spielertrainer, Berni Termath wechselte nach Karlsruhe, wo er bis heute lebt. Nach dem Meisterschaftsgewinn wäre er gerne in Essen geblieben, dem KSC abzusagen wäre auch kein Problem gewesen, aber die Karlsruher hatten ihn mit der Übernahme einer Tankstelle gelockt. Und die Mineralölfirma bestand auf Einhaltung des Vertrages. Keine Frage, wer dahinter steckte. Für die Übernahme einer Tankstelle konnte man also damals einen gestandenen Nationalspieler bekommen!

Helmut Rahn wechselte ebenfalls. 1959 ging er zum 1. FC Köln, schaffte im Jahr darauf noch einmal den Einzug ins Endspiel um die Meisterschaft, verlor jedoch mit 2:3 gegen den Hamburger SV. Während seiner Kölner Zeit bestritt er noch 6 Länderspiele, das letzte 1960 beim 2:1 Sieg gegen Portugal, wobei er eines der beiden Tore schoss.

Anschließend wechselte er als Profi zum FC Twente Enschede nach Holland und kam erst zu Beginn der neugegründeten Bundesliga ins Ruhrgebiet zurück. Aber nicht mehr zu Rot-Weiß Essen, das die Qualifikation zur 1. Bundesliga verpasst hatte, sondern zum überraschend qualifizierten Meidericher SV, der sich später in MSV Duisburg umbenannte. Krasser Außenseiter waren die Meidericher, aber sie hatten nicht nur Helmut Rahn verpflichtet, sondern auch einen jungen Trainer mit vielen neuen Ideen. Rudi Gutendorf hieß er, und er wurde später zum buntesten Wandervogel aller deutschen Trainer. Gutendorf löste das statische Mannschaftsgefüge auf und baute vor dem eigenen Tor eine Abwehrreihe auf, bei der auch die Stürmer mithelfen mussten und die er Riegel nannte. „Riegel-Rudi" wurde er daraufhin gerufen, ein Spottname, den er gut ertragen konnte, weil der MSV mit „Riegel-Rudi" und „Boss" Rahn die Vizemeisterschaft errang.

„Boss" Rahn, so wurde Helmut Rahn schon lange gerufen. Der Spitzname stammte aus seiner Essener Zeit, als er bei der Firma von Vereinspräsident Melches arbeitete. Er gehörte dort zur Fahrbereitschaft, fuhr gerne die „dicksten Schlitten" und hatte damit das Auftreten eines Bosses.

Rahn war ein Spaßvogel, eine Eigenschaft, die auch Herberger gefiel. Vor dem Viertelfinalspiel bei der WM 1954 gegen Jugoslawien hatte Rahn ihm versprochen, ein Tor zu schießen. Bei allen Spielen gegen deren Torwart Beara hätte er ihm einen Ball ins Netz gelegt, Herberger solle ihn doch bitte aufstellen. Selbst Fritz Walter schickte er vor, damit er es dem Trainer sagte. Herberger hatte ohnehin vor, Rahn spielen zu lassen, aber als es nach siebzig Minuten noch nicht mit einem Tor geklappt hatte, als die deutsche Mannschaft knapp mit 1:0 führte und die Jugoslawen auf den Ausgleich drängten, stand Herberger von der Trainerbank auf, klatschte in die Hände und rief: „Was ist denn nun mit Ihrem Versprechen, Herr Rahn?" Zwei Minuten später knallte Rahn den Ball mit voller Wucht ins Tor. Es war ein Schuss wie ein Strich. Rahn hat anschließend kein Wort in Richtung Herberger gerufen, sondern ist stolz, ohne ihn eines Blickes zu würdigen, an der Trainerbank vorbeigelaufen.

Ein Humor, den Herberger gut vertragen konnte. Deshalb verzieh er Rahn auch, dass er wegen Alkohols am Steuer seinen Führerschein verlor. Herberger kannte die Eigenarten seines Rechtsaußen.

Als Essens Trainer Elek Schwartz, ein gebürtiger Ungar, während einer Mannschaftbesprechung im Vereinslokal „Bitte sährr, ein Mineralwasser, bitte sährr", bestellte, hörte er kurz darauf sein Echo: „Bitte sährr, ein Bier, bitte sährr." Helmut Rahn hatte bestellt.

Bei einer anderen Anekdote aber sah Rahn, wie überhaupt die gesamte Essener Mannschaft, schlecht aus. Vor dem Spiel gegen die Spielvereinigung Erkenschwick hatte es in der Nacht geschneit, die Erkenschwicker aber wussten, wie man sich auf einen solchen Boden einstellt. Sie schmierten ihre Fußballschuhe mit Petroleum ein, das verhinderte, dass sich Schnee und Eis am Schuh oder zwischen den Stollen festsetzt. Wie über einen Sommerrasen liefen die Erkenschwicker über den Platz, während die Essener Meisterspieler hin- und herschlidderten. Rahn hat den Trick schnell druchschaut. „Jule, du Sauhund!", hat er seinem Gegenspieler Jule Ludorf zugerufen, eine Formulierung, die nur derjenige als Beschimpfung missverstehen kann, der sich nicht auskennt im Ruhrgebiet. Es war eine Respektsbezeugung im Sinne von „Du raffinierter Kerl."

5:0 führte Erkenschwick bei Halbzeit, dann rieben auch die Essener ihre Fußballschuhe mit Petroleum ein und schafften in der zweiten Halbzeit ebenfalls 5 Tore. Pech nur, dass Erkenschwick auch noch eines gelang. 6:5 ging die denkwürdige Partie aus, die belegt, dass es beim Fußball nicht nur auf die Fertigkeit am Ball ankommt. Lebenserfahrung ist auch gefragt.

Nach seiner aktiven Zeit stieg Helmut Rahn in den Autohandel ein. Zusammen mit seinem Bruder Hans führte er jahrelang einen Gebrauchtwagenhandel in Essen.

Heute lebt er sehr zurückgezogen in einem Essener Vorort. Nur wenige kommen noch an ihn heran, selbst beste Freunde aus der Nationalmannschaft oder aus dem Team von Rot-Weiß Essen haben ihn lange nicht gesehen.

Eine Wende im Leben des früher fröhlichen, geselligen „Boss" Rahn, die so recht keiner versteht. Die seine früheren Freunde aber zu akzeptieren gelernt haben.

Hans Schäfer – der Weltmeister aus Köln

Von Deutschlands erster Weltmeistermannschaft, der großen Berner Elf, leben nur noch wenige. Es sind, sieht man von Außenläufer und Benjamin Horst Eckel ab, nur noch die Stürmer, die, inzwischen weit in den Siebzigern, noch leben. Ottmar Walter, dazu die Flügelstürmer Helmut Rahn und der Kölner Hansi Schäfer auf Linksaußen.

27 Jahre alt war Schäfer bei dem denkwürdigen Triumph über die Ungarn. Es war der Höhepunkt in seiner Fußballerkarriere, obwohl noch einige Erfolge vor ihm lagen, auf die er allerdings, dies vorweg, noch einige Zeit warten musste.

Zwei Jahre vor dem großen Triumph, 1952 beim Spiel in Augsburg gegen die Schweiz, hat er sein erstes von insgesamt 39 Länderspielen bestritten. Zum 5:1-Sieg steuerte der Kölner Neuling gleich zwei Treffer bei und war fortan eine feste Größe in Herberger Planun-

Hans Schäfer beobachtet Max Morlocks Torschuss zum 1:2 gegen Ungarn

gen. Seine Treffer waren keine Überraschung, denn Schäfer war, ob als Außen- oder später als Halbstürmer und Regisseur, immer ein torgefährlicher Spieler. 15 Tore hat er für die Nationalmannschaft geschossen und für seinen 1. FC Köln in fast 400 Spielen in der Oberliga West und später in der Bundesliga 250 Tore. Kein Kölner Spieler war erfolgreicher.

Schäfer war ein Spieler, der nicht nur an sich dachte, sondern Verantwortung für die gesamte Mannschaft übernahm. Als im November 1953 ein Länderspiel gegen Norwegen anstand und Schäfer gerade eine Formkrise durchmachte, schrieb er Herberger, dass er ihn dieses Mal nicht berücksichtigen sollte. Ein richtiger Sportsmann, schrieb er, dürfe nicht durch übertriebenen Ehrgeiz die Arbeit der übrigen Spieler gefährden.

Eine Einstellung, die Herberger gefiel. Er ließ Schäfer zu Hause, schrieb ihm aber, dass er weiter zum Kader gehöre.

Bei der Weltmeisterschaft 1954 war er tatsächlich Stammspieler und schoss bei den beiden Siegen gegen die Türken und im Halbfinalspiel gegen Österreich insgesamt 4 Tore. Rahn, dessen beide Tore das Berner Endspiel entschieden, schoss übrigens nicht mehr. Nur die denkwürdige 3:8-Niederlage im Vorrundenspiel gegen Ungarn, als Herberger die Reservemannschaft auflaufen ließ, brauchte Schäfer nicht mitzumachen. Aber gerade nach diesem Spiel hat er sich um das Klima in der Mannschaft verdient gemacht. Herberger hatte die Niederlage gegen die Ungarn bewusst eingeplant, dass sie aber so saftig ausgefallen würde, hatte auch ihn überrascht. Die Kritiker fielen über ihn her, die Mannschaft war verunsichert. Bei der Rückfahrt vom Stadion ins Quartier ließ Herberger zwar trotzig Lieder singen, aber ganz sicher, ob sich die Mannschaft bis zum zweiten, entscheidenden Spiel gegen die Türken von dem Schock erholen würde, war er nicht. Da kam beim Abendessen Schäfer zu ihm, beugte sich zu ihm herunter und flüsterte ihm ins Ohr: „Die putzen wir weg." Auch am Morgen danach, bei der Mannschaftsbesprechung, hat er den Satz wiederholt. „Männer, die putzen wir weg." Schäfers trotzige Haltung tat allen gut, Mitspielern wie Trainer.

„Männer, die putzen wir weg."

1958, bei der WM in Schweden, war Schäfer vom Außenstürmer zum Regisseur neben Fritz Walter aufgestiegen, die Mannschaft drang bis ins Halbfinale gegen den Gastgeber vor, in dem Schäfer mit einem Fernschuss die deutsche Mannschaft in Führung brachte. Das Tor zum zweiten WM-Endspiel stand weit offen, aber da verlor Verteidiger Juskowiak die Nerven, flog nach einem Revanchefoul gegen Hamrin vom Platz, und als zehn Minuten vor Schluss auch noch Fritz Walter verletzt vom Platz getragen wurde, waren die Deutschen mit neun Spielern den Schweden hoffnungslos unterlegen. Mit 1:3 ging dieses denkwürdige Spiel verloren. Manchem deutschen Fan klangen noch Wochen später die „Heja-Heja"-Anfeuerungen der schwedischen Fans wie ein traumatisches Erlebnis in den Ohren. Auch bei diesem Turnier schoss Schäfer drei Tore.

Er war jetzt 31 Jahre alt, Zeit, an den Rücktritt zu denken. So war es auch geplant, denn Herberger berief ihn erst ein Jahr später noch einmal in die Nationalmannschaft. Bei der 2:3-Niederlage in Glasgow gegen Schottland sollte er sein letztes von 34 Länderspielen bestreiten. Aber es kam anders. Herberger suchte für die nächste Weltmeisterschaft in Chile nach einem Regisseur, der seine Ideen auf dem Spielfeld umsetzen konnte, aber so sehr er auch experimentierte mit Helmut Haller, Aki Schmidt, selbst mit Klaus Stürmer vom HSV, den er nach seinem 1. Länderspiel

1954 sieben Jahre später noch einmal berief, er fand keine überzeugende Lösung. Zwischendurch kam er sogar auf die Idee, Fritz Walter, der schon mit dem Fußballspielen aufgehört hatte, zu reaktivieren. Aber Fritz, der seinem „Chef" sonst keine Bitte abschlagen konnte, hat dieses eine Mal gekniffen. Das Risiko einer Blamage war ihm zu groß. Also blieb nur einer, der mit seiner Routine die Mannschaft 1962 bei der WM in Chile führen konnte: Hansi Schäfer, der mit seinem 1. FC Köln gerade große Erfolge feierte. Schäfer soll verärgert gewesen sein, dass Herberger zuerst auf den Gedanken kam, Fritz Walter und nicht ihn zu berufen, aber dazu will er sich heute nicht mehr äußern. Im April 1962, beim 3:0-Sieg gegen Uruguay, stand Schäfer nach dreijähriger Pause im stolzen Alter von 35 Jahren wieder in der Nationalmannschaft. Zum Sieg steuerte er gleich einen Treffer bei. So kam es, dass Schäfer acht Jahre nach seinem großen WM-Triumph seine dritte Weltmeisterschaft erleben konnte. Es wurde seine schwächste, denn schon in der Zwischenrunde war mit einer Niederlage gegen Jugoslawien, das man 1954 und 58 genau in dieser Runde jeweils ausgeschaltet hatte, Schluss. Die 0:1-Niederlage in Santiago de Chile war dann sein endgültig letztes Länderspiel.

Immerhin, drei Weltmeisterschaften hat er mitmachen dürfen und dabei 7 Tore geschossen. Nur Lothar Matthäus (5) und Karl-Heinz Schnellinger (4) haben mehr WM-Turniere bestritten, sonst gibt es nur Spieler, die mit Schäfer gleichziehen können.

Seine größten Erfolge mit dem 1. FC Köln hat Schäfer erst spät, als er schon weit in den Dreißigern war, errungen. Dreimal hat er mit seinen Kölnern das Endspiel um die Deutsche Meisterschaft erreicht, zweimal, 1960 gegen den Hamburger SV (2:3) und 1963 gegen Borussia Dortmund (1:3) musste er als Verlierer den Platz verlassen, aber 1962 war es endlich so weit. Beim Endspiel in Berlin wurde der 1. FC Nürnberg glatt mit 4:0 abgefertigt.

Obwohl er schon 36 Jahre alt war, hat Schäfer auch noch in der neu gegründeten Bundesliga gespielt und das mit überragendem Erfolg. 1964 wurde der 1. FC Köln zum zweiten Male Deutscher Meister, und dieser Titel hängt untrennbar mit seinem Namen zusammen. Schäfer war es, der die Mannschaft geführt hat, seine Tore, insgesamt hat er in zwei Bundesligajahren zwanzig geschossen, waren noch immer wichtig. Auch 1965, inzwischen 38 Jahre alt, hat er noch mitgespielt und wurde zum dritten Male Vizemeister. 1954, im WM-Jahr, hat er auch ein Pokalendspiel erreicht, aber das zweite Endspiel in jenem Jahr konnte er nicht gewinnen. Mit 0:1 nach Verlängerung unterlag der 1. FC Köln gegen den VFB Stuttgart.

Viele Jahre lang war Schäfer der unbestrittene Kapitän des 1. FC Köln, von allen Mitspielern geachtet. Er war eine Persönlichkeit auf dem Spielfeld, nicht, weil er sich nach vorne drängte, sondern weil seine Leistung außerhalb jeder Kritik stand. Kontinuität war seine Stärke. Selbst heute, inzwischen 75 Jahre alt, ist Schäfer noch immer beruflich aktiv. Er leitet eine Agentur für Geschenkartikel und ist noch jeden Tag unterwegs. Nicht, weil er das finanziell müsste, sondern weil er seine Arbeit gern macht und für seine Kunden ein verlässlicher Ansprechpartner bleiben möchte. Die Agentur hat er übrigens von Franz Kremer übernommen, dem unvergessenen Vereinsboss des 1. FC Köln und Mitbegründer der Bundesliga, der einer von den drei Männern war, denen Schäfer, wie er betont, am meisten zu verdanken habe. Die beiden anderen waren Degenhard Wolf, DFB-Schiedsrichterobmann und sein Schwiegervater und dann natürlich Sepp Herberger, dessen Stütze in der Nationalmannschaft er viele Jahre lang war.

Heute lebt Schäfer zurückgezogen in Köln, bei der WM-Bewerbung seiner Heimatstadt für die WM 2006 in Deutschland hat er sich nicht beteiligt. Es liegt ihm nicht, sich in den Vordergrund zu drängen. Schäfer möchte in Ruhe die Dinge tun, die ihm wichtig sind. Beim 1. FC Köln hat man Verständnis dafür.

Eine Zeitlang hat er Tennis gespielt, nicht nur als Hobby, sondern in Vereinsspielen, bis ihn eine Knieverletzung zum Aufhören zwang. Seitdem sieht man ihn noch seltener.

Irgendwann, so etwas ist in Köln unvermeidlich, ist man auf die Idee gekommen, ihn mit zwei anderen Sportlern in den Karneval einzubinden. Zusammen mit den 100-Meter-Sprintern Manfred Germar und Klaus Ulonska sollte er das Kölner Dreigestirn bilden, aber das war nichts für den zurückhaltenden Hansi Schäfer. Auch Germar, Sprint-Europameister und Bronzemedaillengewinner mit der Staffel bei der Olympiade 1956, verzichtete. Nur Ulonska, viele Jahre lang ein Klassesprinter, wenn auch nicht so erfolgreich bei der Titelsammlung wie die beiden anderen, habe mitgemacht, berichten die Chronisten. Ob als Bube oder Jungfrau, ließ sich aber nicht mehr rausfinden.

Schäfer ist ein häufiger Name in Deutschland. Trotzdem hat es nur wenige Fußball-Nationalspieler mit diesem Namen gegeben. Auch Winni Schäfer, inzwischen Nationaltrainer in Kamerun, hat es nicht geschafft. Außer Hans gab es nur einen Dr. Max Schäfer, der 1934 einmal als Einwechselspieler gegen Ungarn spielte und dann noch einen, der ganz in der Nähe von Hans Schäfer spielte. Herbert Schäfer hieß er, spielte immer nur bei den Sportfreunden Siegen und ist sein Leben lang Amateur geblieben. 24 Amateurländerspiele hat er bestritten, 1955 wurde er mit den Siegenern Deutscher Amateurmeister, viermal bestritt er ein B-Länderspiel und 1957, beim Länderspiel gegen Schweden, als auch Hansi Schäfer dabei war, durfte er einmal für die A-Nationalmannschaft auflaufen. Ein Länderspiel, das mit 1:0 durch ein Tor von Aki Schmidt gewonnen wurde. Es hat viele Angebote gegeben, den zuverlässigen Mittelläufer als Vertragsspieler in die Oberliga West zu holen, nicht zuletzt zum 1. FC Köln, aber Herbert Schäfer hat allen Angeboten widerstanden. Vielleicht traute er sich nicht, vielleicht fühlte er sich auch nur als Amateur in Siegen wohl. Er war gleichaltrig mit Hansi Schäfer, und blieb einer der wenigen Amateure, die zu Vertragsspielerzeiten den Sprung in die Nationalmannschaft geschafft haben. 1991 ist es gestorben. Ein Kuriosum, das man heute kaum noch verstehen kann. Und an das es deshalb zu erinnern gilt.

Hansi Schäfer hat ihn also gekannt, seinen Namensvetter aus Siegen, wenn auch die Wertschätzung weniger durch persönliche Begegnungen auf dem Spielfeld zustande kam. Da ist ihm der Herbert in der Amateurklasse ja immer aus dem Weg gegangen.

Wewers – Wientjes – Köchling – Rot-Weiß Essens große Abwehrreihe

Heinz Wewers war ein eleganter Mittelläufer, ein umsichtiger Organisator seiner Abwehr, der es nicht nötig hatte, seinem Gegenspieler auf die Socken zu steigen. Wewers hatte ein gutes Auge, er ahnte, wohin die Bälle gespielt wurden und stand meistens richtig.

Elegant war nicht nur seine Art, Fußball zu spielen, elegant war sein gesamtes Erscheinungsbild: Der wie mit dem Lineal gezogene Mittelscheitel, die flach auf dem Kopf klebenden Haare, dazu das Stirnband, das er gerne trug und das zu seinem Markenzeichen wurde. Wewers war eine auffällige Erscheinung, beim Fußballspielen und auch sonst.

Als er 1951 vom FC Borbeck zu Rot-Weiß Essen kam, gewann der Verein jene Stabilität in der Abwehr, die nötig war, um endlich die lang ersehnten Erfolge zu erringen.

Heinz Wewers – der elegante Mittelläufer

Noch im selben Jahr bestritt Wewers sein erstes von insgesamt 12 Länderspielen. In Essen fand es statt, vor vertrauter Kulisse also, und es gelang Wewers, die deutsche Abwehr so gut zusammenzuhalten, dass Luxemburg mit 4:1 bezwungen wurde. Danach trat eine fünfjährige Pause in seiner internationalen Karriere ein. Wewers hatte das Pech, nicht an Werner Liebrich, den Mittelläufer des 1. FC Kaiserslautern und Mannschaftskameraden von Fritz Walter, vorbeizukommen. Erst als Liebrich 1956 zurücktrat, bekam Wewers eine zweite Chance in der Nationalelf.

In der Zwischenzeit konnte er sich mit einem Pokalsieg und einer deutschen Meisterschaft trösten.

Am 1. Mai 1953 besiegte Rot-Weiß Essen im Düsseldorfer Rheinstadion in einem denkwürdigen Pokalendspiel Alemannia Aachen mit 2:1.

Denkwürdig deshalb, weil es das erste nach dem Krieg war. Vorgänger von Rot-Weiß Essen und damit, wenn man so will, Titelverteidiger, war Vienna Wien, das 1943 den LSV Hamburg nach Verlängerung besiegt hatte.

Rot-Weiß Essen war in jenen Jahren eine Hochburg des deutschen Fußballs. Im Tor stand Fritz Herkenrath, im Sturm wirbelten die Nationalspieler Termath, Islacker und vor allem Helmut Rahn. Und auch auch aus der Abwehr schafften einige den Sprung in Herbergers Nationalelf. Willi Köchling mit der „hohen" Stirn zum Beispiel, ein zurückhaltender Sauerländer, der von Iserlohn nach Essen wechselte. Anfangs war er Stürmer, bis ihn Trainer Karl Hohmann zum Verteidiger umschulte. Einmal, 1956, durfte er gegen Belgien spielen, da war er schon 32 Jahre

Willi Köchling – Nationalverteidiger mit der „hohen" Stirn

alt und gehört somit bis heute zu den ältesten Debütanten, die den Sprung ins Nationalteam schafften. Zu einer Zeit, als für einen Verteidiger das Spielfeld an der Mittellinie endete, blieb Köchling jemand, der gerne stürmte. Beim Pokalendspiel in Düsseldorf bereitete er den ersten Treffer mit einer Flanke vor.

Wie streng die Spielfeldeinteilung mit den Stürmern in der einen und den Abwehrspielern in der anderen Hälfte damals war, belegt eine kleine Anekdote aus dem Ruhrgebiet. Wenn die Frau eines Verteidigers mal Lust hätte, fremd zu gehen, erzählte man gerne auf der Tribüne, müsse sie nur einen weißen Kreidestrich vor die Schlafzimmertür ziehen. Damit könnte sie sicher sein, niemals von ihrem Verteider-Ehemann überrascht zu werden. Weiße Linien würde der nicht überschreiten.

Linker Läufer bei Rot-Weiß war Clemens Wientjes, ein balltechnisch versierter Spieler,

Clemens Wientjes – Rot-Weiß Essens linker Läufer

der es auf zwei Länderspiele brachte. Walter Zastrau, der andere Verteidiger neben Köchling, schaffte es ebenfalls, aber erst 1958, als er schon für Schalke 04 spielte.

Ein Klasseteam also, das 1955 seinen größten Triumph feierte. Im Endspiel um die deutsche Meisterschaft wurde in Hannover der 1. FC Kaiserslautern, bei dem nicht weniger als vier Weltmeister spielten, mit 4:3 besiegt.

Auch für Heinz Wewers war dieser Sieg der größte Erfolg in seiner Karriere, der ihn wieder ins Blickfeld von Sepp Herberger rückte. Für zwei Jahre, 1956 und 57, wurde er Stammspieler in der Nationalmannschaft, dann hatte er wieder Pech. Als die Weltmeisterschaft in Schweden näherrückte, setzte Herberger auf den Fürther Herbert Erhardt als Mittelläufer.

Wewers (links) mit Herberger beim DFB-Lehrgang in Wedau 1956

"Ertl", wie ihn alle nannten, verdrängte Heinz Wewers, der sich mit der Reservistenrolle abfinden musste. Eine Rolle, die er klaglos hinnahm.

Überhaupt gehörte es nicht zu seinen Stärken, das große Wort zu führen. Trotz seiner auffälligen Erscheinung mit Mittelscheitel und Stirnband hielt er sich gern im Hintergrund, außerhalb des Spielfelds, aber auch im Spiel, wenn er die Abwehr dirigierte. Er tat dies am liebsten mit kleinen Handbewegungen, weniger mit Kommandos oder gar mit Schreierei.

Es war wohl eher Schüchternheit als Vornehmheit, die ihn dazu brachte, wie eine Geschichte aus einem Spiel gegen Westfalia Herne belegt. Als ihn der körperlich ein wenig verwachsene Herner Verteidiger Sopart, genannt „Knochen-Kurt", böse foulte, beschwerte sich Wewers doch einmal lautstark. „Was willst du denn, du Holzpferd?", hat Sopart ihm geantwortet und Wewers verschlug es die Sprache. Jemandem, der so auftrat, war er nicht gewachsen, er humpelte in den Strafraum zurück und spielte weiter. Erst nach dem Spiel hat er sich leise darüber empört, was der Sopart ihm da zugerufen habe.

> „Was willst du denn, du Holzpferd?"

Herberger brauchte einen Mann, der klaglos ins zweite Glied trat, auf den er sich aber verlassen konnte, wenn es darauf ankam. So fuhr Wewers 1958 mit zur WM in Schweden, kam aber nur einmal, im unwichtigen Spiel um den dritten Platz gegen Frankreich, zum Einsatz. Gegenspieler war ausgerechnet Just Fontaine, neben Pele der beste Stürmer des Turniers, der die gesamte Abwehr schlecht aussehen ließ und vier Treffer erzielte. Mit 3:6 ging das Spiel verloren, es war Wewers' letzter Einsatz in der Nationalmannschaft.

Im ausgebauten Rot-Weiß-Stadion übernahm er die Gastwirtschaft, später wurde er Kneipenwirt in Bergeborbeck und danach Geschäftsführer eines Getränkegroßhandels. Ein zuverlässiger, bescheidener Mann, der bis heute Kontakt zu Rot-Weiß Essen hält. Kaum ein Training, schon gar kein Spiel lässt Heinz Wewers aus. Er verbindet seine Liebe zu Rot-Weiß mit seinem Hobby, dem Fahrradfahren. Mit längeren Touren hält er sich fit, und mit dem Melches-Stadion hat er dabei immer ein Ziel.

Bei den Spielen trifft er sich dann mit Köchling und mit Paul Nikelski, einer Essener Legende des Fußballsports. 35 Jahre lang war Nikelski Geschäftsführer bei Rot-Weiß und hat die Geschicke des Vereins aus der zweiten Reihe gelenkt. Den tiefen Abstieg von Rot-Weiß bis in die dritte Liga haben die drei mitansehen müssen.

Wie kam es zu diesem tiefen Absturz? 1955 noch deutscher Meister, 1964, keine 10 Jahre später, bei der Gründung der Bundesliga, die Vereinschef Georg Melches mit aus der Taufe gehoben hat, nicht einmal dabei.

Heinz Wewers – hier im Länderspiel gegen Österreich 1957 – hat seinem Gegenspieler den Ball abgejagt

Nikelski nennt drei Gründe. Einmal das moderne, kostspielige Stadion, das dem Verein gehörte und das aufgrund seiner regelmäßigen Instandsetzungen viel Geld kostete. Geld, das bei der Verpflichtung neuer Spieler fehlte.

Ein weiterer Grund war der frühe Tod von Georg Melches 1964. Melches war ein Industriemanager, wie man heute sagen würde, damals sprach man ebenso schlicht wie treffend von einem „Schlotbaron". In seiner Firma wurden Kokereianlagen gebaut, neun von elf Rot-Weiß-Spielern waren bei ihm beschäftigt. Als er starb, gab es keinen, der seine Rolle übernehmen konnte.

Und nicht zuletzt hat das Zechensterben den Rot-Weißen zugesetzt. Die Zechen waren zwar keine Sponsoren im heutigen Sinne, aber sie haben den Verein nach Kräften unterstützt. Wer unter Essens Bergleuten wegen Krankheit kurzfristig grubenuntauglich war, wurde kurzerhand zur Arbeit ins Stadion von Rot-Weiß geschickt. Melches-Stadion heißt es seit 1964. Und Kohle zum Heizen der Räume gab es natürlich auch um-

Paul Nikelski – 35 Jahre lang Geschäftsführer bei RWE

sonst. Am Abstieg von Rot-Weiß Essen kann man also den Strukturwandel des Ruhrgebiets ablesen. Fußballgeschichte als Sozialgeschichte, wie so oft im Ruhrgebiet.

Aber jetzt, glauben Wewers, Nikelski und Köchling, geht es wieder aufwärts mit Rot-Weiß. Die zweite Bundesliga scheint erreichbar. Wewers hat für solche Prognosen eine gute Nase, sagt Nikelski. Wenn der früher prognostizierte, dass dieser oder jener Trainer bald entlassen werde, sei es auch so gekommen. Zu genau hat Wewers im Training beobachtet, was alles schief lief. Im Moment ist Wewers aber zufrieden.

Heutiger Star im Essener Team ist übrigens Heiko Bonan, ein ehemaliger DDR-Nationalspieler, der vorher für Bochum und Karlsruhe spielte. Kein Vergleich mit jener Zeit, als Wewers spielte. Aber immerhin.

Zweiter Einwurf
Der weite Abwurf

Ingo ist inzwischen verstorben. Das ist der traurige Teil der Geschichte. Damals, als er noch in unserer Lehrermannschaft Fußball spielte, war er der Fitteste von uns allen. Von „unserer" Lehrermannschaft zu sprechen, ist übrigens nicht ganz richtig. Ich unterrichtete gar nicht an jener Schule, sondern ging mittwochs immer dorthin zum Lehrersport, weil ich unter den Lehrern viele Freunde hatte. Bei den Spielen gegen andere Hobbymannschaften habe ich oft im Mittelfeld ausgeholfen.

Nach einem Spiel gegen eine Polizeiwache hatten wir eine herrliche Heimfahrt. Wir hatten nach dem Spiel noch fröhlich miteinander gefeiert und wahrscheinlich hätte keiner von uns mehr Auto fahren dürfen. Genau getestet haben wir das aber nicht, sondern sind vorsichtshalber von der Polizei im Konvoi in unsere Heimatstadt geleitet worden. Ein Polizeiwagen fuhr vorweg, dann folgten einige von unseren Autos, in der Mitte des Konvois wieder ein Polizeiwagen, dann die restlichen Autos von uns und zum Schluss wieder ein Polizeiwagen. Die Jungs haben sich große Mühe gegeben, uns sicher nach Hause zu geleiten, und das, obwohl wir das Spiel gegen sie gewonnen hatten. So etwas zeugt von echtem Sportsgeist.

Ingo war unser Torwart. Er hatte unglaublich kräftige Oberschenkel, mit denen er nicht schnell genug laufen konnte. Deshalb stand er im Tor und fischte mit langen Armen auch die härtesten Schüsse aus dem Winkel.

Die muskulösen Oberschenkel hatte er, weil er Wasserballer war. Aber er war nicht irgendein Waserballer, sondern der beste deutsche Spieler zu seiner Zeit. Über 100 Länderspiele hat er bestritten, die meisten davon als Mannschaftskapitän. Bei der Olympiade 1972, als das deutsche Team Vierter wurde und knapp eine Medaille verpasste, war Ingo Torschützenkönig. Es war unglaublich, wie er bei seinen Würfen bis zur Hüfte aus dem Wasser steigen konnte. Als könnte er im Wasser stehen, so sah das aus, und ich hatte als Zuschauer am Beckenrand oft das Gefühl, beim nächsten Wurf müssten seine Oberschenkel aus den Fluten aufsteigen.

Mit Ingo im Tor haben wir einen Spielzug durchgeführt, der in keinem Fußballlehrbuch steht. Und mit dem deshalb auch keine gegnerische Mannschaft rechnete. Wenn Ingo einen Ball abgefangen hatte und mit der Hand abwerfen konnte, rannten wir wie wild nach vorne, während unsere Gegner die Abwehr lockerten und weiter aufrückten. Ein Torwart, der mit der Hand abwarf, schienen sie zu denken, könnte höchstens bis zur Mitte der eigenen Hälfte werfen. Allerdings hätte sie schon die Art, wie Ingo sich den Ball griff, stutzig machen müssen. Er griff die große Lederkugel nämlich mit einer Hand, lief bis zur Strafraumgrenze vor und warf dann mit voller Wucht ab. In hohem Bogen segelte der Ball über das Fußballfeld, flog weiter als bei einem Abschlag mit dem Fuß und während unsere Gegenspieler noch staunend dem Ball nachschauten, rannten wir am gegnerischen Strafraum in Stellung, fingen ihn ab, spielten noch ein-, zweimal quer und schossen ein Tor. Immer dauerte es zwei, drei Abwürfe, bis unser Gegner sich darauf einstellte. Zu unglaublich waren die Abwürfe, denen wir viele Tore zu verdanken hatten. Manches Spiel haben wir nur deshalb gewonnen.

Irgendwann fragte mich mal erstaunt ein Gegenspieler: „Sag mal, was habt ihr da eigentlich für einen Torwart im Kasten? Warum kann der so weite Abwürfe?"

„Wieso", habe ich seelenruhig geantwortet, „so was ist doch ganz normal. Kann euer das etwa nicht?"

Ich habe selten in ein überraschteres Gesicht geblickt.

Ingo hat nach Ende seiner Karriere nicht richtig abtrainiert. Wer so dicke Oberschenkel hat, hat auch ein riesiges Sportlerherz. Der kann nicht von einem Tag auf den anderen mit dem Sport aufhören. Als Sportlehrer hätte er das eigentlich wissen müssen. Aber vielleicht stimmt auch nicht, was ich gehört habe, und er hatte einfach eine Disposition für Herzinfarkte. Den dritten oder vierten hat er nicht mehr überlebt.

Schade, denn so wird es jenen unvergesslichen Spielzug, der einzig mit ihm möglich war, nie wieder geben.

Fritz Herkenrath – vom Fußballtor in den Hörsaal

Als Fritz Herkenrath mit dem Sport anfing, war er schon siebzehn Jahre alt. 1945 war das, er hatte das Ende des Krieges als Luftwaffenhelfer überlebt und wollte nun endlich Dinge erleben, die zu einem Jugendlichen passten. Sport gehörte natürlich dazu. In Köln-Dellbrück, wo er geboren wurde, landete er bei den Feldhandballern. Auf Rechtsaußen stürmte Fritz Herkenrath für fünf, sechs Spiele, dann fiel der Torwart aus und die Mannschaft entschied, dass der Jüngste ihn ersetzen müsste. Jüngster im Team war eindeutig Fritz Herkenrath, der die Berufung jedoch mit gemischten Gefühlen aufnahm. Gespielt wurde damals auf Aschenplätzen und ein Handballtorwart musste in die Ecken fliegen. Die Folge war, dass er nach jedem Spiel aufgekratzte Hüften hatte.

Im Handballtor das Fliegen gelernt – Fritz Herkenrath

Aber Herkenrath, der in diesen Monaten das Abitur ablegte, konnte herrlich fliegen, was nicht nur seinen Handballfreunden gefiel, sondern auch den Fußballern von Preußen Dellbrück auffiel. Ob er nicht Lust hätte, bei ihnen Fußball zu spielen, fragten sie ihn. Lust hatte Herkenrath schon, aber nicht als Torwart, wie er sofort betonte. Die Antwort der Verantwortlichen von Preußen Dellbrück war ausweichend: „Melde dich erst mal an!"

Natürlich landete Herkenrath im Tor, für ein Spiel in der zweiten Mannschaft, wo er mit einer spektakulären Aktion auffiel. Bei einem Konter lief ein gegnerischer Stürmer allein auf sein Tor zu, legte sich den Ball aber zu weit vor, worauf Herkenrath aus dem Tor stürzte und ihn wegknallte. Die Zuschauer staunten über die Schusssicherheit des ehemaligen Handballers, die aber so ganz sicher doch nicht war. Herkenrath traf nämlich einen zurückeilenden Mannschaftskollegen, der prompt k.o. ging. Trotzdem, mitspielende Torhüter waren damals selten, und so stand Herkenrath vom nächsten Spiel an in der 1. Mannschaft, mit der er auf Anhieb Bezirksligameister wurde. Heute ein Titel, der nicht besonders viel zählt, damals reichte es, um an der Aufstiegsrunde für die neu zu gründende Oberliga West teilzunehmen. Völlig überraschend schaffte der Außenseiter aus Dellbrück den Aufstieg, stieg aber im nächsten Jahr wieder ab, nach vier Entscheidungsspielen gegen die punktgleichen Fußballer aus Vohwinkel. Dreimal war es, trotz Verlängerung, unentschieden ausgegangen, erst das vierte Spiel brachte die Entscheidung zugunsten von Vohwinkel. Elfmeterschießen gab es damals noch nicht.

An dem Abstieg war der Trainer Winkler, gerade weil er Herkenrath für ein großes Torwarttalent hielt, nicht unbeteiligt. Immer wieder hatte er mit ihm ein Sondertraining auf dem Aschenplatz durchgeführt, solange, bis er eine Schleimbeutelentzündung in der Armbeuge davontrug. Die ersten zwei Monate in der Saison hatte Herkenrath zuschauen müssen, 1:15 Punkte wiesen die Dellbrücker zu diesem Zeitpunkt auf, erst dann konnten sie sich mit Herkenrath im Tor auf die Verfolgungsjagd machen. Gereicht hatte es aber nicht mehr.

„Heute hat's gekracht, wir verloren null zu acht."

Im nächsten Jahr schafften die Dellbrücker den Wiederaufstieg und schon zu dieser Zeit stand Herkenraths Name im berühmten Notizbuch von Bundestrainer Herberger. Den hatte er kennengelernt, als er nach dem Abitur ein Studium zum Diplom-Sportlehrer an der Sporthochschule Köln begonnen hatte, mit dem Schwerpunkt Fußball natürlich. Herberger, der langsam begann, eine neue Nationalmannschaft aufzubauen, hatte in diesen Jahren Zeit für eine Lehrtätigkeit und arbeitete als Dozent an der Sporthochschule, wo Herkenrath auch den früheren Nationaltorwart Willibald Kress traf, der ihm ein väterlicher Freund wurde und manchen Trick verriet.

Im Studium konnte Herberger die Stärken von Herkenrath kennenlernen, wenn er montags die Kölner Zeitungen aufschlug, las er von Herkenraths großen Leistungen.

Tatsächlich schafften die Aufsteiger aus Dellbrück sensationell den zweiten Platz in der Oberliga, der zur Teilnahme an der Deutschen Meisterschaft berechtigte. Dort kam es im Viertelfinale gegen den VFR Mannheim zu einem denkwürdigen Spiel. Die Mannheimer waren als Titelverteidiger haushohe Favoriten und hatten mit Rudolf de la Vigne einen Supertechniker in ihren Reihen. Um ihn auszuschalten, wurde Abwehrspieler „Bubbes" Drost abgestellt. Nur um de la Vigne sollte Drost sich kümmern und alles mitmachen, was der machte. Es war heißer Sommertag im

Frankfurter Waldstadion, Dellbrück hielt ein 1:1-Unentschieden, da kamen die Mannheimer in Überzahl auf Herkenraths Tor zugestürmt. Herkenrath, in Nöten, sah plötzlich, dass Bubbes Drost seelenruhig an der Mittellinie stand, einen Eimer Wasser vor sich hatte und sich mit einem Schwamm den Schweiß aus dem Gesicht wischte. „Komm zurück, Bubbes!", brüllte Herkenrath, aber der zeigte nur in Richtung Seitenlinie. Dort stand de la Vigne und wischte sich mit einem Schwamm ebenfalls den Schweiß aus dem Gesicht. Ganz klar, Bubbes machte keine Pause, sondern hielt sich genau an die Traineranweisung.

Das Spiel wurde trotzdem mit 2:1 gewonnen, Dellbrück zog völlig unerwartet ins Halbfinale ein und unterlag dort Kickers Offenbach erst im Wiederholungsspiel. Im Falle eines Sieges hätte der Kölner Vorstadtverein tatsächlich ein Endspiel um die Deutsche Fußballmeisterschaft bestreiten dürfen. Meister, dies nebenbei, wurde der VFB Stuttgart, der die Offenbacher im Endspiel mit 2:1 bezwang.

Noch an eine andere schöne Geschichte aus dieser Zeit erinnert sich Herkenrath gerne. Im zweiten Oberligajahr war das, Dellbrück hatte sich schon den Respekt der gegnerischen Mannschaften erworben, als man im Stadion „Rote Erde" bei Borussia Dortmund antreten musste. Damals, so kurz nach dem Krieg, herrschte noch Hunger, und die Vereinsführung hatte sich für ihre erfolgreichen Kicker etwas Besonderes einfallen lassen. Mit einem großen Topf Erbsensuppe machte man sich im Bus, einem alten Holzvergaser, auf den Weg nach Dortmund. Stundenlang dauerte so eine Fahrt, trotz freier Straßen, eine Pause war also dringend geboten. Und die nutzten die Dellbrücker zum Erbsensuppeessen. Heinz Wittkamp, ein schneller Verteidiger, dem so leicht keine Gegenspieler weglief, hatte immer Hunger und schaffte gleich sechs Teller. Als man in Dortmund ankam, war man also satt, aber auch entsprechend träge. Wittkamp konnte sich kaum einen Ball erlaufen und auch die anderen hatten Mühe, sich zu bewegen. Die Dortmunder, eigentlich auf einen starken Gegner eingestellt, staunten nicht schlecht, wie leicht ihnen das Toreschießen gemacht wurde. Mit 8:0 gewannen sie dieses Spiel, bei dem die Dellbrücker trotzdem nicht ihren Humor verloren. „Jungs, hat das heut gekracht, wir verloren null zu acht", sangen sie auf der Rückfahrt. Woraus man wieder einmal schließen kann, dass es Wichtigeres im Leben gibt als dauernd zu gewinnen. Satt zu werden zum Beispiel.

Fünf Jahre lang hat Herkenrath für Preußen Dellbrück, das später mit Rapid Köln fusionierte und sich fortan Viktoria Köln nannte, gespielt. Es hätten noch viele Jahre mehr werden können, hätte es nicht einen folgenschweren Krach im Vorstand gegeben. Vater Herkenrath, im Beruf Lehrer, war zum Kassenprüfer bestellt worden und stellte bei der Durchsicht der Unterlagen fest, dass sich der Vereinsvorsitzende ohne Vorstandsbeschluss eine monatliche Unkostenpauschale genehmigt hatte, ein Vorgang, den der korrekte Vater Herkenrath nicht akzeptieren wollte. Bei der Vereinsversammlung kam es zur wüsten Auseinandersetzung, Vater Herkenrath wurde, als er den Tatbestand vortragen wollte, das Wort entzogen und so beschloss er, dass Sohn Fritz für solch einen Verein auf keinen Fall mehr spielen dürfe. Der 1. FC, Dellbücks großer Nachbar, bekam Wind von dem Krach und überredete Fritz Herkenrath zum Wechsel. Dumm war nur, dass die Kölner gleichzeitig den holländischen Nationaltorhüter Frans de Munck verpflichteten, eine stattliche Erscheinung im Fußballtor, was vor allem die weiblichen Zuschauer zu schätzen wussten. Die Nachwirkungen des Dellbrücker Krachs, wichtige Prüfungen an der Sporthochschule, dazu der routinierte de Munck als Konkurrent, kein Wunder, dass Herkenrath ein Formtief durchmachte und sich plötzlich in der Reservemannschaft wiederfand. Jetzt war es Sepp Herberger, der zu ihm hielt.

Herkenrath hatte schon Länderspiele bestritten, allerdings in der Studentennationalmannschaft, die, was nur wenige wissen, die ersten Länderspiele nach dem Krieg für Deutschland bestritt. 1949 war das, als die Deutschen versehentlich eine Einladung zu den Weltspielen der Studenten erhielten. Eigentlich sollte Monaco eingeladen werden, aber weil eine Sekretärin Monaco mit Munich/München verwechselte, landete die Einladung beim DFB. Einmal eingeladen, wollte man die Deutschen, die nach Krieg und Naziherrschaft isoliert waren, nicht mehr ausladen. Herkenrath bestritt sein erstes von mehreren Studentenländerspielen.

1951 erhielt er, obwohl beim 1. FC Köln nur Ersatz, von Herberger eine Einladung zu einem inoffiziellen B-Länderspiel. In Gelsenkirchen traten sie gegen die Profis aus England an, Herkenrath zeigte eine gute Leistung und hielt sogar einen Elfmeter. Unter den Zuschauern müssen auch Vertreter von Rot-Weiß Essen gewesen sein, denn kurz darauf gab es ein Angebot aus Essen. Der 1. FC Köln war einverstanden mit dem Wechsel, Papa Herkenrath genauso und so begannen für Fritz Herkenrath die schönsten 10 Jahre seines Fußballerlebens. Niemand Geringerer als Heini Kwiatkowski musste für ihn aus dem Essener Tor weichen. Nicht weiter schlimm, denn Heini wechselte zur Dortmunder Borussia und wurde zweimal hintereinander Deutscher Meister, ein Titel, den Herkenrath ebenfalls errang, allerdings nur einmal. 1955 war das, in einem denkwürdigen Endspiel gegen Kaiserslautern in Hannover. Beim 4:3 Sieg machte Herkenrath allerdings am Anfang keine gute Figur. Das Führungstor der Kaiserslauterer ging eindeutig auf seine Kappe. Eine harmlose Flanke boxte er, irritiert von seinem anstürmenden Verteidiger Köchling, ins eigene Tor. Es gibt zwar Bilder von diesem blamablen Tor, sagt Herkenrath, aber Gott sei Dank sind sie völlig unscharf. So hat er sie nur selten im Fernsehen anschauen müssen.

Ein Fehler, der folgenlos blieb, denn Schlitzohr Penny Islacker, mit dem der feinsinnige Herkenrath ansonsten wenig Kontakt hatte, rettete das Spiel mit seinen Toren. 1953 wurde er auch noch Pokalsieger. Im Düsseldorfer Endspiel wurde Alemannia Aachen mit 2:1 besiegt.

Professor Fritz Herkenrath in seinem Garten in Aachen-Walheim

Herkenrath arbeitete in dieser Zeit als Sportlehrer bei Zeche Heinrich, musste früh um fünf Uhr aufstehen, um nach Essen-Kupferdreh zu fahren, wo er die Berglehrlinge im Sport unterrichtete. Und weil Zeche Heinrich eine Zweigniederlassung in Unna hatte, fand er sich an manchen Nachmittagen auf dem Unnaer Herdersportplatz wieder.

Aber Herkenrath war ein weitsichtiger Mann. Schon 1953 merkte er, dass es mit dem Bergbau bergab ging, er holte ein Pädagogikstudium nach und wurde, wie sein Vater, Volksschullehrer.

An der „Volksschule Margarethenhöhe" hat er fünf Jahre lang unterrichtet.

1951 hätte er sein erstes A-Länderspiel bestreiten können. Noch Reservist in Köln, war er Ersatztorwart beim Länderspiel gegen die Schweiz. Toni Turek stand damals im Tor, aber Herberger machte Herkenrath Hoffnung, beim nächsten Länderspiel gegen die Türkei seinen Einstand feiern zu dürfen. „Fritz, beim nächsten Spiel kriege Sie Ihre Schongs. Sehe Sie zu, dass Sie fit sind", hatte Herberger versprochen. Er bekam auch eine Einladung, aber als er Sonntags den Koffer packte, erhielt er einen Telefonanruf von DFB-Funktionär Hans Körfer. Herberger war zu Ohren gekommen, dass Herkenrath nach Essen wechseln wollte. „Auf die Mitwirkung von Spielern, die den Verein wechseln, legt der DFB keinen Wert", teilte ihm Körfer mit.

Eine Entscheidung, die aus heutiger Sicht niemand mehr verstehen kann, die aber auch aus Herbergers Sicht nicht ehrlich war. Er selbst hatte nämlich als aktiver Spieler den Verein gewechselt, war von Waldhof zum VFR Mannheim gegangen und hatte sogar, weil es ihm wirtschaftlich schlecht ging, dafür Geld genommen. Ein Vorgang, der absolut verboten war, weshalb auch Herbergers Karriere als Nationalspieler nach nur drei Einsätzen und zwei Toren beendet war. Gerade er hätte also Verständnis für Herkenrath zeigen müssen, zumal er triftige Gründe für einen Wechsel hatte. Dem war aber nicht so.

1954 hätte Herkenrath, noch ohne Länderspielerfahrung, trotzdem zur WM mitfahren sollen, aber auch dies klappte nicht. Rot-Weiß Essen befand sich auf einer Südamerikatournee, der Ersatztorwart hatte sich während der Fahrt derart danebenbenommen, dass man ihm sogar die Vereinskleidung weggenommen hatte, da erhielten er und Helmut Rahn die Berufung in den WM-Kader. Aber ohne Torwart hätte Rot-Weiß die Tournee abbrechen müssen. Einen Moment lang wurde sogar erwogen, Heini Kwiatkowski ersatzweise für Herkenrath nach Südamerika zu holen, aber Heini hatte natürlich keinerlei Interesse daran, bei einem Verein auszuhelfen, der ihn kurz vorher ausgebootet hatte. Also flog Rahn alleine nach Deutschland zurück, Heini Kwiatkowski wurde Ersatztorwart bei der WM und feierte seinen Einstand in der Nationalmannschaft bei der denkwürdigen 3:8-Niederlage im Vorrundenspiel gegen Ungarn. Wenn Herkenrath an dieses Spiel zurückdenkt, ist er ganz froh über die Nichtnominierung. „Wahrscheinlich wäre das sonst mein Einstand gewesen und ich hätte die Bude voll gekriegt", sagt er.

Seine „Schongs" bekam er kurz nach der WM. Bei der 0:2-Niederlage in Brüssel gegen Belgien bestritt er 1954 sein erstes von 21 Länderspielen. Es hätten noch weit mehr sein können, aber Herkenrath war ein verantwortlicher Lehrer und wollte nicht so oft in der Schule fehlen. Deshalb hat er, nach Absprache mit Herberger, auf manches Spiel verzichtet.

Es waren einige tolle Spiele darunter, die er bestritten hat. Bei der 1:3-Niederlage in England hielt Herkenrath, was zu halten war. „Der Held von Wembley" wurde er in der Presse genannt. Es war eines der wenigen Länderspiele, die Ehefrau Franzi von der Tribüne aus beobachtete.

„Den Herkenrath machen", also wunderschön durch den Strafraum zu fliegen, wurde damals zur festen Redewendung unter Fußballfans.

1958, im Vorfeld der kommenden Weltmeisterschaft in Schweden, nahm Herkenrath wieder jede Einladung zu einem Länderspiel an. Noch einmal wollte er nicht in letzter Sekunde aus dem WM-Kader gestrichen werden. Schließlich war er schon 30 Jahre alt und es war seine letzte Chance.

Die WM verlief erfolgreich, für die Deutschen und für Herkenrath, der Stammtorwart war, und wäre da nicht im Halbfinale die dumme Entgleisung von Erwin Juskowiak gewesen, der nach einer Tätlichkeit gegen die Schweden vom Platz flog, hätte er sogar das Endspiel einer Fußball-Weltmeisterschaft bestreiten dürfen. So reichte es nach der Niederlage im Halbfinale nur zum Spiel um den dritten Platz, das er aber nur von der Ersatzbank aus verfolgen durfte. Heini Kwiatkowski kam nach seinem Ungarnspiel 1954 zu seinem zweiten WM-Einsatz, und musste wieder erleben, wie die im die „Bude vollgehauen" wurde. Mit 3:6 ging das Spiel gegen die starken Franzosen verloren.

Heini hörte danach auf, Herkenrath hatte im September 1958 noch einen Einsatz beim Unentschieden gegen Dänemark, dann war auch für ihn Schluss. Nach einer WM begann traditionell der Neuaufbau der Nationalmannschaft, und so begann die Zeit von Hans Tilkowski aus Kaiserau, von Fritz Ewert aus Köln, und 1962, kurz vor der Weltmeisterschaft in Chile, diejenige von Wolfgang Fahrian aus Ulm, der mit der Erfahrung von nur einem Länderspiel den routinierten Tilkowski als Stammtorhüter verdrängte.

Herkenrath hat dies nur noch am Rande wahrgenommen. Bei Rot-Weiß Essen begann der Niedergang, der schließlich mit dem Abstieg in die zweite Oberliga West endete. Ein Tiefpunkt, den Herkenrath nicht mehr miterlebt hat. Er erhielt 1962 eine Berufung als Dozent an die pädagogische Akademie in Aachen, die er ohne zu zögern annahm. In Essen hatte er sich wohl gefühlt, den Kumpels, deren Knochenarbeit er bei manchen Besuch unter Tage kennengelernt hatte, fühlte er sich verbunden, trotzdem, mit dem Fußball war es in seinem Alter so gut wie vorbei. Es war also der beste Zeitpunkt für einen Wechsel. Die Akademie wurde später aufgewertet zur Hochschule und so hat er tatsächlich den Titel eines Studienprofessors erreicht. Vom Fußball in den akademischen Hörsaal, keine schlechte Entwicklung, die unter Fußballern nicht gerade häufig vorkommt, obwohl es sie gibt.

Bei Eintracht Frankfurt stand mal Dr. Peter Kunter im Tor, ein Zahnarzt, der es zu Amateur- und Juniorenländerspielen gebracht hat. Dr. Jupp Kapellmann spielte insgesamt fünfmal in der Nationalauswahl, gehörte bei der WM 1974 zum Kader und wurde später Chirurg. Vergessen ist dagegen Dr. Carl Zörner, der als Torwart seine vier Länderspiele alle im Jahre 1923 bestritt, nebenbei ein so guter Leichtathlet war, dass er auch dort als Sprinter und Weitspringer zu Einsätzen in der Nationalmannschaft kam und der später 2. Vorsitzender des DFB wurde. 1941 ist er, gerade mal 44 Jahre alt, gestorben. Drei von diesen vier Spielern mit akademischen Weihen waren Torhüter. Ob das nun etwas zu sagen hat? Eine Frage für Psychologen.

In Aachen, im Vorort Walheim, lebt Professor Herkenrath auch heute noch, ist längst pensioniert, trifft sich einmal im Jahr mit den alten Freunden aus der Studentennationalmannschaft und ist inzwischen fünffacher Großvater. Eine der Enkeltöchter spielt Fußball, aber nicht als Torwart. Sie hat sich also in diesem Punkt durchgesetzt, was ihrem Opa viele Jahre vorher in Dellbrück nicht gelungen war. Zu seinem Glück, wie Fritz Herkenrath heute weiß.

Georg Stollenwerk – vom Stürmer zum Verteidiger

Von Georg „Schorsch" Stollenwerk wissen die Fußballfans, dass er Verteidiger gespielt hat. Auf der rechten Abwehrseite war er ein paar Jahre lang Stammspieler in der deutschen Nationalmannschaft und bildete zusammen mit Erwin „Hammer" Juskowiak aus Düsseldorf ein starkes Verteidigerpaar, das auch international mithalten konnte. Aber Stollenwerk, das wissen nur wenige, hat gar nicht als Verteidiger angefangen, in seinem Verein nicht und auch nicht in der Nationalmannschaft. In Düren, beim SC 99, hat er im Sturm gespielt, als Halb- und Mittelstürmer, und weil Düren damals, Anfang der fünfziger Jahre, in der 2. Oberliga West spielte, war Stollenwerk Amateur. Dadurch erregte der erfolgreiche Torjäger Herbergers Interesse, denn der baute gerade eine Amateurmannschaft für die Olympischen Spiele 1952 in Helsinki auf. Stollenwerk bestritt sein erstes von neun Amateurländerspielen, und weil er internationale Erfahrung sammeln sollte, gab Herberger ihm auch gleich eine Chance in der A-Nationalmannschaft. 1951, beim 4:1-Sieg gegen Luxemburg in Essen, feierte er seinen Einstand und schoss sogar ein Tor. Es war eine Mannschaft, in der die Spieler aus der Oberliga West dominierten. Wewers, Rahn und Termath von Rot-Weiß Essen spielten mit, dazu Schanko aus Dortmund, Mebus aus Köln und auch schon Erwin Juskowiak, mit dem Stollenwerk später so eng zusammen arbeiten sollte. Aber mit dem hatte er als Halbstürmer in diesem Spiel noch wenig zu tun.

Als Amateur in der Nationalmannschaft – Georg Stollenwerk

Auch beim wenige Monate später folgenden Rückspiel, als in Luxemburg 3:0 gewonnen wurde, war Stollenwerk Halbstürmer und schoss wieder ein Tor. Sein letztes für die Nationalmannschaft, obwohl noch über 20 Länderspiele folgen sollten.

Vierfacher Nationalspieler war er also, als das olympische Fußballturnier in Helsinki begann, in dem die Deutschen tatsächlich eine gute Mannschaft präsentieren konnten. Im Viertelfinale wurden die starken Brasilianer nach Verlängerung ausgeschaltet, bevor im Halbfinale gegen Jugoslawien Endstation war. „Die stellten ihre komplette A-Nationalmannschaft", sagt Stollenwerk im Rückblick. „Jugoslawien gehörte doch zum sogenannten Ostblock, die Fußballer dort galten alle als Amateure."

Einer der Gegenspieler bei den Jugoslawen war übrigens „Tschik" Cajkovski, später ein erfolgreicher Bundesligatrainer, der – wie schon 1948 – die olympische Silbermedaille gewann. Die Welt ist ja bekanntlich klein, deshalb war es unausweichlich, dass sich die Wege der beiden noch einmal kreuzen sollten.

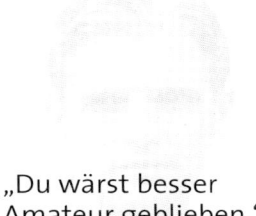

„Du wärst besser Amateur geblieben."

Im Spiel um den dritten Platz wurde knapp gegen Schweden verloren, beinahe hätte Stollenwerk also eine olympische Bronzemedaille gewonnen. Im Nachhinein stellt sich dieses Spiel wie ein böses Omen dar, denn gegen Schweden sollte er bei einem wichtigen Turnier noch einmal verlieren, genau sechs Jahre später.

Nach der Olympiade war erst mal Schluss mit der Nationalmannschaft, mit der der Amateure, aber auch mit der A-Auswahl. Stollenwerk wechselte nämlich zum 1. FC Köln und wurde Vetragsspieler, eine Entscheidung, die Herberger nicht gefiel. Der hätte ihn lieber als Vertragsspieler und Mannschaftskamerad von Fritz Walter in Kaiserslautern gesehen. Fritz Walter hatte ihn auch ein paar Mal auf einen Wechsel angesprochen, aber die Entfernung war einfach zu groß gewesen. Köln lag direkt vor der Haustür, in Düren gab es viele Fans des 1. FC, was lag also näher als ein Wechsel in die Domstadt? Aber was ist die Meinung der Dürener Fans gegen die von Sepp Herberger? „Du wärst besser Amateurnationalspieler geblieben", hat DFB-Spielausschuss-Vorsitzender Hans Körfer zu ihm anlässlich eines Amateurländerspiels gegen Frankreich in Wuppertal verärgert vorgeworfen. Herberger stand dabei und sagte nichts.

Jedenfalls war für drei Jahre Schluss mit der Nationalmannschaft. Bei der Endrunde um die Deutsche Meisterschaft 1954 machte Stollenwerk in Team des 1. FC zwar noch einmal auf sich aufmerksam, besonders im Spiel gegen Frankfurt, als er zwei Tore zum 3:2-Sieg schoss. „Und so einen Spieler will Herberger nicht mitnehmen zur WM?", fragten einige Tageszeitungen. Herberger nominierte ihn für den großen 40-Kader, vermutlich, um Ruhe zu haben, denn bei der endgültigen Auswahl war Schorsch

Stollenwerk nicht dabei. Die anderen wurden in Bern Weltmeister, er wäre, das weiß er, sowieso nicht erste Wahl gewesen.

Danach wurde es still um Stollenwerk. Das DFB-Pokalendspiel 1954 wurde gegen Stuttgart mit 0:1 nach Verlängerung verloren, auch dies ein Ausgang, zu dem es in seiner weiteren Karriere eine Parallele geben sollte.

Die Wende kam 1955, als Stollenwerk in einem Spiel gegen Borussia Dortmund seinen großen Auftritt hatte. Erich Schanko, Ex-Nationalspieler, war sein Gegenspieler, den Stollenwerk beim 5:1-Sieg der Kölner nach Belieben ausspielte. Er saß am Abend nach dem Spiel in seiner Stammkneipe, trank ein Bier auf diesen Sieg und hörte plötzlich im Radio die Mannschaftsaufstellung für das kommende Länderspiel gegen in Italien. Er selbst war, völlig überraschend für ihn, als Mittelstürmer aufgestellt worden. Bei der 1:2-Niederlage bot er eine gute Leistung, wie die Mannschaft insgesamt. „Wir hätten auch gewinnen können", meint er.

Früher Torjäger – jetzt Jäger: Georg Stollenwerk heute

Wieder trat eine zweijährige Pause ein, in der sich bei Stollenwerk Entscheidendes veränderte. Einmal begann er ein Studium an der Sporthochschule Köln. Diplom-Sportlehrer wollte er werden, nachdem er bisher in einer Produktionsfirma für Papier und Pappe gearbeitet hatte. Es begann seine beste Zeit als Sportler, denn Stollenwerk hatte endlich genügend Freiraum, ausgiebig zu trainieren. Kein Geringerer als Helmut Bantz, Olympiasieger in Turnen, gehörte zu den Dozenten, die dafür sorgten, dass Stollenwerk fit war. Nach dem Studium, so der Plan, wollte er bei der neu gegründeten Bundeswehr anfangen.

Auch beim 1. FC Köln gab es eine entscheidende Veränderung. Hennes Weisweiler war dort Trainer geworden, und der brauchte im Spiel gegen Preußen Münster, wo der flinke „Fiffi" Gerritzen stürmte, einen schnellen Verteidiger. Also wurde kurzerhand Georg Stollenwerk umgeschult, der schnell war und zudem als Stürmer jeden Trick kannte. Stollenwerk begann seine zweite Fußballkarriere, die erfolgreicher werden sollte als die erste. 1957, beim Länderspiel gegen Schottland, das allerdings 1:3 verloren ging, bestritt er sein erstes von 18 Länderspielen als Verteidiger. Es begannen die Vorbereitungen für die WM 1958 in Schweden und nach und nach bildete sich die Abwehr heraus, die bei der WM spielen sollte. Stollenwerk und Juskowiak als Verteidiger, dazu Herbert Erhardt, den alle „Ertl" nannten, als Mittelläufer. In Schweden hat Stollenwerk alle sechs Spiele mitgemacht, bis ins Halbfinale drang die deutsche Mannschaft vor, als sein Mitverteidiger die Nerven verlor. Hamrin war Juskowiaks Gegenspieler, ein ausgebuffter Profi, der in Italien spielte und schnell gemerkt hatte, dass Juskowiak ein Hitzkopf war. Solange hat er in mit versteckten Fouls provoziert, bis „Hammer" Juskowiak die Nerven verlor und nachtrat. Platzverweis, eine Folge, die für die deutsche Mannschaft die WM entschied. Mit zehn Leuten, später sogar mit neun, weil Fritz Walter in seinem letzten Länderspiel verletzt vom Platz getragen wurde, hatten sie keine Chance gegen die Schweden. Auch das Spiel um den dritten Platz, bei dem die halbe Reservemannschaft auflief, wurde hoch mit 3:6 gegen Frankreich verloren.

Auf Juskowiak waren wegen der vertanen Chance alle sauer. Herberger würdigte ihn keines Blickes, Stollenwerk war so erbost, dass er ihn anmeckerte: „Wenn du schon so was machst, sorg wenigstens dafür, dass der andere auch nicht weiterspielen kann." Aber das hat er nicht wirklich ernst gemeint, Stollenwerk war ein fairer Fußballer, der in seinen über 400 Pflichtspielen nicht einmal vom Platz geflogen ist. Und wenn er mal ermahnt wurde, dann höchstens wegen Meckerns.

Es hätte noch ein paar Jahre erfolgreich weitergehen können, Stollenwerk war im besten Alter, da gab es in seinem Leben wieder eine Wende. Sein früherer Chef, der Besitzer des Betriebes, starb plötzlich, Stollenwerk brach das Studium ab und übernahm den Betrieb, zu dem später noch ein weiterer hinzukam. Für fast 60 Mitarbeiter hatte er die Verantwortung übernommen, kein Wunder, dass nicht mehr viel Zeit fürs Training blieb. Neun Länderspiel hat er noch bestritten, 1960, als Chile in Stuttgart mit 2:1 besiegt wurde, sein letztes. In diesen letzten Spielen tauchte ein neuer Verteidiger an seiner Seite auf, Karl-Heinz Schnellinger, der ebenfalls aus Düren stammte und dem eine große Karriere bevorstand mit vier Weltmeisterschaften. Später wechselte Schnellinger nach Italien, wurde mit Rom und Mailand Pokalsieger und Meister und blieb schließlich dort. Was er dort aber macht, weiß Stollenwerk nicht. Der Kontakt ist schon lange abgerissen. Genauso wie der zu Juskowiak, der nach seinem Fehler zwar noch ein paar Länderspiele bestreiten durfte, dessen weiteres Leben aber unglücklich verlief. Mit dem Gesetz kam er in Konflikt, kein gelungener Lebensabend. 1983 ist er in Düsseldorf gestorben.

Stollenwerk durfte noch ein Endspiel um die Deutsche Meisterschaft bestreiten, 1960 war das, als gegen den Hamburger SV mit 2:3 verloren wurde. Zwei Jahre später, als der 1. FC Köln im Spiel gegen Nürnberg endlich die deutsche Meisterschaft gewann, saß er nur auf der Bank. Vizemeister, Vizepokalsieger, knapp an einer Olympischen Bronzemedaille vorbei, knapp an einem WM-Endspiel. Es hätte auch glücklicher für Stollenwerk laufen können, aber er ist trotzdem zufrieden.

Die beiden Firmen hat er inzwischen verkauft, sein Lebensabend ist gesichert. Schon seit vierzig Jahren ist er parteipolitisch aktiv. „Ich bin ein Schwarzer", sagt er grinsend. Für die CDU sitzt er als sachkundiger Bürger im Sportausschuss in Düren und versucht, die Dinge im Interesse der Sportler zu beeinflussen.

Zwischendurch hat er auch als Trainer gearbeitet, eine zusätzliche Belastung zu der Leitung seiner beiden Firmen. Bei Alemannia Aachen war er, beim TuS Langerwehe und einmal, für kurze Zeit, auch beim 1. FC Köln. „Tschik" Cajkovski war dort gerade entlassen worden, so dass Stollenwerk aushelfen musste. Es war ein Klasseteam, das er übernahm, das aber nur an 14. Stelle in der Bundesliga stand. Overath, Flohe, Löhr, Konopka und Dieter Müller spielten dort. Die Mannschaft hatte aber Konditionsprobleme. „Tschik hatte zu wenig darauf geachtet", urteilt Stollenwerk. Außerdem war die Mannschaft, weil es in den Spielen nicht so lief, untereinander zerstritten. Er musste also für Kondition sorgen, dann ergab sich das andere von selbst. Bis auf den 5. Platz hat der Schorsch seinen FC nach oben geführt, und hätten sie das letzte Spiel gegen Mönchengladbach gewonnen, wäre es sogar der 2. Platz gewesen. Noch ein Vizemeistertitel, der ihm aber erspart geblieben ist. Nach der Saison hat er den Job wieder abgegeben. Hennes Weisweiler war schon lange vorher verpflichtet worden, und dem hatte bekanntlich auch Stollenwerk einiges zu verdanken. Mit Weisweiler begann dann eine der erfolgreichsten Epochen beim 1. FC Köln, es war also eine richtige Entscheidung, die damals getroffen worden war.

Stollenwerk wurde von nun an sein zweites Hobby wichtig, er ist nämlich Jäger. Zeitweilig hat er zwei Reviere besessen, heute hat er nur noch eines für Niederwild. Für Hasen, Kaninchen, Fuchs und Fasanen heißt das. Aber so richtig will ihm das auch nicht mehr gefallen. Dass Graureiher und Krähenvögel, völlig ohne natürlichen Feind, ganzjährig unter Schutz stehen, will ihm nicht einleuchten. „An der Rur steht alle fünfzig Meter ein Graureiher, der die Jungfische rausholt, auf den Feldern manchmal zwanzig Stück. Aber", sagt er dann und winkt ab, „ich war nie ein Schießer. Nur wenn mir ein schlechter Vererber beim Rehwild vor die Flinte kam, habe ich abgedrückt."

Vom Torjäger zum Jäger könnte man also urteilen, aber das wäre ungenau. Stollenwerk ist doch mehr ein Verteidiger gewesen. Früher auf dem Spielfeld und heute von Werten.

Leo Wilden – Mittelläufer im WM-System

1960, beim Länderspiel in Stuttgart gegen Chile, kam es zu einer Einwechslung, die auch Fußballkenner überraschte. Mittelläufer Herbert Erhardt, Stammspieler damals, lief wenige Minuten nach Spielbeginn an die Seitenlinie, besprach etwas mit Bundestrainer Herberger und wurde kurz darauf ausgewechselt. Als Ersatzmann brachte Herberger zur Überraschung vieler Leo Wilden, den Mittelläufer des 1. FC Köln, den man als möglichen Nationalspieler gar nicht auf der Rechnung hatte.

Wilden war selbst überrascht von seiner Nominierung. Vorausgegangen war ein Auswahlspiel Westdeutschland gegen Süddeutschland, so etwas gab es damals, weil die einzelnen Regionen getrennt in ihren Oberligen spielten und erst die Vergleichsspiele zeigten, wie gut der eine oder andere Spieler wirklich war. Wilden war in die Westdeutsche Auswahl berufen worden, die 2:1 gegen den Süden gewann und nach dem Spiel wurde er plötzlich von Sepp Herberger angesprochen. Ob er Lust hätte, mit ins Trainingslager für das Länderspiel gegen Chile zu fahren, wollte Herberger wissen. Klar hatte Wilden Lust, und wenn er auch nicht zum Einsatz kommen sollte, empfand er Herbergers Angebot doch als Auszeichnung. Richtig stolz war er, dass er auf der Ersatzbank Platz nehmen durfte. Die weitere Entwicklung hat dann selbst ihn überrascht.

Zweimal Deutscher Meister – Leo Wilden

„Der Erhardt kam plötzlich an die Seitenlinie gelaufen", erzählt Wilden. „Trainer, ich hab eine Zerrung!", hätte er gerufen und Herberger hat Wilden angeguckt und gesagt: „Machen Sie sich fertig, Leo." So durfte Wilden innerhalb weniger Tage seinen zweiten 2:1-Sieg feiern, denn auch gegen Chile wurde mit diesem Ergebnis gewonnen.

Der schwarzhaarige Mittelläufer, der noch im traditionellen WM-System spielte, überrzeugte Herberger und die Fachleute und blieb vier Jahre lang im Kader der Nationalmannschaft.

15 Länderspiele insgesamt hat er bestritten, hat die Vorbereitung für die WM 1962 in Chile mitgemacht, gehörte dort auch zum Kader, wurde aber während der WM nicht eingesetzt. Herberger hatte sich auf Herbert Erhardt als Mittelläufer festgelegt, Wilden musste sich die WM, die schon in der Zwischenrunde mit einer Niederlage gegen Jugoslawien endete, von der Bank aus ansehen.

Gemeckert hat er deshalb nicht. „Das sind Entscheidungen, die der Trainer treffen muss", sagt er im Rückblick. Und außerdem gab es schon wegen einer anderen Nichtnominierung gewaltigen Ärger im deutschen Lager. Hannes Tilkowski, Stammtorwart in den Jahren vor der WM, war kurzfristig ins zweite Glied zurückgestuft worden. Der Ulmer Wolfgang Fahrian, der vorher nur ein Länderspiel bestritten hatte, wurde Tilkowski vorgezogen, der verärgert nach Hause fahren wollte. Leider, aus seiner Sicht, gab es keinen Flieger, sonst hätte Tilkowski seine Drohung wahr gemacht.

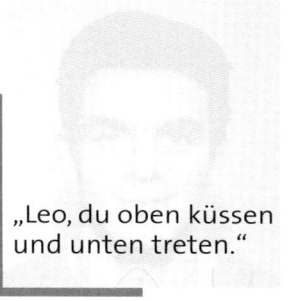
„Leo, du oben küssen und unten treten."

Da wollte Wilden, trotz leichter Enttäuschung, den Ärger nicht weiter vermehren. Er war nach 6 Länderspielen sowieso mit anderen Erwartungen zur WM geflogen als Hannes Tilkowski.

Mit dem 1. FC Köln konnte Wilden in jenen Jahren große Erfolge feiern. Tschik Cajkovski, unvergessener jugoslawischer Nationalspieler und zweifacher Silbermedaillengewinner bei Olympischen Spielen, war damals Trainer bei den Kölnern. Er war eine Frohnatur, ein Kumpeltyp, der beim Training selber mitspielte und sich freute, wenn er gegen seine Spieler gut aussah.

Tschik Cajkovski war es auch, der Leo Wilden den entscheidenden Tipp gegeben hat, wie er spielen sollte. „Leo, du oben küssen und unten treten", hat er in seiner unnachahmlichen Art gesagt. Freundlich gucken, aber beim Kampf Mann gegen Mann hart um den Ball kämpfen, hieß das. Natürlich mit fairen Mitteln, wie die Zweikämpfe damals sowieso fairer abliefen, meint Wilden. Schwalben, wie sie die Stürmer heute reihenweise produzieren, hätte es damals nicht gegeben, obwohl die Stürmer auch damals gerne Elfmeter geschunden haben. Willi Koslowski von Schalke, genannt der Schwatte, bei der WM in Chile ebenfalls dabei, war so ein gefährlicher Strafraumspieler, vor dem Wilden bis heute Respekt hat. „Wir haben uns harte Zweikämpfe geliefert", sagt er.

Heute arbeitet Koslowski auf der Schalker Geschäftsstelle und ist längst kein „Schwatter" mehr, sondern grau geworden. „Bin ich ja auch", sagt Wilden.

Mit dem 1. FC Köln wurde Wilden zweimal Deutscher Meister. 1962 wurde im Endspiel der 1. FC Nürnberg klar mit 4:0 besiegt. Zwei Endspiele, jenes 1960 gegen den HSV und das von 1963 gegen Borussia Dortmund gingen allerdings verloren. Dafür wurden die Kölner mit Wilden als Mittelläufer 1964 noch einmal Deutscher Meister, der erste in der neu gegründeten Fußballbundesliga. Dass er sogar noch ein drittes Mal Vizemeister wurde, hat er glatt vergessen. 1965 wurde hinter Bremen der zweite Platz belegt. Aber seit es keine Endspiele mehr gab, hat der zweite Platz viele Jahre lang keine große Bedeutung gehabt, urteilt Wilden. So ist ihm denn dieser kleine Erfolg glatt entfallen.

Nach der WM 1962 kam es zum Neuaufbau in der Nationalmannschaft, aber Wilden blieb dabei. Für knapp zwei Jahre wurde er zum Stammspieler in der Nationalmannschaft, bis es 1964 zum Spiel gegen die Tschechoslowakei kam. Mit 3:4 wurde dieses Spiel in Ludwigshafen verloren. Hintergrund war im taktischen Bereich die allmähliche Auflösung des WM-Systems, die Tschechen spielten mit einer hängenden Spitze, die Wilden aus dem Abwehrzentrum herauslockte. Ob Herberger das zu spät gesehen hat, ob er gemeint hat, hier müsse nun grundsätzlich etwas geändert werden, lässt sich nicht mehr klären. Es war jedenfalls Wildens letztes Länderspiel. Symbolisch war, dass es das erste seines Vereinskameraden Wolfgang Weber war, der ihn später auch beim FC als Abwehrchef ablöste.

Leo Wilden im Wochenendhaus in der Eifel

Beim 1. FC Köln gab es in dieser Zeit einen Trainerwechsel. Tschik Cajkovski wanderte zu Bayern München, wo mit den Talenten Beckenbauer, Gerd Müller und Sepp Maier eine Klassemannschaft heranreifte. Seinen früheren Mittelläufer Leo Wilden hätte er gerne nachgeholt, denn Tschik wusste, dass die jungen Spieler noch die Erfahrung von ein, zwei älteren Spielern brauchten. Aber der FC erteilte Wilden keine Freigabe, so dass zwei andere Spieler aus dem Westen diese Aufgabe übernehmen mussten. Hans Nowak von Schalke, wie Wilden WM-Teilnehmer in Chile, allerdings als Stammspieler, der es ebenfalls auf 15 Länderspiele brachte, und „Pitter" Danzberg aus Duisburg, der sich wegen einer unglücklichen Verletzung dort aber nicht durchsetzen konnte. Für Nowak wurde der Wechsel zum Glück. Er wurde noch Europapokalsieger und arbeitet heute in der Fanartikelabteilung des FC Bayern.

Wilden blieb in Köln und das, obwohl er sich mit dem neuen Trainer Georg Knöpfle nicht besonders gut verstand. Während es unter Tschik immer was zu lachen gab, hatte Wilden beim Training unter Knöpfle, der vor dem Krieg 23 Länderspiele bestritten hatte, immer das Gefühl, zum Militär zu gehen. Knöpfle stand beim Training in der Mitte des Platzes und gab seine Kommandos. Irgendwann hat Wilden ihm seine Meinung gesagt. „Mit uns können Sie das nicht machen", hat er Knöpfle erklärt, der verärgert reagierte.

Immerhin fiel in Knöpfles Zeit die Meisterschaft von 1964. Zwei Jahre hat Wilden noch für den FC gespielt, dann löste ihn Wolfgang Weber ab, und Wilden wechselte zu Bayer Leverkusen, die damals in der mehrgeteilten 2. Liga spielten. Drei Jahre lang hat er für Leverkusen gespielt, eine gute Zeit, wie er im Rückblick meint. Einmal haben sie die Aufstiegsrunde erreicht, den Aufstieg als Gruppenzweiter aber knapp verpasst.

1967, mit 31 Jahren, hat er mit dem Profifußball aufgehört. „Das richtige Alter zum Aufhören", sagt er, obwohl es für ihn noch einen medizinischen Grund gab. Nach einer Routineuntersuchung hatte ihm der behandelnde Mediziner erklärt, dass Wilden einen Miniinfarkt erlitten hätte und deshalb keinen Leistungssport mehr betreiben dürfte. Wilden hat sich kurz danach noch mal gründlich untersuchen lassen, aber von einem Miniinfarkt hat kein Mediziner je wieder geredet.

Aber das macht nichts, Leo Wilden hatte sowieso das Gefühl, am Endpunkt seiner Karriere angelangt zu sein. Er hatte sein Geld gut in einer Immobilie angelegt, hatte ein Lottogeschäft übernommen, in dem auch Karten für die Kulturereignisse in Köln verkauft wurden, hat dann noch drei weitere Geschäfte dazu übernommen und stand viele Jahre lang früh um 5 Uhr auf, damit er um 6 Uhr seinen Laden öffnen konnte. Eines dieser Geschäfte hat er jetzt abgegeben, an einen FC-Spieler natürlich, damit der sich rechtzeitig ein zweites Standbein aufbauen kann, wie es Wilden auch getan hat.

Aus seiner aktiven Zeit ist ihm eine enge Freundschaft geblieben, die zu Karl-Heinz Thielen nämlich, dem Kölner Frauenschwarm auf Rechtsaußen. Mit ihm zusammen besitzt er ein Wochenendhaus in der Eifel, dort treffen sie sich oft, spielen Golf oder Tennis und auch die Frauen sind miteinander befreundet.

Karl-Heinz Thielen – Kölns auffällige Erscheinung auf Rechtsaußen

Während meiner Schulzeit am Barlach-Gymnasium in Unna ging es bei unseren Fußballdiskussionen immer darum, ob man Fan von Schalke oder Borussia Dortmund war, bis unsere Klassenkameradin Cornelia sich eines Tages einmischte. „Ich schwärme für den 1. FC Köln", sagte sie.

Wir staunten. „Warum das denn?", riefen wir, „du hast doch gar keine Ahnung."

„Weil da der Karl-Heinz Thielen stürmt", antwortete sie mit fast verklärtem Blick.

Wir waren sprachlos, gegen Thielen ließ sich nämlich nur schwer etwas einwenden. Er war wirklich ein gutaussehender Mann, der blonde Thielen, und außerdem studierte er neben dem Fußball Betriebswirtschaft. Ein Intellektueller also, wie sollten wir, kurz vor dem Abitur stehend, gegen so einen Argumente finden?

„Leider habe ich das damals nicht gewusst", antwortet Thielen lächelnd, als ich ihm die Geschichten erzähle.

Angefangen mit dem Fußballspiel hat er beim TSV Rodenkirchen, wo er die Jugendmannschaften durchlief, bis es seinetwegen Ärger gab. In einer Saison hatte er in der A-Jugend über

Nur zwei Länderspiele – Karl-Heinz Thielen im Spiel gegen die Tschechoslowakei

100 Tore geschossen, weshalb ihm der Vorsitzende richtige Fußballschuhe schenkte, die ihm seinen Eltern damals nicht bezahlen konnten. Eine Maßnahme, die sofort den Neid der anderen weckte. Warum bekam der Thielen die Schuhe und nicht sie?

Als Thielen den Neid spürte, zog er die Konsequenzen. „Hier spiele ich nicht länger", verkündete er.

Nun gingen die Rodenkircher Jungen damals gerne an den „Strand", ans Rheinufer also, wo sie Fußball spielten und zwischendurch zur Abkühlung im Rhein schwammen. Irgendwann bei diesen Spielchen winkte Paul Eich, der bei den Amateuren des 1. FC Köln kickte und von Thielens Ärger beim TSV gehört hatte, den jungen Stürmer zu sich. „Komm doch zu uns", sagte er. Zum großen 1. FC Köln? Thielen traute sich noch nicht sofort, aber Eich beruhigte ihn. „Du schaffst das schon."

Und wie er das schaffte! Beim ersten Freundschaftsspiel für die Amateure des FC schoss er in den ersten zwanzig Minuten gleich vier Tore, worauf ihn „King" Schäfer, der Vorsitzende der Amateurabteilung, sofort vom Platz winkte. Thielen wunderte sich. So schlecht konnte das doch nicht gewesen sein, was er da abgeliefert hatte. Warum sollte er nicht weiterspielen? Aber Schäfer hatte sein Talent erkannt. „Komm, hör auf", sagte er. „Spiel lieber heute Abend bei der ersten Mannschaft mit."

> „Ich glaub, ich hab da einen Guten."

Gleichzeitig informierte er Vereinsboss Franz Kremer: „Ich glaub, ich hab da einen Guten."

Thielen bestätigte Schäfers Prognose. Beim Freundschaftsspiel der ersten Mannschaft gegen Rotweiss Zollstock schoss er 5 Tore und bekam einen Vertrag angeboten, der allerdings erst für das darauffolgende Jahr galt. Wer damals den Verein wechselte, wurde noch ein Jahr lang gesperrt. Solche Bestimmungen gab es damals noch.

1959 war das, und ein Jahr später bestritt Thielen sein erstes Meisterschaftsspiel für den FC. Gegen Rotweiss Oberhausen war das, wo Friedhelm Kobluhn, Bruder des späteren Bundesligatorschützenkönigs Lothar, sein erster Gegenspieler war. „Beinhart, aber sympathisch", charakterisiert Thielen ihn nicht ohne Ironie. Wie die meisten in der Oberhausener Mannschaft.

Es begannen die Jahre, in denen der 1. FC Köln zur bestgehassten Mannschaft im Revier aufstieg, wie sich Thielen erinnert. Wo immer die Kölner antraten, auf Schalke, in Dortmund, Essen oder Duisburg-Meiderich, fast immer gewannen sie, manchmal sogar haushoch.

„Darauf waren wir immer stolz", sagt Thielen.

Schon im selben Jahr stand er mit dem 1. FC Köln im Endspiel um die Deutsche Fußballmeisterschaft. Allerdings wurde gegen den Hamburger

SV mit 2:3 verloren. Deutscher Vizemeister, ein „Titel", den er insgesamt dreimal errang.

1962 konnte er aber triumphieren. Mit 4:0 wurde der 1. FC Nürnberg im Endspiel in Berlin klar geschlagen und zwei Jahre später, nach einem verlorenen Endspiel gegen Dortmund 1963, wurde Thielen in der ersten Bundesligasaison mit seinem FC zum zweiten Mal Deutscher Meister.

Es war die Zeit, in der er auch dem Bundestrainer auffiel. 1964, als gegen die Tschechoslowakei in Ludwigshafen 3:4 verloren wurde, machte er noch unter Bundestrainer Sepp Herberger sein erstes Länderspiel. Gleich fünf Kölner standen damals in der Nationalmannschaft, außer ihm noch Wolfgang Overath, der zweite Neuling „Bulle" Weber, und die Abwehrspieler Fritz Pott und Leo Wilden, beide übrigens zum letzten Mal. Für Thielen war es nicht das letzte Spiel, er kam noch einmal unter Bundestrainer Schön zum Einsatz, 1965, als gegen England mit 0:1 verloren wurde. Auf der linken Seite stürmte in jenem Spiel übrigens Heinz Hornig, mit dem Thielen in Köln eine großartige Flügelzange bildete.

Zwei Länderspiele nur für einen, der als Stürmer viele Tore schoss, ein bisschen wenig, wie auch Thielen findet. Einmal, 1963 beim 5:0-Sieg gegen Kaiserslautern, schoss er gleich alle fünf Tore, ein Rekord, der 14 Jahre lang Bestand hatte. Zwischendurch wurde er zwar von Gerd Müller, von Franz Brungs, Klaus Scheer und Jupp Heynckes eingestellt, aber nicht übertroffen. Bis es 1977 ausgerechnet sein

Fünf Tore in einem Spiel – Karl-Heinz Thielen

Stürmernachfolger Dieter Müller vom 1. FC Köln war, der beim 7:2-Sieg gegen Bremen sechs Treffer erzielte, den er, Thielen, in seiner Eigenschaft als Manager verpflichtet hatte.

Dass es nur zwei Länderspiele wurden, tue ihm schon ein bisschen weh, gibt er zu. Aber er hatte das Gefühl, dass er als ein Fußballer, der nebenbei Betriebswirtschaft studierte und mit dem Examen abschloss, bei beiden Bundestrainern auf Vorbehalte stieß. Thielen ist da vorsichtig in seinen Formulierungen, es ist halt ein Gefühl, das er gehabt hat, nicht mehr. Argumente für weitere Einsätze hat er jedenfalls viele geliefert, vor allem durch seine Tore.

56 hat er in 221 Bundesligaspielen geschossen, und das, obwohl er in den letzten Jahren als Verteidiger gespielt hat. Ab 1967 hatten die Kölner nämlich einen Mangel an guten Verteidigern, für Thielen kein Problem, sich umschulen zu lassen. Er war ein kräftiger Spieler, der sich auch in der Abwehr durchsetzen konnte. Und die Tricks, die so ein Stürmer drauf hatte, kannte er schließlich auch.

1968 wurde Thielen mit den Kölnern noch Pokalsieger. Mit 4:1 wurde in Ludwigshafen der VfL Bochum geschlagen und Thielen durfte als Mannschaftskapitän den Pokal in Empfang nehmen. Einer der Höhepunkte in seiner Karriere.

Von seinen Trainern hat ihm Tschik Cajkovski am besten gefallen, der lustige Jugoslawe, mit dem es immer was zu lachen gab. „Bestes Mannschaft von Welt", nannte Tschik seine 62er Truppe des 1. FC Köln.

Später, als Tschik in den siebziger Jahren noch einmal Trainer beim FC wurde, hat Thielen, dort inzwischen als Manager tätig, eine herrliche Anekdote mit ihm erlebt. Tschik hatte sich über die lange blonde Mähne seines Mittelfeldstars Herbert Neumann geärgert, weil die Neumann im Spiel, besonders beim Kopfball, behinderte. Neumann, der ein sehr starker Kopfballspieler war, musste sich die langen Haare ständig aus dem Gesicht streichen, was auf Kosten der Konzentration ging. Diesen Sachverhalt wollte Tschik ihm in einer Mannschaftsbesprechung darlegen und platzte unvermittelt in seinem gebrochenen Deutsch heraus: „Herbert, Ihre Frisur mir nicht gefallen. Was Sie dazu sagen?"

Neumann nickte ruhig. „Okay, Trainer. Ihre Frisur gefällt mir aber auch nicht." Wozu man wissen muss: Tschik hatte keine Haare mehr.

Gelacht hat er auch unter Trainer Gyula Lorant, der 1952 mit den Ungarn Olympiasieger wurde und Mitglied jener ungarischen WM-Mannschaft war, die im Endspiel 1954 so sensationell gegen die Herberger-Elf unterlag, aber das hatte andere Gründe. Lorant, fand Thielen, war ein schwacher Trainer, ein Blender, über dessen Maßnahmen sich die Kölner Spieler gelegentlich lustig machten. So auch bei dem Spiel gegen Schalke, als Klaus Scheer mit fünf Toren in der ersten Halbzeit Thielens Torerekord einstellte. Lorant hatte eine Raumdeckung angeordnet und nahm die Frage von Thielen, wer denn den gefährlichen Klaus Scheer ausschalten sollte, nicht ernst. Erst als er seine fünf Tore geschossen hatte und Schalke uneinholbar in Führung lag, wechselte Lorant Hemmersbach und Thielen für die Abwehr ein. Die zweite Halbzeit ging mit 2:1 an Köln, Scheer schoss kein weiteres Tor mehr, aber für einen Punktgewinn war es natürlich zu spät.

1973 nahm Thielen ein Angebot des FC an, beendete seine Laufbahn und wurde Manager. Es sollten erfolgreiche Jahre mit Pokalsiegen und Meisterschaft werden, die mit ihm als Manager und vor allem mit Weisweiler als Trainer verbunden sind. 1978 gewann die Kölner sogar das seltene Double, also Meisterschaft und Pokal im selben Jahr.

1981 wurde er Vizepräsident des Vereins und arbeitete Michel Maier sowie Hennes Löhr als Manager ein. Als Löhr später Trainer wurde, musste er wieder als Manager einspringen. Eine Arbeit, die man nicht ehrenamtlich leisten konnte, wie er bald feststellte. Aber als er Forderungen, die heute völlig normal sind, an den Vorstand stellte, bekam er keine Mehrheit. Der Vorstand brach über diese Abstimmung auseinander.

1993, als Köln Tabellenletzter war, sprang er noch einmal als Manager ein, holte Morton Olsen als Trainer und verhinderte so im letzten Moment den Abstieg.

Seinen Nachfolgern ist es nicht gelungen, den Verein in der Spitze zu halten.

„Irgendwie", meint Thielen, „liegt das an der veränderten Zielvorstellung des Vereins. Wir damals wollten immer die Besten sein."

Die Besten waren die Kölner lange Zeit nicht, Dortmund und Schalke, damals Gegner, die man meistens wegputzte, waren fast uneinholbar enteilt. Selbst Bochum stand vor ihnen. Eine Entwicklung, die Thielen zwar zur Kenntnis nahm, die er aber immer noch nicht so recht glauben konnte.

Damals der bestgehasste Verein im Revier, lange Jahre ein Gegner der zweitklassigen Reviermannschaften wie Oberhausen oder Duisburg.

Thielen geht noch zu den Spielen seines FC, nicht mehr zu allen, aber doch zu den meisten.

Viele Jahre Manager des 1. FC Köln – Karl-Heinz Thielen

Ansonsten arbeitet er als Bezirksleiter bei der Westdeutschen Lotterie GmbH und hat eine kleine Spielervermittlungsagentur. Die aber nur nebenbei, viel Zeit bleibt ihm ja nicht. Aber immerhin hat er Klimovic an den VfL Wolfsburg vermittelt. Ohne Erfolg ist er auch bei dieser Tätigkeit nicht.

Mit Leo Wilden, dem Mittelläufer aus alter Zeit, versteht er sich besonders gut. Bei gemeinsamen Treffen in der Eifel haben die beiden Zeit genug, die Entwicklung des FC zu diskutieren. Jene aus alter Zeit und besonders die der Gegenwart.

Aber jetzt hat der FC ja wieder den Sprung in die Erstklassigkeit geschafft. Thielen hat sich nichts sehnlicher gewünscht.

Dritter Einwurf
Die Frau mit dem Pelzmantel

Es war ein ganz normales Spiel unserer D-Jugendmannschaft. Die Fans beider Teams, das heißt die Väter der jungen Spieler, standen fein säuberlich getrennt in zwei Gruppen vor der Tribüne und beobachteten das Geschehen, als handle es sich um eine Bundesligapartie zwischen Borussia und Schalke. Wer allerdings genau hinsah, konnte erkennen, dass es sich nicht um zwei festgefügte Fanblöcke handelte, die die Mannschaften anfeuerten. Ein feiner Riss ging durch die Blöcke. Jene Väter, die für ihre wüsten Zwischenrufe bekannt waren und damit nervten – „Micha, bist du bescheuert? Kannst du den Ball nicht stoppen?" – standen ein wenig abseits von den anderen Vätern, die das Spielgeschehen immer ruhig kommentierten: „Geh mit nach vorn, Niki! Spiel schneller ab, Micha!"

Auch dies eine normale Einteilung wie bei jedem Spiel.

Ich gehörte zur Gruppe der ruhigeren Väter, obwohl ich auch gern dazwischenrufe. Aber nicht verbissen wütend, sondern lieber ironisch: „Der blöde Ball, muss der dir immer wegspringen, Niki? Schimpf doch mal mit ihm!"

Anfangs gab es aber nichts zu schimpfen, es gab ein vorsichtiges Abtasten und kaum Torchancen. Für die Schreihälse unter den Vätern dennoch Grund genug, rumzubrüllen: „Der Schiri ist doch blind. Oder bekloppt. Oder beides!"

Aber plötzlich wurde es ruhig, schlagartig. Eine Stille breitete sich über dem Sportplatz aus, so ungewohnt, dass es selbst die kleinen Spieler bemerkten. Auch bei ihnen verstummten die Zurufe und die eingeübten Kommandos, wenn von Abwehr auf Angriff umgeschaltet wurde. Stille überall. Es brauchte einige Zeit, bis ich begriff. Ich weiß nicht mehr, ob es allein an der Stille lag, oder ob mir die scheelen Blicken meiner Nachbarn auffielen, die sich auf die Tribüne richteten. Was war denn da los? Ich drehte mich um und traute meinen Augen nicht. Tatsächlich, eine Frau stand dort im Treppenaufgang zur Sprecherkabine. Ach was, keine Frau, sondern eine Dame. Sie trug einen eleganten braunen Pelzmantel, dazu hochhackige Schuhe, die Lippen waren dunkelrot gemalt. Ihre Frisur sah teuer aus. Unglaublich. So einen Gast hatten wir noch nie bei unseren Jugendspielen gesehen. Ein leises Tuscheln begann. „Weißt du, wer das ist? Mensch, wie kommt die denn hierher? Ob die sich verlaufen hat?"

Sonst gingen mir die Zwischenrufe mancher Väter auf die Nerven, jetzt begann ich sie, je länger die Stille dauerte, zu vermissen. Sonst konnten wir sie ermahnen, so oft wir wollten, sie reagierten nicht und brüllten lustig weiter. Jetzt hatte es ihnen die Stimme verschlagen. Stattdessen begannen zwei, drei von ihnen, rumzugockeln, zogen den Bauch ein und liefen gemessenen Schrittes an der Seitenlinie auf und ab. Ein lächerlicher Anblick, aber zu lachen wagte auch keiner. Als wäre so etwas unpassend, so vornehm waren plötzlich alle geworden.

Nur das Geräusch des Balles war zu vernehmen, wenn er auftickte, wenn ein Spieler kräftig dagegen trat. Sonst war es still, unglaublich still.

Mensch, das war doch kein Spiel mehr, das war doch nicht auszuhalten!

„Voran jetzt!", brüllte ich, fast schon ein wenig verzweifelt, „ich will ein Tor sehen! Oder habt ihr die Tore vernagelt?"

Strenge Blicke trafen mich, als hätte ich wer weiß was verbrochen. Auch ich verstummte. Ruhig plätscherte das Spiel dahin. Bis es plötzlich einen Zweikampf im Mittelfeld gab. Unser Abwehrspieler kämpfte gegen einen kleinen Blonden aus der gegnerischen Mannschaft verbissen um den Ball. Zuerst erkämpfte er ihn sich, verlor ihn aber wieder, weil der Kleine nachsetzte, kämpfte ihn sich zurück, aber der kleine Blonde gab nicht auf, bedrängte ihn und plötzlich, plötzlich hörten wir eine gellende Stimme: „Geh ne anne Hose, Danni! Mach ne fertich!"

Es war so, als stünde der Zuruf einen Moment in der Luft, als würden selbst die Spieler stocken. „Geh ne anne Hose, Danni!"

Wir drehten uns um. Tatsächlich, es war die Frau im Pelzmantel gewesen, die gerufen hatte. Sie schien unsere Blicke bemerkt zu haben, würdigte uns aber keines Blickes. Musste sie auch nicht, es gab trotzdem ein brüllendes Gelächter, laut und anhaltend, wie eine Befreiung.

„Mensch", rief irgendwer, „dat is ja auch eine von uns. Wer hätte das gedacht?"

Und im selben Moment schlug die Stimmung um und es ging wieder los: „Penn nich ein, Harry. Sei keine Memme, Torsten. Der Torwart is ne Klappfliege."

Von einem Moment zum anderen wurde es wieder das, was die Begegnungen unserer D-Jugend immer waren. Ein ganz normales Spiel mit mehr oder weniger geistreichen Zwischenrufen. So wie all die anderen vor- und nachher.

Nur den Spruch der Frau, die nach dem Spiel sofort verschwand, haben wir nicht vergessen und später ein paar Mal verwendet.

„Geh ne anne Hose!", riefen wir, wenn sich irgendwo ein verbissener Zweikampf entwickelte. Und dann haben wir gelacht, fast so laut wie beim ersten Mal, als wir ihn hörten. Selbst die Schiedsrichter haben dann manchmal mitgelacht, als wüssten sie, an welche Geschichte der Zuruf uns erinnerte.

Theo Redder – ein Werler Junge in der Nationalmannschaft

Theo Redders Fußballerkarriere als linker Verteidiger war kurz aber heftig. Von Dettmar Cramer, 1960 Trainer des westdeutschen Fußballverbands, ist er entdeckt worden. Noch nie vor ihm war ein Werler Junge in die westdeutsche Jugendauswahl berufen worden, der blonde Theo Redder schaffte es und beeindruckte Dettmar Cramer so sehr, dass er ihn den Dortmunder Borussen als Vertragsspieler empfahl. Cramer, dies nebenbei, wurde später Erfolgstrainer bei Bayern München und erhielt dort, seiner Größe wegen, von Torwartlegende Sepp Maier den Spitznamen „Der laufende Meter".

Trainer in Dortmund war zu jener Zeit Max Merkel, der gerne auf junge Spieler setzte, die er noch formen konnte. Ältere Spieler, das war bekannt, hatten mit seinem autoritären Führungsstil oft Probleme. Merkel, der gerne selber kommandierte, konnte Widerspruch schlecht vertragen.

Theo Redder im Zweikampf mit Uwe Seeler

Er guckte sich Redder aber erst mal genau an, ließ ihn dreimal zum Probetraining kommen, bevor er von dessen Abwehrtalent überzeugt war.

Für die Oberligasaison 1961/62 erhielt Redder seinen ersten Vertrag und bekam genau hundert Mark im Monat. Die etablierten Stammspieler bekamen damals 160 DM. In der Oberligazeit gelang Redder aber noch nicht der Durchbruch, zwei-, dreimal kam er nur zum Einsatz.

Als Borussia 1963 das Endspiel um die deutsche Fußballmeisterschaft erreichte und den 1. FC Köln mit 3:1 schlug, gehörte er genauso wie Lothar Emmerich nicht einmal zum Kader. Privat, im alten Auto von Emmerich, sind die beiden nach Stuttgart gefahren, um das Endspiel wenigstens ansehen zu können.

Den Durchbruch schaffte er erst in der anschließenden Bundesligasaison. Gleich im zweiten Spiel gegen 1860 München wurde er aufgeboten, als linker Verteidiger, jener Position, die er in Dortmund in den folgenden Jahren immer gespielt hat. Bei 1860 spielten damals Klassestürmer wie Heiß, Rebele, Küppers, Brunnemeier oder Grosser, allesamt Nationalspieler. Aber Redder hielt sich tapfer und verteidigte erfolgreich. Also wurde er von Trainer Eppenhoff auch fürs nächste Spiel gegen Schalke aufgeboten, doch anstatt nun eine gradlinige Karriere zu starten, wäre dieses Spiel beinahe sein letztes gewesen. Als Gegenspieler hatte er auf seiner Verteidigerseite Reinhard Libuda und Günter Herrmann, beide ebenfalls Nationalspieler. Helmut Bracht, linker Läufer beim BVB, hätte ihn eigentlich bei der Abwehrarbeit unterstützen müssen, aber „Jockel", wie er gerufen wurde, dachte nur an den Spielaufbau, nicht ans Abwehren. Also sauste der rotwangige Redder zwischen den beiden Schalker Stürmern hin und her und versuchte, mal den einen, mal den anderen vom Ball zu trennen. Ein Katz-und-Maus-Spiel, das er nicht gewinnen konnte. Das Spiel ging verloren und in der Dortmunder Presse stand am Montag zu lesen: „Auf Redders Abwehrseite stand für die Schalker Stürmer die Ampel dauernd auf Grün."

> „Auf Redders Abwehrseite stand die Ampel dauernd auf Grün."

Ein Urteil, dem sich Eppenhoff anschloss. Prompt nominierte er ihn nicht für das anschließende Europapokalspiel gegen Lyn Oslo. Redder fühlte sich ungerecht behandelt. Wenn Bracht, der seiner privaten Geschäfte wegen auch „Der Ölprinz" hieß, ihn nicht unterstützte, wie sollte Redder dann erfolgreich gegen zwei Stürmer verteidigen? Es gab Streit mit Eppenhoff, bei Redder kam der westfälische Dickschädel zum Vorschein. Nicht mal mehr zum Training ist er gegangen, es war ihm alles egal. Zur Not wäre er zurückgegangen zu Preußen Werl, aber kurz darauf, beim Spiel gegen Eintracht Frankfurt, musste Eppendorf einige Spieler wegen Verletzungen ersetzen. Er rief den immer noch erbosten Redder an und erinnerte ihn an seinen Vertrag. Beim 3:0 Sieg gegen die Frankfurter hielt Redder nicht nur seinen Gegenspieler Horst Trimhold, ebenfalls Nationalspieler, sondern schoss auch noch ein Tor. Aus 30 Metern zog er ab und legte all seine ganze Wut in diesen Schuss. Es war ein Tor, das seiner Karriere endlich die gewünschte Richtung verlieh. Redder wurde Stammspieler. In all den Jahren, die noch kommen sollten, ist ihm aber nur noch ein Tor gelungen, das Toreschießen gehörte nicht zu seinen Stärken.

Im Europapokal 1964 hatte Redder seine großen Auftritte. Benfica Lissabon, damals Titelverteidiger, und Dukla Prag wurden ausgeschaltet, bevor es im Halbfinale gegen Inter Mailand ging. In all den Spielen hatte Redder weltberühmte Fußballer als Gegenspieler. Den Portugiesen Augusto, den Tschechen Jelinek und schließlich Mailands brasilianischen Stürmerstar

Theo Redder auf dem Balkon seiner Dortmunder Wohnung

Jair. Redder bewährte sich, legte die Scheu vor großen Namen ab und wurde zur Stütze der Dortmunder Abwehr. Gegen Inter Mailand, bei denen damals Horst Szymaniak spielte, war aber trotzdem Endstation.

Redder durfte sich mit der Berufung in die Nationalmannschaft trösten. In Helsinki gegen Finnland kam er beim 4:1 Sieg zum Einsatz. Es war das letzte Länderspiel unter der Leitung von Sepp Herberger, bei dem gleich fünf Dortmunder Spieler zum Einsatz kamen. Außer Redder spielten Hannes Tilkowski im Tor, Aki Schmidt, Timo Konietzka und für ein paar Minuten am Schluss Willi Sturm im Mittelfeld. Redder überzeugte, die Presse lobte ihn und den anderen Neuling Sieloff. Es war klar, dass er auf weitere Einsätze hoffen konnte.

Aber in die neue Saison ging er stark gehandicapt. Eine Meniskusquetschung, heute kein großes medizinisches Problem, setzte ihn außer Kraft. Vier Wochen legte man ihn in Gips, eine Behandlungsart, über die Mediziner heute den Kopf schütteln würden. Redder, der weniger ein Techniker als vielmehr ein kraftvoller Spieler war, brauchte einige Zeit, bis er Anschluss gewann. Für die A-Nationalmannschaft reichte es nicht sofort, er wurde einmal in der B-Elf gegen Holland eingesetzt, dazu in einem Juniorenländerspiel gegen England, bei dem er sogar Mannschaftskapitän war. Es war ein Spiel, an das Redder noch aus einem anderen Grund mit

Freude zurückdenkt. Sein Dortmunder Mannschaftskollege und Freund Hoppy Kurrat wurde ebenfalls eingesetzt. Für Hoppy, das kleine Kraftpaket im Dortmunder Mittelfeld, blieb es der einzige internationale Einsatz. „Hopp!", riefen die Zuschauer, wenn Hoppy von seinem Gegenspieler ausgetrickst war, und Hoppy sprang in Windeseile auf und erkämpfte sich den Ball.

In den beiden folgenden Jahren, die für die Borussia zu den erfolgreichsten in der Vereinsgeschichte gehörten, blieb Redder ein Kandidat für die Nationalmannschaft, aber immer warfen ihn Verletzungen zurück. So ist es bei dem Spiel gegen Finnland geblieben, ein bisschen wenig für einen schnellen und kämpferischen Verteidiger wie ihn.

Mit Erfolgen im Verein konnte sich Redder schadlos halten. 1965 wurde im Pokalendspiel Alemannia Aachen mit 2:0 besiegt im im folgenden Jahr errang Borussia als erster deutscher Fußballclub einen Europapokal. 2:1 wurde der FC Liverpool in einem denkwürdigen Spiel in Glasgow besiegt. Redder hatte wieder gegen die besten europäischen Stürmer gespielt und sie gehalten. Der Erfolg wäre jedoch ohne Lothar Emmerich nicht denkbar gewesen. 14 Tore hat „Emma" insgesamt in diesem Pokalwettbewerb geschossen, nur im Endspiel keines. Da blieb es „Stan" Libuda vorbehalten, mit einer Bogenlampe in der Verlängerung die Entscheidung zu erzwingen.

Vor lauter Jubel versäumten es die Borussen, die beiden letzten Bundesligaspiele zu gewinnen, sonst wären sie auch noch Meister geworden. Ein Titel, den Redder gern errungen hätte, der ihm aber versagt geblieben ist.

Er war in all den Wochen an der Leiste verletzt gewesen, hatte sich aber auf Wunsch von Trainer „Fischken" Multhaup nicht operieren, sondern für die Spiele fit spritzen lassen. Eine Entscheidung, zu der Redder auch heute noch steht. Aber Multhaup, der um die Krankengeschichte von Redder wusste, wechselte anschließend zum 1. FC Köln, Heinz Murach, ein nahezu unbekannter Verbandstrainer, wurde sein Nachfolger, und der glaubte Redder nicht, dass er verletzt war. Wenn er sich nicht einem Training stellen würde, müsse er ihn für einen Simulanten halten, erklärte Murach. Redder unterzog sich einem Belastungstraining und prompt riss ihm ein ganzer Muskelstrang. Redder kann bis heute nicht begreifen, wie die Vereine damals mit ihrem Kapital, und das sind ja schließlich die Spieler, umgegangen sind.

Nach dem großen Europapokaltriumph begann der Dortmunder Niedergang. In den beiden folgenden Jahren spielte Redder meistens, die Dortmunder sanken von einer Spitzenmannschaft zu einem Abstiegskandidaten ab, kein Gedanke mehr an die Nationalmannschaft.

1969, ein Jahr vor Borussias Abstieg in die zweite Lige, hat Redder, nicht einmal 28 Jahre alt, mit dem Profifußball aufgehört. Sein Vater hatte eine Bäckerei in Werl, Sohn Theo hatte Bäcker gelernt, und als der Vater plötzlich starb, musste Theo den Betrieb übernehmen.

„Mit 28 Jahren kriegen die Spieler heute einen 6-Jahres-Vertrag", sagt Redder im Rückblick, der nach seiner aktiven Zeit für einige Jahre den Kontakt zu Borussia Dortmund vollständig verlor. Erst mit den Präsidenten Rauball und vor allem Niebaum entwickelte Borussia ein Bewusstsein für die eigene Tradition und versuchte, die alten, verdienten Spieler an den Verein zu binden. Im Ältestenrat treffen sie sich heute wieder und beraten den Verein in vielen Belangen. Präsident Niebaum legt Wert auf das Urteil der „Alten". Redder ist dort inzwischen stellvertretender Vorsitzender, den Vorsitz hat Wolfgang Paul übernommen, auch so ein Abwehrheld aus der Europapokalmannschaft von 1966. Dort, in trauter Runde, trifft Redder sie alle wieder, seine Freunde aus den glorreichen Dortmunder Jahren: Niepieklo, Kwiatkowski und wie sie alle heißen.

Die Gespräche in fröhlicher Runde findet Redder prima. „Natürlich hat Mittelstürmer Niepieklo dann in seinen Erzählungen jede Flanke verwandelt", sagt er, „und Kwiat hat natürlich jeden Ball gehalten." Dabei weiß es Redder aus unvergesslicher Erfahrung besser. In einem Bundesligaspiel gegen Nürnberg, als Kwiat schon 38 Jahre alt war, haben die Borussen 0:4 verloren und Kwiat hat nach einem unhaltbaren Schuss entschuldigend zu Redder gesagt: „Theo, ich konnte ihm nich kriegen." Da wusste der junge Redder, dass es auch sprachlich für ihn einiges in Dortmund zu lernen gab.

Den Bäckereibetrieb in Werl hat er bald aufgegeben, ist nach Dortmund gezogen und hat als Bäckermeister 12 Jahre lang bei einem Großbetrieb gearbeitet. Inzwischen ist er pensioniert, was es ihm erleichtert, seinem zweiten Hobby nachzugehen. Er ist nämlich Mannschaftsleiter der Traditionsmannschaft von Borussia, die fast so viele Spiele bestreitet wie die Meistermannschaft von 2002. Mitspielen will Redder aber nur in äußersten Notfällen. „Die sind dort fast so ehrgeizig wie zu besten Zeiten", sagt er. „Wenn mir in einem Spiel ein Gegenspieler den Ball gegen den Kopf knallt, weil ich nicht mehr so schnell in Deckung gehen kann, gratulieren sie mir zum guten Kopfball." Den Spott will sich Redder ersparen. Schwäche auf dem Fußballplatz zeigen, das wollte er schon zu besten Zeiten als Aktiver nicht.

Heinz Hornig –
ein Dribbelkönig, der das Dribbeln vergaß

Heinz Hornig war ein Fummelkönig, ein Linksaußen, der den Kampf Mann gegen Mann liebte. In solchen Situationen konnte er in die Trickkiste greifen, konnte seine Schnelligkeit ausspielen und den Verteidiger ins Leere laufen lassen. Aber ausgerechnet diese Stärke hat er eine Zeitlang vernachlässigt, weshalb es zum Stillstand in seiner Karriere kam, bis ihm eher zufällig ein anerkannter Fachmann den entscheidenden Tipp gab. Danach ging es steil bergauf und Hornig konnte noch viele Erfolge feiern.

Er ist ein Kind des Ruhrgebiets, in Gelsenkirchen wurde er geboren und bei der dortigen Eintracht hat er auch angefangen, Fußball zu spielen. Eintracht Gelsenkirchen war damals ein Begriff, weshalb der trickreiche Linksaußen schon früh Bundestrainer Herberger auffiel. Schon 1956, mit 19 Jahren, berief er ihn in die Amateurnationalmannschaft. Ein starker Beginn, der Hoffnung weckte, dass es schnell aufwärts gehen könnte. Zweimal hat Hornig für dieses Auswahlteam gespielt, dann fiel er dem großen Nachbarn Schalke auf.

Fummelkönig Heinz Hornig in Aktion

„Auf Schalke zu spielen", sagt Hornig, „ist der Traum eines jeden Fußballers. Besonders, wenn er wie ich aus Gelsenkirchen stammt." Die Schalker hatten aber noch zusätzliche Argumente, um ihn zu locken. Einen gebrauchten Ford M 12 und etwas Geld bekam er für den Wechsel.

Einmal, 1957, durfte er noch für die Juniorennationalmannschaft auflaufen, dann trat eine auffällige Stagnation in seiner Entwicklung ein. Als Schalke 1958 zum vorläufig letzten Mal Deutscher Meister werden konnte, war Hornig nicht mehr dabei. Kurz vorher war er zu Rot-Weiß

Essen gewechselt, eine Spitzenmannschaft damals, die zwei Jahre vorher den Meistertitel geholt hatte. Auf den ersten Blick eine Verbesserung also, aber mit Essen ging es in jenen Jahren stetig bergab. Hornig spielte zwar nicht schlecht, gehörte auch zum Kader der Nationalmannschaft, saß bei einem Länderspiel sogar auf der Bank, aber zum Einsatz kam er nicht. Als Essen 1961 auch noch abstieg, war klar, dass der Verein bei der geplanten Bundesliga nicht dabei sein würde. Und Hornig hatte erst einmal seinen Tiefpunkt erreicht.

24 Jahre alt war er, jung genug immerhin für einen Neuanfang.

Zuerst absolvierte er ein Probetraining bei AC Mailand. Maldini, der spätere Nationaltrainer, spielte dort, Rocco war Trainer. Ein absolutes Spitzenteam also, in dem zu spielen eine Auszeichnung war. Aber Hornig überzeugte nicht ganz. Man wollte ihn zwar verpflichten, dann aber sofort, damit er Erfahrungen in Italien sammeln konnte, nach Lecce ausleihen, einem Club, der die Rolle einer Unterabteilung für den großen AC darstellte. Dazu hatte Hornig aber keine Lust, und so nahm er das Angebot des 1. FC Köln an, mit dem er schon 1963 das Endspiel um die Deutsche Meisterschaft erreichte. Gegen Borussia Dortmund wurde in Stuttgart allerdings mit 1:3 verloren. „Wir haben nicht gut gespielt damals", gibt er unumwunden zu.

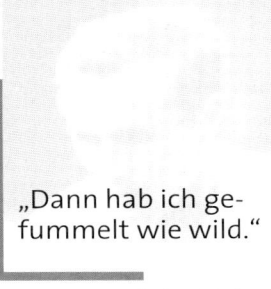

„Dann hab ich gefummelt wie wild."

Auf der Tribüne saß bei jenem Spiel übrigens ein Mann, der in Hornigs späterer Entwicklung eine Rolle spielen sollte. Lothar Emmerich von Borussia Dortmund nämlich, der am Anfang seiner großen Karriere stand, bei diesem Endspiel aber nicht einmal zum Kader gehörte. Die Fahrt nach Stuttgart musste Emmerich privat unternehmen, um seine Kameraden wenigstens anfeuern zu können. Kurze Zeit später war er der große Konkurrent von Hornig um den Linksaußenposten in der Nationalmannschaft.

Auch Hornig war, trotz seiner Teilnahme am Endspiel, noch nicht der große Durchbruch gelungen, und das hatte seinen Grund. Hansi Schäfer war unbestrittener Chef der Kölner Mannschaft, auch Wolfgang Overath, der kommende Mittelfeldstar, hatte schon einiges zu sagen. Wenn sich Hornig bei seinen Tricksereien festrannte und den Ball verlor, meckerten sie ihn an. „Spiel doch ab!", rief mal der eine, „Hör auf zu fummeln!", mal der andere.

Hornig ließ sich verunsichern. Er wollte keinen Stress mit diesen Stars haben und gewöhnte sich an, auf Dribblings zu verzichten und sofort abzuspielen. Dass er sich damit um seine eigene Stärke brachte, hat er lange Zeit gar nicht bemerkt.

Erst als er ein Jahr später das Fußballlehrerexamen an der Sporthochschule Köln machte, kam die große Wende. Hennes Weisweiler, Dozent an der Sporthochschule und späterer Meistertrainer von Borussia Mönchengladbach und dem 1. FC Köln, beobachtete Hornig bei den Trainingsspielen und winkte ihn eines Tages zu sich.

„Warum dribbeln Sie nicht so, wie ich das von Ihnen kenne?", fragte der erstaunte Weisweiler. „Wieso verzichten Sie auf Ihre Stärke?"

„Danach", sagt Hornig im Rückblick, „hab ich gefummelt wie wild."

Ihm sei es da ergangen wie dem Marco Reich aus der letzten Kölner Bundesligamannschaft, sagt Hornig. Der war auch ein Fummelkönig, kam als Nationalspieler von Kaiserslautern nach Köln, wurde aber von Trainer Lienen ganz anders eingesetzt, weshalb er seine Stärken einbüßte und eine schlechte Saison lieferte. „Wenn man so einen holt", sagt Hornig, „dann muss man ihn auch das spielen lassen, was er kann." Er, nebenbei gesagt, hätte Reich wohl nicht geholt. Ganz so gut wie Hornig konnte er denn doch nicht fummeln. Nun spielt Reich in Bremen und kann dort zeigen, dass all die Urteile über ihn nicht stimmen.

Hornigs Kölner Trainer war in jenen Jahren Tschik Cajkovski, von dem alle damaligen Kölner Spieler gerne erzählen. Er war ein fröhlicher Trainer, bei dem es immer viel zu lachen gab.

Als sie irgendwann zu einem Bundesligaspiel gegen Hertha nach Berlin flogen, haben Hornig und einige andere Spieler während des Flugs über den damaligen Bürgermeister Willy Brandt geredet, der in Berlin eine gute Arbeit leistete. Cajkovski hörte nur den Namen und war gleich wie elektrisiert. „Willy Brandt?", fragte er, „guter Mann? Was spielt der denn?" Hornig grinst. Für Tschik gab es eben nichts anderes als Fußball.

Wenn die Mannschaft am Morgen vor dem Spiel einen Spaziergang unternahm, um die letzte Konzentration zu gewinnen, steckte sich Tschik heimlich einen Tennisball ein. Auf irgendeiner Wiese, manchmal sogar auf einer Waldlichtung, warf er den Ball plötzlich in die Luft und ganz automatisch entwickelte sich eine Fußballtrickserei. Ball stoppen, weiterschieben, Kopfball, bis, ja bis sich wie von selbst zwei Mannschaften bildeten, die verbissen um den Sieg kämpften. Dann hatte Tschik erreicht, was er erreichen wollte, nämlich den Ehrgeiz seiner Spieler anzustacheln.

Nach zwei Jahren war aber die Autorität des lustigen Cajkovski verbraucht, ein neuer Mann musste her, Georg Knöpfle, eine Art General, wie Mittelläufer Wilden ihn im Rückblick charakterisiert. Mit ihm wurde 1964 die Meisterschaft gewonnen, 1965 wurden die Kölner Vizemeister.

Hornig hatte inzwischen zu alter Stärke zurückgefunden, war endlich der trickreiche Flügelflitzer geworden, der er schon in Gelsenkirchner Zeiten zu werden versprach. Viele Verteidiger sahen gegen ihn schlecht aus, und so kam er 1965, beim 1:1 in Hamburg gegen Italien, endlich auch zu seinem ersten Länderspiel. Auch die beiden WM-Qualifikationsspiele gegen Zypern in jenem Jahr, als jeweils hoch gewonnen wurde, hat er bestreiten dürfen und mit seinen Flankenläufen einige Tore vorbereitet.

Alles lief darauf hinaus, dass er 1966 bei der WM in England Stammspieler werden würde, dann aber kam die überragende Saison von Lothar Emmerich bei Borussia Dortmund, die mit dem Europapokalsieg in Glasgow endete. Die „Bild"-Zeitung, schon damals einflussreich bei der Aufstellung der Nationalmannschaft, forderte im Namen ihrer Leserschaft „Emma" als Linksaußen, so dass Hornig unter Druck geriet. Beim Vorbereitungsspiel gegen die Tschechoslowakei, das 1:1 endete, wurde schlecht gespielt. Overath und Hornig wurden beim nächsten Spiel, beim 3:0-Sieg gegen Jugoslawien, auf die Bank gesetzt.

Die WM in England, als die Mannschaft bis ins Finale vorstieß, hat er mitgemacht, kam aber nicht zum Einsatz. „Emma" machte das Rennen und schoss gegen Spanien ein unglaubliches Tor aus spitzem Winkel.

Hornig ist darüber nicht verärgert gewesen, er hatte Verständnis dafür, dass sich Bundestrainer Schön für Emma entschied, er hätte selbst nicht anders entschieden, denn mit Sigi Held, dem schnellen Mittelstürmer, verstand „Emma" sich fast blind. Außerdem, sagt Hornig, hatte er ein gutes Verhältnis zu ihm.

Sieben Länderspiele hat er insgesamt bestritten, das Vorbereitungsspiel zur WM gegen die Tschechen sollte sein letztes bleiben, denn nachher wurde mit einem Neuaufbau der Nationalmannschaft begonnen, dem auch Hornig zum Opfer fiel.

Harter Trainer für seinen Sohn: Heinz Hornig heute

Nach seinem guten Start im Jahre 1956 brauchte er neun lange Jahre bis zum Durchbruch, und war dann nach einem Jahr schon wieder alles vorbei. So kann es laufen.

Immerhin, Hornig hat ihn geschafft, den Durchbruch in der Nationalmannschaft, und bei einer WM dabei zu sein, wenn auch als Ersatzspieler, ist doch auch etwas.

Overath, dies nebenbei, konnte sich mit einem Platz auf der Ersatzbank niemals zufrieden geben. Verbissen hat er trainiert, bis Helmut

Schön gar nicht umhin kam, ihm während der WM wieder eine Chance zu geben. Die hat er genutzt und so durfte er das Endspiel gegen England bestreiten.

Overaths Ehrgeiz ist sprichwörtlich. Wenn sich die alten Kölner Recken heute mal zu einem Trainingsspielchen treffen und der Overath ist dabei, dann geht es zur Sache wie bei einem Meisterschaftsspiel früher, sagt Hornig. Dann will Overath auch dieses Spiel gewinnen.

1968 hat Hornig noch mit dem 1. FC Köln den Pokal gewonnen, Bochum wurde 4:1 geschlagen, dann wechselte er, inzwischen 31 Jahre alt, zum RDW Molenbeeck in die zweite belgische Liga und damit interessanter Weise genau in jenes Land, in das auch „Emma" wechselte. Der aber ging zu Beerschot Antwerpen in die erste belgische Liga, schnitt also wieder einmal besser ab. Sie haben sich ein paar Mal in Belgien getroffen und ein Bier getrunken, sagt Hornig. Emma blieb ein Spieler, vor dem er Respekt hatte. „Selbst beim Trainingsspiel drei gegen drei wollte Emma immer gewinnen", sagt Hornig. Ein Typ wie Overath also, und beide hat Hornig später, während seiner Zeit als Trainer, seinen Spielern oft als Vorbild hingestellt.

Spielertrainer war Hornig schon in Molenbeeck, bevor er 1971 mit dem Fußball aufhörte. Danach hat er ein Geschäft für Geschenkartikel übernommen, ein Geschäft, wie es der unvergessene Kölner Vereinsboss Franz Kremer geführt hat, bei dem Hornig auch gelernt hat. Und nebenbei hat er als Trainer gearbeitet, zuerst bei Fortuna Köln als Assistent von Wandervogel Rudi Gutendorf, der später Mannschaften in der ganzen Welt übernahm. Über 25 Jahre lang hat er dann Clubs in der Oberliga trainiert, ohne jemals irgendwo rausgeflogen zu sein, wie er betont.

Sieben Jahre davon war er Trainer beim FV Bad Honnef, eine Beschäftigung, die er eigentlich nach fünf Jahren beenden wollte. Die Honnefer akzeptierten auch seinen Abschied, wenn auch ungern und trösteten sich mit dem Plan, dann Hornigs Sohn Michael zu verpflichten, den sie schon immer holen wollten, was Vater Heinz aber immer abgelehnt hatte. Der sah seinen Sohn besonders kritisch und wollte auf keinen Fall sein Trainer sein.

Beim ersten Spiel in der neuen Saison ist er natürlich ins Honnefer Stadion gegangen, einmal, um seine Sohn spielen zu sehen, dann aber auch, um festzustellen, was sein Trainernachfolger aus der Mannschaft gemacht hatte. Er hatte sich schon bei Spielbeginn gewundert, wie freundlich er von allen Vereinsmitgliedern begrüßt wurde und schnell war ihm klar geworden, dass der neue Trainer in nur wenigen Wochen alle gegen sich aufgebracht hatte. Als das Spiel auch noch verloren ging, war Hornig noch am selben Abend wieder Trainer des FV Bad Honnef. Womit dann aber, wie er schmunzelnd erzählt, seine Probleme begannen, denn an der Grundeinstellung zu seinem Sohn hatte sich nichts geändert.

„Als ich noch spielte", erzählt Hornig, „ist meine Frau so gut wie nie ins Stadion gekommen. Aber zu den Spielen ihres Sohnes kam sie immer." Dann hätte er nach jenen Spielen, in denen er seinen Sohn nicht eingewechselt hatte, schreckliche Rückfahrten von Bad Honnef nach Köln gehabt. Seine Frau saß im Auto, sein Sohn und seine Schwiegertochter und keiner hätte auch nur ein Wort mit ihm gewechselt. Achtzig Kilometer lang war die Rückfahrt, und wie lang solche achtzig Kilometer werden können, weiß er seitdem. Manchmal hätte wenigstens seine Frau ihn angemeckert. „Der eine da, den du da aufgestellt hast, der ist doch nicht besser als unser Michael", hätte sie gesagt. Im Vergleich zu der bedrückenden Stille fast so etwas wie eine Erlösung.

Hornig hatte diese Probleme vorher geahnt, aber konnte er denn wissen, dass die Honnefer seinen Nachfolger so schnell rauswerfen würden?

Immerhin, manche Rückfahrt war auch schön, erinnert er sich, denn natürlich hat Michael auch spielen dürfen. So schlecht war er nämlich wirklich nicht.

Heute arbeitet Hornig für den 1. FC Köln als Spielebeobachter, fährt zu allen möglichen Fußballspielen, um diesen oder jenen Nachwuchsspieler in Augenschein zu nehmen. Kürzlich war er dabei wieder im Essener Melches-Stadion. Der Werner Kik, ein Spieler aus alter Zeit, ist zuerst an ihm vorbeigegangen, ist dann aber zurückgekommen und hat gefragt: „Heinz, bist du das?" Ein schönes Treffen, sagt Hornig, zumal noch andere aus der alten Zeit auf der Tribüne standen, der Köchling, der Wewers und auch Geschäftsführer Paul Nikelski.

SuS Kaiserau – die Talentschmiede im Schatten der Sporthochschule

Irgendwann erzählte mir mein Freund Hans, alter Fußballer beim SuS Kaiserau, dass die Alten Herren seines Vereins mal wieder gegen die erste Mannschaft gespielt hätten. „Bei Halbzeit stand es noch 0:0", sagte er, und jeder Fußballkenner wäre bestimmt fortgefahren: „Danach sind die Alten Herren aber eingebrochen." Ein Satz, der für andere Vereine gegolten hätte, nicht für den SuS Kaiserau. Denn die Alten Herren waren Könner. Sie wussten, wie der Ball laufen musste, und hatten in der ersten Halbzeit ihre überlegene Technik ausgespielt, hatten den Ball in den eigenen Reihen gehalten, ohne selbst viel zu laufen. Solange, bis den Jungen die Zunge aus dem Hals hing. Dann schlugen die Alten Herren zu, erbarmungslos. 3:0 gewannen sie das Trainingsspiel gegen die Jüngeren.

Ehrenvorsitzender Adi Kersten mit SuS Kaiseraus Star Hans Tilkowski

Kein Wunder, denn der SuS Kaiserau ist ein Verein mit großer Tradition in den fünfziger und sechziger Jahren, aus seinen Reihen gingen viele Fußballer hervor, die sich bei den Großvereinen und sogar in der Nationalmannschaft einen Namen gemacht haben. In der Altherrenmannschaft spielten also Leute, die den Jungen was vormachen konnten.

Vereine wie der SuS Kaiserau waren die Zubringer für die Großvereine, sie haben Talente zum Fußball gelockt, sie ausgebildet und dann weitergegeben. Wer über die großen Fußballer redet, der sollte die Leistung dieser Kleinvereine nicht vergessen.

Und der SuS Kaiserau war in dieser Beziehung besonders erfolgreich.

Seine beste Zeit hatte der Verein kurz nach dem Kriege, da spielte er in der Landesliga, damals die höchste Amateurklasse im Westen. Adi Preißler hat in dieser Zeit für den SuS Kaiserau gespielt, bevor er zur Borussia nach Dortmund wechselte, von dort nach Preußen Münster, wo er auf halbrechts im berühmten 100.000-Mark-Sturm spielte, zweimal in die Nationalmannschaft berufen wurde, um dann wieder nach Dortmund zurückzukehren. In seiner zweiten Dortmunder Zeit hat er zwar keine Berücksichtigung mehr in der Nationalmannschaft gefunden, aber immerhin wurde er zweimal, 1956 und 57, Deutscher Meister. Ob Preißler, unsterblich mit dem Satz „Entscheidend ist auf dem Platz", so ganz umsonst für Kaiserau gespielt hat, lässt sich nicht mehr genau feststellen. Ein Sack Kartoffeln, ein paar Zentner Kohlen waren damals das gängige Honorar für einen Klassefußballspieler wie ihn.

„Menschlichkeit statt Moneten."

Wobei zu Kaiserau die Kohlen eher passen würden als die Kartoffeln, denn nach dem Krieg, als der Verein nicht einmal Geld für Trikots hatte, hat er einmal in dieser Währung bei der Münsteraner Firma „Fahnen-Reuter" bezahlt, der Briefwechsel darüber ist noch erhalten. 30 Zentner Kohlen gegen einen Satz Trikots, so lief das Geschäft, mit dem beiden geholfen war.

Star beim SuS Kaiserau war zweifelsohne Hans Tilkowski, der ganz in der Nähe von Kaiserau, in Husen, geboren wurde und dort auch gewohnt hat. Beim SuS hat er seine Karriere als Torwart begonnen, die ihn 1966 bis zum Europapokalgewinn mit Borussia Dortmund und bis ins WM-Endspiel in London geführt hat. Dieses Endspiel war Höhe- und Tiefpunkt zugleich in seiner Karriere, denn in der Verlängerung wurde durch den Engländer Geoff Hurst jenes berühmte Wembley-Tor erzielt, das keines war. Knaller an die Latte, von dort auf die Torlinie und zurück ins Spielfeld. Aber Schiedsrichter Dienst gab den Treffer und entschied mit dieser Fehlleistung die Weltmeisterschaft. Ein Vorgang, über den Hans Tilkowski sich bis heute ärgert.

Damals war man in Kaiserau stolz auf ihn, ein Nationalspieler aus den eigenen Reihen, das konnte nicht jeder Verein vorweisen. Als er zum ersten Länderspieleinsatz losfuhr mit dem Zug, hat man ihn zum Bahnhof begleitet, als sich die Nationalmannschaft später in der Sportschule Kaiserau auf ein Länderspiel vorbereitete und Herberger die Spieler zum abendlichen Spaziergang ausführte, wurde er von allen Seiten begrüßt: „Tach, Hans." Und die übrigen, Helmut Rahn, Hans Schäfer und wie sie alle hießen, konnten nur staunen, wie beliebt ihr junger Nationaltorhüter war.

Bis heute hat Tilkowski den Kontakt zu seinem Verein aufrecht erhalten. Nicht selten kommt er, um sich ein Meisterschaftsspiel seiner Nachfolger anzusehen. Alle Stadien der Welt hat er gesehen, in den meisten selbst gespielt, aber dem Kaiserauer Sportplatz ist er verbunden geblieben.

Wenn Adi Kersten, jahrelang Vorsitzender des Vereins und inzwischen Ehrenvorsitzender, eine Jubiläumsveranstaltung plant, kann er mit Hans Tilkowskis Hilfe immer rechnen.

Adi Kersten ist es auch, dem all die anderen erfolgreichen Fußballer einfallen, die aus dem SuS hervorgegangen sind.

Egon Milder zum Beispiel, ein gebürtiger Kaiserauer, der Anfang der sechziger Jahre zum VfL Bochum wechselte, und von dort zu Borussia Mönchengladbach, mit der er in die Bundesliga aufstieg. Egon Milder war der erste Mannschaftskapitän jener berühmten Fohlenelf, die unter Hennes Weisweiler zusammen mit Bayern München jahrelang die Bundesliga dominierte. Ein B-Länderspiel hat er bestritten, aber als Gladbach 1970 zum ersten Mal Deutscher Meister wurde, war Egon Milder nicht mehr dabei. Ein Jahr vorher war er zum FC Luzern gewechselt. Milder ist früh an Krebs verstorben, nicht einmal 40 Jahre alt ist er geworden. Hodenkrebs sagen die einen, Gehirntumor die anderen, weil er es beim Kopfballspiel mit schweren Bällen übertrieben hätte. Die Erinnerungen gehen durcheinander.

Adi Kersten mit den Erinnerungen aus glorreichen Zeiten

Von Erich Pawlak weiß man die Entwicklung genauer, der wohnt nämlich wieder dort, wo er früher, zu Kaiserauer Zeiten, gewohnt hat. In Husen nämlich, wo Pawlak Tauben züchtet, ein Hobby, das selten geworden ist im Ruhrgebiet. Wie Egon Milder wechselte er zum VfL Bochum, blieb aber immer dort und schoss in 130 Oberligaspielen 33 Tore. Ein kerniger, kraftvoller Spieler.

Für seine Tore war auch Heinz Libuda berühmt, der „kleine" Libuda, nicht zu verwechseln mit dem großen Reinhard, dem Schalker Flankengott, dessen späteres Leben so unglücklich verlief. In Abgrenzung zu jenem Libuda hatte Heinz aus Kaiserau einen herrlichen Spitznamen.

„Pöttken" wurde er gerufen, weil er in jedem Spiel ein Tor, also ein „Pöttken" machte. „Pöttken" Libuda also, der von Kaiserau zuerst zum holländischen Verein Groningen wechselte, von dort zum Hamburger SV, wo er in einigen Bundesligaspielen neben Uwe Seeler stürmte, bis es ihn zum zweiten Mal ins Ausland zog. In Salzburg hat er seine Profikarriere beendet, bevor es ihn wieder in den Kreis Unna zog. Aber nicht mehr zum SuS Kaiserau, sondern zum Verbandsligisten SSV Mühlhausen, wo er als Spielertrainer noch manches „Pöttken" machte.

Profi wurde auch Jürgen Schröder, der seiner kraftvollen Beine wegen „Jumbo" gerufen wurde. Genau wie Jürgen Seifert, ebenfalls aus der Kaiserauer Jugendarbeit hervorgegangen, wechselte er zum 1. FC Nürnberg, wo der damalige Trainer Max Merkel eine Talentschule eingerichtet hatte. Beide schafften den Durchbruch in Nürnberg aber nicht, weshalb „Jumbo" zum Bonner SC in die zweite Liga wechselte, während Jürgen Seifert zum HSV ging und dort ein paar Spiele in der Bundesliga bestritt.

Gerd Schmidt aus der gleichen Kaiserauer Jugendgeneration wechselte zu Hertha BSC und ging von dort nach Gent in die erste belgische Liga. Schmidt hat romanische Sprachen studiert und wurde nach seinem Trainerexamen vom DFB als Fußball-Entwicklungshelfer in viele Länder geschickt. Eine Zeitlang konnten seine Kaiserauer Freunde in der Lokalpresse lesen, welchen Verein, welche Nationalmannschaft in Afrika er gerade trainierte. Wenn die afrikanischen Mannschaften im Weltfußball inzwischen eine beachtenswerte Rolle spielen, bei der letzten WM der Senegal, dann ist das nicht zuletzt ein Verdienst solcher Entwicklungshelfer wie es Gerd Schmidt gewesen ist.

Erst als die Gelder für diese Förderung gestrichen wurden, kehrte Schmidt von seinem Fußballtrip rund um den Erdball nach Kaiserau zurück und arbeitet heute bei einem Busunternehmen.

Adi Kersten weist noch auf zwei weitere Fußballtalente aus Kaiserau hin, auf Günter Maschewski und Heiner Meinefeld, die beide vor einer großen Karriere standen und Anfang der sechziger Jahre gegen England in der Schülernationalmannschaft spielten, eine Partie, die sogar im Fernsehen übertragen wurde. Aber den Durchbruch schafften beide nicht. Heiner Meinefeld, der Torwart, ist früh bei einem Arbeitsunfall ums Leben gekommen, Maschewski hat heute eine kleine Firma.

Mit dem SuS ging es nach seiner besten Zeit Anfang der fünfziger Jahre deutlich bergab, kein Wunder, wenn man seine besten Spieler regelmäßig an die Profivereine abgibt. Der Abstieg in die Bezirksliga, zwischenzeitlich sogar in die Kreisklasse, war die fast logische Folge, aber jetzt ist der SuS wieder obenauf. In der Saison 2001/2002 wurde der Wiederaufstieg in die Landesliga geschafft, wobei, auf diese Feststellung legt Kersten nicht zu unrecht großen Wert, der SuS seinem Konzept aus alter Zeit treu geblieben ist. Der Verein kauft nämlich keine Spieler, in Kaiserau spielen

Fußballer, die aus der eigenen Jugendarbeit hervorgegangen sind. Prämien, die es natürlich auch gibt, werden in die Mannschaftskasse gezahlt und gemeinsam bei einer Fahrt nach Abschluss der Saison in den Süden oder bei einem gemeinsamen Ausflug zum Dortmunder Sechstagerennen ausgegeben. „Menschlichkeit statt Moneten" nennt der Verein diese Strategie, auf die Kersten stolz ist. Und erfolgreich ist sie auch. Die Nachbarkonkurrenz, die Spieler mit Geld anlockt, kickt weiter in der Bezirksklasse, während der SuS froher Hoffnung ist, in der Landesliga bestehen zu können. So schließt sich ein Kreis über 50 Jahre hinweg.

Nur eins, meint Kersten, sei heute anders als damals. So ein richtiges Talent, das den Durchbruch in den großen Fußball schaffen könnte, ist im Moment leider nicht zu sehen. Aber wenn wieder eines auftauchen würde, dann würde es von den Trainern der bekannten Sportschule nebenan bestimmt nicht übersehen werden. So, wie das in all den Jahren vorher auch geschehen ist.

Vierter Einwurf
Der Versuch als Spielervermittler

Kurz nach dem Fall der Mauer rief mich meine Schriftstellerkollegin Ilse an. Sie hätte eine neue Putzhilfe, erzählte sie mir, eine geistreiche Frau, die ihr aber nicht lange erhalten bleiben würde.

„Warum denn nicht?", fragte ich.

„Weil sie gelernte Verlagskauffrau ist", antwortete Ilse, „sie kommt aus der DDR und braucht die Arbeit bei mir nur als Überbrückung." Sie würden sich viel über Bücher unterhalten und über die Situation der Schriftsteller in den beiden Teilen Deutschlands, erzählte Ilse weiter und kam dann auf den Punkt.

„Für dich wären das auch schöne Gespräche", fuhr sie fort, „aber vor allem müsstest du dich mit ihrem Mann unterhalten. Der ist nämlich Fußballer."

„Ist er gut?"

„Ich glaube schon, aber viel Ahnung hab ich ja nicht. Der war mehrfach DDR-Meister, hat mir seine Frau erzählt, und hat 18 mal in der Nationalmannschaft gespielt. Sogar eine olympische Silbermedaille hat er gewonnen."

„Dann kann er wirklich was", antwortete ich.

„Er sucht hier jetzt Anschluss", sagte Ilse, „die Frau hat mich gefragt, ob ich jemand kenne, der ihn mit einem Verein in Verbindung bringen kann. Kannst du ihm vielleicht helfen?"

„Ich kenne einige, die Kontakte zu Vereinen haben", antwortete ich.

Zwei Stunden später rief der Mann an. Es stimmte wirklich, er war bis vor fünf Jahren Libero in der Nationalmannschaft gewesen und hatte mit dem Nationalteam die Silbermedaille gewonnen.

Ein symphatische, ruhige Stimme. Profifußball könne er wohl nicht mehr spielen, meinte er, er sei jetzt 33 Jahre alt, aber im höheren Amateurbereich, da würde er gerne noch mal mitmischen.

Ich notierte mir seine Telefonnummer und versprach, dass ich mich umhören würde. Wenn meine Vermittlung klappte, wollte ich mir als Ausgleich seine Medaille ansehen, sagte ich. Eine olympische Medaille hätte ich nämlich noch nie gesehen. Der Mann lachte. Er würde sie mir zeigen, versprach er.

Am Nachmittag war ich beim Lokalradio des WDR in Dortmund. Nach der Lesung einer Erzählung ging ich in die Sportredaktion. Zwei junge

Männer lümmelten sich an den Schreibtischen. Ich würde einen Nationalspieler aus der DDR kennen, der hier in der Nähe wohnen würde, sagte ich. Die beiden waren plötzlich ganz Ohr.

„Was spielt er denn?", fragte mich der eine.

„Libero", antwortete ich.

Der junge Mann winkte ab. „Da haben wir bei Borussia schon den Helmer, einen Libero können wir nicht gebrauchen."

Ich schüttelte den Kopf. „Ich will den nicht zu Borussia vermitteln", sagte ich, „dafür ist er zu alt. Aber ich denke, das ist eine interessante Sportkarriere. Eine kleine Geschichte über ihn, seine Karriere und den DDR-Fußball", sagte ich, „das wäre doch was, oder?"

Die beiden winkten ab. „Kein Interesse. Wer bei Borussia verletzt ist, wer wieder spielen kann, das wollen die Leute hören. Die Karriere eines alten DDR-Nationalspielers interessiert niemand." Sie wendeten sich von mir ab und schauten wieder auf ihre Papiere.

„Dann weiß ich jetzt, dass es doch Vorteile hat, Schriftsteller zu sein", sagte ich.

Die beiden blickten mich noch mal erstaunt an. „Naja", erklärte ich, „es ist zwar schwer, Bücher zu verlegen, aber wenigstens bin ich mit vierzig noch nicht für die Presse erledigt."

Die Blicke, die mich jetzt trafen, waren gnadenlos. Armer Irrer, schienen sie zu denken.

Ich schaltete meine Freunde ein, Eckehard, genannt Ecke, und Seppel, meine beiden Freunde unter den Sportjournalisten. Sein Bruder vermittle Spieler, sagte mir Ecke. Ich gab ihm die Telefonnummer. Tatsächlich tauchte der Name meines DDR-Fußballers zwei Wochen später in der Lokalpresse auf. Beim Verbandsligisten ganz in unserer Nähe, wo für das Fußballspielen auch schon Geld gezahlt wird, war er untergekommen. Er sei sofort spielberechtigt, las ich erfreut. Eine Woche später standen nach einem Sieg der Mannschaft Lobeshymnen über den neuen Libero in der Zeitung.

„Kann er wirklich was?", fragte ich Ecke. Der nickte. „Der ist zwar nicht mehr so schnell", sagte er, „hat aber eine tolle Übersicht. Und wenn ihm einer wegrennt, weiß er, wie er geschickt foulen muss."

Ich freute mich. Als Spielervermittler war ich bisher noch nicht hervorgetreten, aber mein erster Versuch hatte gleich geklappt.

Nur eines passierte nicht. Der Mann kam nicht vorbei, um mir seine Silbermedaille zu zeigen. Im Gegenteil, er meldete sich überhaupt nicht mehr. Undank ist der Welt, besser gesagt des selbsternannten Spielervermittlers Lohn.

Irgendwann, als mich Ilse wieder anrief und erzählte, wie glücklich die Frau über die Entwicklung ihres Mannes gewesen sei, sagte ich es ihr.

„Gedankt hat er aber nicht", sagte ich. „Seine Medaille hat er mir nicht gezeigt, obwohl er es versprochen hat."

Ilse war einen Moment verblüfft, ich spürte es an ihrem Stocken.

„Doch", sagte sie dann, „die haben sich beide bedankt. Überschwänglich sogar. Mit einem großen Blumenstrauß sind sie bei mir vorbeigekommen und haben mir die Hand geschüttelt, weil ich ihnen die richtigen Kontakte gesteckt hätte. Auch dich soll ich herzlich grüßen."

Ich war erstaunt. So hatten sie das also gesehen. Ilse als den entscheidenden Hinweisgeber und mich als Glied in einer Kette. Ich musste lachen. Naja, so kann man es auch sehen, man soll sich eben nicht zu wichtig nehmen. Und den Hinweis mit der Medaille hatte er vermutlich als Spaß verstanden und nicht weiter ernst genommen.

Ich habe mich inzwischen woanders schadlos gehalten. Harald Norpoth, der Läufer, hat mir seine Silbermedaille von der Olympiade in Tokio 1964 gezeigt, Ursula Happe, die Schwimmerin, ihre Goldmedaille und Klaus Balkenhol, zweifache Olympiasieger im Dressurreiten, hat mir eine seiner Goldmedaillen sogar umgehängt. Sie hat mir übrigens gut gestanden, diese Goldmedaille.

Schade, dass Kegeln nicht olympisch ist.

Wolfgang Weber – kampfstarker Abwehrspieler aus Köln

Wolfgang Webers Fußballkarriere ist untrennbar mit einem Tor verbunden, obwohl das Toreschießen eigentlich nicht zu seinen Aufgaben gehörte. Er war Abwehr- und defensiver Mittelfeldspieler, dessen Aufgabe vor allem darin bestand, Tore zu verhindern. Aber eines hat er doch geschossen, das in die Fußballgeschichte eingegangen ist. 1966 war das, beim Endspiel um die Fußballweltmeisterschaft in England. Die Engländer führten

Hart aber fair im Zweikampf – „Bulle" Weber

bis kurz vor Schluss mit 2:1, nur noch wenige Sekunden waren zu spielen, da gab es in Strafraumnähe einen Freistoß für die deutsche Mannschaft. Auf der deutschen Trainerbank waren alle aufgesprungen und winkten heftig. Alle sollten nach vorne stürmen, schließlich war dies die letzte Chance für den Ausgleich. Wolfgang Weber erinnert sich. „Ich bin natürlich auch nach vorne gerannt", sagt er. „Das hatte ich schon vorher gemacht und dabei schon eine Chance vergeben. Lothar Emmerich hat den Ball in den Strafraum geschlagen und plötzlich landete er vor meinem rechten Schussbein. Mir schoss nur noch ein Gedanke durch den Kopf: Reinschießen, so schnell wie möglich, bevor der Schiri abpfeift." Der Ball landete tatsächlich im Tor und der Schiri pfiff nur wenige Augenblicke später ab. Verlängerung und die Chance, doch noch Weltmeister zu werden. Bis dann Geoff Hurst jenes ominöse Wembley-Tor schoss, das keines war und das die Weltmeisterschaft 1966 entschied. Der berühmte Lattenknaller, der auf die Torlinie sprang von dort zurück ins Feld.

„Die Engländer waren trotzdem ein würdiger Meister", urteilt Weber im Rückblick, aber ohne diese Fehlentscheidung, glaubt er, hätten auch die Deutschen eine Chance gehabt.

„Wir hatten nach diesem Tor noch Kraft, weiter zu stürmen, während die Engländer nur noch verteidigten." Bis, ja bis es kurz vor Schluss einen weiteren Entlastungsangriff gab, den wieder Hurst mit einem Knaller in den Winkel abschloss. 4:2, die endgültige Entscheidung. Unvergessen, wie Uwe Seeler mit hängendem Kopf vom Spielfeld schlich.

Seine erfolgreichen Jahre als Fußballer hat Wolfgang Weber beim 1. FC Köln verbracht, und dort in Köln, genauer gesagt in Porz, das herrlich am Rhein gelegen ist, wohnt er noch immer.

Eigentlich stammt er aus Pommern, aber als Sechsjähriger folgten er und seine Eltern 1950 den Großeltern, die schon an den Rhein gezogen waren. In einer Kaserne haben die Weber zuerst gewohnt, die auch noch „Unverzagt" hieß. Wolfgang Weber hat es nie vergessen und könnte so etwas wie sein Lebensmotto sein. Es sollten Momente in seinem Leben folgen, in denen es wichtig war, unverzagt zu bleiben.

„Der Weber war ein prima Typ."

1954 wurde seine Leidenschaft für den Fußball geweckt. Da hatte der Vereinswirt der SpVgg Porz einen Fernseher in der Gaststätte aufstellen lassen, damit die Fußballfans das Endspiel um die Weltmeisterschaft gegen Ungarn sehen konnten. Fernsehgeräte in Privathaushalten waren noch eine Seltenheit. Der zehnjährige Weber war natürlich dabei. Auf einem Tisch hat er gestanden, um Helmut Rahns Tore sehen zu können, die den ersten WM-Sieg für die Deutschen einbrachten. Hansi Schäfer vom 1. FC Köln stürmte auf Linksaußen, mit ihm sollte Weber später in einer Mannschaft spielen und unter seiner Führung die deutsche Meisterschaft gewinnen.

Aber so weit war es noch nicht. Nach der WM hat er sich erst einmal bei der kleinen SpVgg Porz angemeldet, die im übrigen gar nicht so klein war, wie er betont. Gleich drei Nationalspieler hat der Verein hervorgebracht, die später alle beim Nachbarn 1. FC Köln groß herauskamen. Außer Weber waren dies noch Bernd Cullmann und Herbert Neumann, der es nur auf ein Länderspiel 1978 gegen England brachte. Neumann war ein glänzender Techniker, aber etwas langsam und hatte auf seiner Position im Mittelfeld große Konkurrenz, sonst hätte er international sicher mehr erreicht.

Webers zweites Erlebnis, das seinen Fußballehrgeiz anstachelte, war die Berufung seines Freundes Jürgen Winskowski in die Schüler-Nationalmannschaft. Vor 100.000 Zuschauern durften die 15jährigen im ruhmreichen Wembleystadion spielen, fasziniert hat sich Weber die Übertragung angesehen. Seinem Freund hat er natürlich die Berufung gegönnt, aber einmal dort zu spielen, das wurde für ihn zum Traum. Einer, der sich zehn Jahre später tatsächlich verwirklichen sollte.

Den Sprung in die Schüler-Nationalmannschaft hat er nicht mehr geschafft, dafür den in die Jugendauswahl. Vom 1. FC Köln wurde er aber nicht durch seine Spiele dort entdeckt, sondern durch einen Vergleichskampf, als eine Jugendauswahl des Kreises Köln gegen den Siegkreis antrat. Ausgerechnet gegen Wolfgang Overath, dessen Karriere später untrennbar mit seiner verbunden war, musste er in diesem Spiel antreten. Neunzig Minuten haben sich die beiden einen harten Kampf geliefert, haben sich beackert und sich dabei gegenseitig das Trikot zerrissen. Dann waren sie zwei besonderen Beobachtern unter den Zuschauern aufgefallen. FC-Vereinsboss Franz Kremer und Trainer Tschik Cajkowski hatten nämlich zugesehen und bemerkt, welche Talente da gegeneinander angetreten waren. Weber hatte zwar noch Angebote von Viktoria Köln und Bayer Leverkusen vorliegen, aber die Entscheidung war für ihn klar. Nur der 1. FC hatte eine reelle Chance, in der neugegründeten Bundesliga mitzuspielen, deshalb nahm er dessen Angebot an, genau wie Wolfgang Overath.

Aber damals wurden Spieler bei einem Vereinwechsel noch gesperrt, ursprünglich, so war das im Fußball-Westen geregelt, sogar für zwei Jahre. Es war niemand Geringerer als Sepp Herberger, der zum ersten Mal im Interesse der beiden jungen Spieler eingriff. Die Sperre wurde auf ein Jahr reduziert.

Die Jugendabteilung des FC hatte damals einen ebenso erfahrenen wie prominenten Trainer, von dem die Talente viel lernen konnten, so dass die Sperre wenigstens produktiv genutzt wurde. Jupp Röhrig war das, der in den fünfziger Jahren selbst zwölfmal für die Nationalmannschaft gespielt und mit dem der 1. FC Köln 1954 im Pokalfinale und 1960 im Endspiel um die deutsche Meisterschaft gestanden hatte. Leider gingen beide Endspiele verloren, eine Erfahrung, die auch Weber später nicht erspart bleiben sollte.

1964 aber, im ersten Jahr der Bundesliga, gab es gleich den großen Triumph. Hansi Schäfer war unbestrittener Kopf jener Mannschaft, die im ersten Jahr der Bundesliga die deutsche Meisterschaft errang.

Weber entwickelte sich zu einem kraftvollen, athletischen Abwehrspieler, den die Fans schnell ins Herz schlossen. Untrügliches Zeichen dafür war, dass sie ihm einen Spitznamen gaben. „Bulle" wurde er gerufen, „Bulle" Weber sagen die FC-Fans bis heute, wenn sie von ihm reden.

Overath war schon 1963 in die Nationalmannschaft berufen worden, er war immer etwas früher dran als Wolfgang Weber, aber 1964, bei Overaths fünftem Länderspiel, feierte auch Wolfgang Weber sein Debut im Nationalteam. In Ludwigshafen gab es gegen die Tschechoslowakei allerdings eine 3:4-Niederlage. Dieses erste Länderspiel war gleichzeitig für Webers Mannschaftskameraden Leo Wilden das letzte, die Abwehr hatte nämlich schlecht gespielt, weshalb Herberger sie umbaute. Den jungen Spielern aber machte er keinen Vorwurf, sie wurden weiter berücksichtigt. Drei Länderspiele hat Weber noch unter Sepp Herberger besteiten dürfen, dann wurde Helmut Schön Bundestrainer.

Die Umstellung auf den neuen Trainer fiel Weber nicht schwer. Schön hatte ja die Jugendnationalmannschaft trainiert, in der neben ihm Spieler wir Sepp Maier, Stan Libuda und natürlich Overath standen. Dazu übrigens noch ein Spieler namens Rolf Kahn aus Karlsruhe, dem später zwar der Sprung in die erste Mannschaft des KSC gelang, nicht aber der in die große Fußballwelt. Die sollte erst sein Sohn Oliver als weltbester Spieler bei der WM 2002 schaffen.

Schön stützte sich auf seine früheren Jugendnationalspieler, baute außerdem Franz Beckenbauer in die Nationalmannschaft ein und schaffte mit einer Mischung aus jungen und erfahrenen Spielern wie Seeler oder Haller den Sprung ins WM-Endspiel. Für Wolfgang Weber war dies zweifelsohne der Höhepunkt in seiner Karriere.

Vier Jahre später, bei der WM in Mexiko, war er zwar wieder im Aufgebot, kam aber kaum zum Einsatz. Es gab ein Überangebot an guten Defensivleuten. Zwischen Willi Schulz, „Tanne" Fichtel, Karl-Heinz Schnellinger und Wolfgang Weber konnte sich Helmut Schön entscheiden, eine beneidenswerte Qual der Wahl, der allerdings Weber zum Opfer fiel. In der Vorrunde wurde er nur einmal für Franz Beckenbauer im Spiel gegen Bulgarien eingewechselt und erst beim Spiel um den dritten Platz, das damals nicht besonders wichtig genommen wurde, hat er durchgespielt. Immerhin wurde Uruguay glücklich mit 1:0 besiegt. Dritter Platz bei einer WM also, das ist immerhin auch etwas.

Danach begann Webers Pechsträhne in der Nationalmannschaft. Ziemlich genau zwei Jahre, von Ende 1971 bis Ende 1973, musste er aussetzen. 1972, als eine ebenso erfolgreich wie schön spielenden Mannschaft die Europameisterschaft gewann, war Weber nicht dabei. Er hatte einen Auffahrunfall erlitten, der, wie es anfangs aussah, glimpflich verlaufen war. Aber schon bald stellten sich Schmerzen und ein Taubheitsgefühl in beiden Oberschenkeln ein. Schnell war klar, dass ein Bandscheibenvorfall vorlag. Zuerst wurde die Verletzung mit konventionellen Mitteln bekämpft, mit Massage und Spritzen, aber es trat keine Besserung ein. Die Wochen und Monate des Bangens, die Angst, vielleicht nie wieder richtig laufen zu können, deprimierten den lebensfrohen Wolfgang Weber. Hinzu kam die Scheidung von seiner Frau, so dass er in ein tiefes psychisches Loch fiel.

Irgendwann war klar, dass er um eine Operation nicht herumkommen würde. Und als die erfolgreich verlief, bekrabbelte sich Weber wieder. Er hat hart trainieren müssen, um sich wieder ranzuarbeiten, aber 1973 feierte er nach langer Pause sein zweites Debut in der Nationalmannschaft. Beim 4:0-Sieg gegen Österreich schoss er sogar ein Tor, das zweite und letzte in seiner Länderspielkarriere. Gerade noch rechtzeitig für die WM im eigenen Land schien er fit zu sein, und dort wollte er nachholen, was ihm 1966 versagt geblieben war. Nämlich den WM-Titel zu gewinnen. Ein Testspiel gegen Spanien 1974 wurde zwar mit 0:1 verloren, es war eine Niederlage, die Weber zwar als Sportler wurmte, die er aber nicht weiter ernst nahm. Schließlich hatte er in der Presse die besten Kritiken bekommen und beinahe wäre ihm sogar das Ausgleichstor gelungen. Weber hätte es am ehesten verdient, den Ausgleichstreffer zu erzielen, urteilte sogar der kritische „Kicker", aber schon beim nächsten Testspiel gegen Italien saß Weber nur auf der Bank. Als schließlich der WM-Kader bekannt gegeben wurde, erfuhr Weber von Journalisten und nicht von Bundestrainer Schön, mit dem er zehn Jahre lang zusammengearbeitet hatte, dass er nicht nominiert worden war. Als die Mannschaft um Mittelfeldregisseur Overath Weltmeister wurde, musste Weber tatenlos zusehen. Eine bittere Erfahrung und seine größte sportliche Enttäuschung, sagt er im Rückblick, die ihm sehr weh getan habe.

Das Spiel gegen Spanien sollte das letzte von insgesamt 53 Länderspielen sein, obwohl es zwei Jahre später beinahe eine überraschende Wendung gegeben hätte. Weber war beim 1. FC Köln inzwischen auf die Liberoposition gerückt, und als Franz Beckenbauer Hals über Kopf den FC Bayern verließ, um in die USA zu wechseln, suchte Helmut Schön wieder einen Libero. Mit Manfred Kaltz, mit Katsche Schwarzenbeck hatte er experimentiert, aber die Ideallösung nicht gefunden. Also beobachtete er Weber und war erfreut, wie gut er spielte. Für die WM 1978 stellte er ihm eine Rückkehr in Aussicht, wenn er seine Form halten würde.

Aber es kam ganz anders. Weber hatte sich eine fiebrige Angina zugezogen, hatte, ehrgeizig wie er war, zu früh mit dem Training begonnen, war im Bundesligaspiel gegen Rot-Weiß Essen aufgelaufen und hatte Horst Hrubesch, das „Strafraumungeheuer", in Schach gehalten. Aber am nächsten Tag zeigten sich die Folgen. Eine gefährliche Herzmuskelentzündung zog ihn aus dem Verkehr und beendete endgültig seine Fußballkarriere. So ist es nichts mit seiner Rückkehr in die Nationalmannschaft geworden, die er wirklich gerne erlebt hätte. Wolfgang Weber ist nämlich nicht nachtragend, trotz seiner bitteren Erfahrung 1974 hat er den Kontakt zu Helmut Schön nie abgebrochen. Im Gegenteil, mit 34 Jahren noch mal eine Weltmeisterschaft zu erleben, wäre ihm eine Ehre gewesen, sagt er.

Sie verlief übrigens nicht erfolgreich, diese WM. Schon in der Zwischenrunde schied der Titelverteidiger aus. „Jetzt weiß man ja warum", grinst Weber. Klar, er war nicht dabei gewesen.

Mit dem FC hat er neben der Meisterschaft noch einen weiteren Titel gewonnen. 1968 wurde im Pokalendspiel der VfL Bochum mit 4:1 besiegt. Die Bochumer spielten damals in der zweiten Liga, trotzdem hatte man beim FC gehörigen Respekt vor diesem Gegner. Die richtige Einstellung, um vor einer Überraschung sicher zu sein, wie das Ergebnis zeigt.

Noch weitere dreimal stand Weber mit seinem FC in einem Pokalendspiel, aber immer gab es Niederlagen. Darunter 1970 jene gegen den krassen Außenseiter Kickers Offenbach, der von BVB-Altstar Aki Schmidt trainiert wurde. Während man in Köln schon für die Siegesfeier rüstete, geriet der FC schnell in Rückstand, verschoss auch noch einen Elfmeter und so stand die Mannschaft am Ende als die Blamierte da.

Ein Jahr später wurde gegen Bayern München verloren, gegen die zu verlieren normalerweise keine Schande ist, wie Weber urteilt. Aber auch da hätten sie gewinnen können, denn bei den Münchnern wurde Koppenhöfer vom Platz gestellt, mit zehn Mann mussten die Bayern in die Verlängerung, aber ein Glücksschuss brachte ihnen trotzdem den Sieg. Ein nicht untypischer Ausgang für die selbstbewussten Bayern.

Auch zwei Jahre später entschied wieder ein Glücksschuss, diesmal von Günter Netzer, das Pokalendspiel zugunsten der Mönchengladbacher und zu ungunsten der Kölner.

Von zweiten Plätzen kann Wolfgang Weber also ein Lied singen, zumal noch zwei weitere hinzukommen. Nicht nur die drei im Pokal und den Vizetitel bei der Weltmeisterschaft kann er vorweisen. 1965 und 1973 wurde er mit dem 1. FC auch noch deutscher Vizemeister. Aber was ist das gegen all die Vizemeistertitel, die Bayer Leverkusen 2002 in nur einem Jahr errungen hat?

Trotzdem, die beiden großen deutschen Fußballtitel hat er wenigstens einmal gewonnen.

Und auch im Europapokal konnte der FC mit Weber in der Abwehr in jenen Jahren glänzen. Bei einem Spiel gegen den FC Liverpool, einem Entscheidungsspiel, nachdem es nach Hin- und Rückspiel unentschieden gestanden hatte, bot „Bulle" Weber eine unvergessene Leistung. Er hatte sich nämlich das Wadenbein gebrochen, aber weil damals noch nicht ausgewechselt werden durfte, ließ er sich eine schmerzstillende Spritze geben, biss auf die Zähne und spielte weiter. Nur nicht die Mannschaft im Stich lassen! Auch dieses dritte Spiel brachte keinen Sieger, und so wurde eine Münze geworfen, um zu entscheiden, wer in die nächste Runde einzog. Und selbst die Münze wollte sich nicht entscheiden, beim ersten Wurf blieb sie nämlich im Rasen stecken. Erst beim zweiten Wurf zeigte sie an, dass Liverpool weiterkam. Unglaubliches Pech für Weber und seinen FC, aber gerade deshalb unvergessen.

Nach seiner aktiven Karriere wurde er Co-Trainer beim 1. FC Köln unter Hennes Weisweiler, für den er vor allem die Gegner beobachten musste, um Weisweiler die nötigen Informationen zu verschaffen. Er muss das sehr erfolgreich getan haben, denn nach dem Pokalsieg 1977 schafften die Kölner 1978, wofür sie vorher so viele Anläufe gebraucht hatten, nämlich den Pokalsieg und die Meisterschaft gleich in einem Jahr.

Danach wurde Weber der jüngste Cheftrainer, den es in der Bundesliga bis dahin gegeben hatte. Rudi Assauer, bekannt für unkonventionelle Entscheidungen als Manager, hatte ihn zu Werder Bremen geholt. Im ersten Jahr erreichte Weber mit Werder den 11. Platz, die beste Platzierung der Bremer seit langem. Aber in der nächsten Saison verloren die Bremer sehr früh ihren Libero, den Engländer Dave Watson. Zuerst wurde er vom Platz gestellt und für acht Wochen gesperrt, dann wollte Watsons Frau unbedingt zurück nach England, weil sie sich in Bremen nicht wohl fühlte. Aus Schöns Erfahrung hätte Weber wissen müssen, wie gefährlich es sein kann, keinen guten Libero zu haben, aber er hat, sagt er, den Fehler gemacht, nicht auf gleichwertigem Ersatz zu bestehen. Als Werder ins untere Mittelfeld abrutschte, entließ Assauer auch ihn wie zuvor schon Hans Tilkowski, seinen ehemaligen Dortmunder Mannschaftskollegen, der ihm das bis heute nicht verziehen hat.

Wolfgang Weber denkt nicht mit Ärger zurück, er nahm danach eine Tätigkeit bei Adidas an, für die er bis 1993 arbeitete. Danach hat er sieben Jahre lang nicht gearbeitet, sondern sein Studium zum Diplomsportlehrer wieder aufgenommen, das er für einige Jahre unterbrochen hatte. Zusammen mit Hennes Löhr und DFB-Trainer Erich Rutemöller hat er nämlich 1968, neben seiner Fußballkarriere, die Begabtensonderprüfung abgelegt und ein Studium an der Kölner Sporthochschule begonnen. Nach und nach hatte er alle Prüfungsscheine gemacht und sich als Examensthema die spannende Aufgabe gestellt, die Geschichte der Nationalmannschaft während des Zweiten Weltkriegs zu untersuchen. Denn, was nur wenige wissen, auch während der ersten Kriegsjahre hatte es Länderspiele gegeben, gegen Böhmen-Mähren, Italien, Dänemark usw. Herberger hatte diese Spiele unter anderem dazu benutzt, seine Nationalspieler für ein paar Tage vom Fronteinsatz zu entlasten. Im Krieg gefallen sind trotzdem einige, der Schalker „Alan" Urban zum Beispiel.

Wolfgang Weber in Porz am Rhein

Aber Weber fiel noch einmal in ein psychisches Loch, konnte die Arbeit nicht beenden, sondern nahm nach der Genesung das Angebot eines Freundes an, in dessen Internet-Firma zu arbeiten. Den Morgen hat er für sich, joggt gern am Rhein entlang, fährt mit dem Fahrrad durch die Felder, nachmittags arbeitet er in der Firma.

Als Single lebt er in Porz, wo ihn fast alle kennen. Zu seiner Tochter und zu seinem Sohn aus geschiedener Ehe hat er beste Kontakte. Der Sohn hat übrigens auch Fußball gespielt, bis in die Landesliga hat er es geschafft, und er wäre, meint Weber, noch erfolgreicher gewesen, wenn der Junge nicht so gerne Basketball gepielt hätte. Aber zwei Sportarten gleichzeitig, das ist halt schwierig.

Wolfgang Weber ist ein Kumpeltyp, er ist ein freundlicher Mann ohne jede Allüren. Kein Wunder, dass der FC ihn zum Paten seiner Jugendmannschaften gemacht hat. Für die Nachwuchsfußballer ist er ein wirklich guter und verständnisvoller Ansprechpartner, außerdem ist er Manager der FC-Traditionsmannschaft. Dort spielen sie noch immer alle zusammen, die großen Stars von früher.

Wolfgang Weber weiß, dass ich BVB-Fan bin. Als wir uns in einem Porzer Restaurant treffen, zeigt er lachend auf ein Foto an der Theke. Natürlich ist es ein Bild der alten Kölner Meistermannschaft mit ihm irgendwo dazwischen. Er will mir etwas Gutes tun und zeigt auf den Mann im schwarzgelben Trikot.

„Da ist ja auch einer, der Ihnen gefallen müsste", sagt er lachend.

Es ist Kölns Torwart Toni Schumacher, der gern mal im Borussenlook auflief.

Ich kann mich für die Freundlichkeit revanchieren, indem ich Grüße von Horst Szymaniak bestelle, die der mir aufgetragen hat. „Der Weber", hat Szymaniak geurteilt, „das war immer ein prima Typ."

Es sind Grüße, über die sich Weber sehr freut. „Der Schimmi hat das Tackling für die Abwehrspieler perfektioniert", sagt er, „der war ein Großer des deutschen Fußballs." Und fügt hinzu: „Jeden hat er nicht an sich rangelassen." Das mag für viele andere gegolten haben, aber nicht für einen wie Wolfgang Weber.

Hacky Wimmer –
der Dauerrenner aus Mönchengladbach

Heribert Faßbender, WDR-Sportredakteur und unvergesslich durch seine Standardbegrüßung „Gun Nabend allerseits", unschlagbar aber mit seinem Fußballkommentar: „Im Augenblick steht es 1:1. Aber es hätte genauso gut umgekehrt lauten können", kommentierte bei der letzten Weltmeisterschaft ein Spiel der englischen Nationalmannschaft wie folgt: „Der Nicky Butt im Mittelfeld", erklärte er, „spielt für Beckham dieselbe Rolle wie seinerzeit Hacky Wimmer für Günter Netzer."

An den jüngeren Fußballfans ist diese Erklärung sicher vorbeigegangen, für die älteren war Butts Spielweise damit aber gut beschrieben.

Netzer glänzte, genau wie Beckham, gerne in der Offensive, er schlug die weiten Pässe, er leitete die Angriffe der Mönchengladbacher Borussen ein. Aber das Zurückrennen, wenn ein Angriff abgefangen wurde, die elende Laufarbeit, um die Räume eng zu machen, lag ihm nicht. Und weil die Trainer bald merkten, dass seine Stärken nicht zu haben waren, wenn man seine Schwächen nicht akzeptierte, wurde bald ein Mann gefunden, der die Laufarbeit für Netzer übernahm. Herbert Wimmer eben, der Dauerläufer aus Mönchengladbach, dem die damalige Volkswagenwerbung auf den Leib geschnitten schien: „Und läuft und läuft und läuft ..."

Pokalsieger Herbert „Hacky" Wimmer

Hacky Wimmer hätte bei Borussia Mönchengladbach kein festes Gehalt vereinbaren sollen, sondern gut daran getan, sich Kilometergeld auszahlen zu lassen. Ich glaube, er hätte auf diese Weise mehr verdient.

Den Satz von Faßbender hat er nicht mitgekriegt, erklärt er, obwohl er die WM am Fernsehen verfolgt hat. Dafür haben ihm Freunde erzählt, wie Günter Netzer in einem Interview an ihn erinnert hat. Der hatte seinen Moderatorenpartner Gerhard Delling mit ihm, mit Hacky Wimmer, verglichen und gesagt, dass Delling heute für ihn „sein neuer Hacky Wimmer" sei. Delling muss bei Länderspielen das statistische Material heraussuchen, nicht Netzer. Die geniale Analyse aus genauer Beobachtung, das ist sein Ding. Sollen sich andere mit der langweiligen Archivarbeit beschäftigen.

„Und läuft und läuft und läuft ..."

Herbert Wimmer stammt aus dem Aachener Vorort Brand, wo er bei der dortigen Borussia das Fußballspielen erlernt hat. Er war schon 22 Jahre alt und Auswahlspieler des Mittelrhein, als zu einem Spitzenspiel, in dem seine Borussia um den Aufstieg kämpfte, Mönchengladbachs Trainer Hennes Weisweiler auftauchte. Borussia gewann, Wimmer spielte gut und weckte Weisweilers Interesse. Zweimal wurde er zum Probetraining eingeladen, dann bekam er einen Vertrag.

Zwölf Jahre lang, von 1966 an, spielte er für Mönchengladbach, zuerst als Rechtsaußen, später als Mittelfeldspieler. Aus der Anfangszeit als Rechtsaußen stammt sein Spitzname, den er nie wieder verlor und der ihn bis heute begleitet. Torwart Manfred Orzessek hatte beobachtet, welche Haken der flinke Wimmer schlug, um an seinem Gegenspieler vorbeizukommen. Hacky nannte er ihn deshalb, Hacky Wimmer, der nach links hin täuschte, um mit einem Haken rechts am Gegner vorbeizuziehen, der nach rechts hin täuschte, und seinen Haken nach links machte.

1968 rückte er ins Mittelfeld und es begann jene Zusammenarbeit mit Netzer, von der beide, wie Wimmer sagt, profitiert haben. Er bügelte Netzers Schwächen in der Defensive aus, er rannte unermüdlich das Spielfeld rauf und runter.

1968, beim WM-Qualifikationsspiel in Zypern, bestritt er sein erstes von 36 Länderspielen. An der Seite von Wolfgang Overath übrigens und nicht von Günter Netzer. Es war ein Spiel unter Ausschluss der Öffentlichkeit und vor allem der Medien, was man sich heute nicht mehr vorstellen kann. Aber die politische Situation auf Zypern war damals so, weshalb sich die ARD-Sportschau über Telefon an einen Zyprioten wandte, der aber nur gebrochen Deutsch sprach, die Frage nach dem Ergebnis immer umging und wiederholt bestätigte, dass in Zypern ein Fußballspiel stattgefunden hatte. „Ja, Zypern hier, ja, Fußball, doch, doch Nikosia ...", ein herrliches Interview, das der Frankfurter Schriftsteller und Fußballfan Ror Wolf später niedergeschrieben und als Realsatire veröffentlicht hat. Dieter Adler, glaube ich, war es, der schließlich das Telefongespräch entnervt abbrach, ohne das dringend ersehnte Ergebnis erfahren zu haben. Die deutsche Mannschaft gewann übrigens denkbar knapp mit 1:0, durch ein Tor, das Gerd Müller in der 92. Minute erzielt hatte.

Die WM-Qualifikation wurde geschafft und Wimmer hätte 1970 mitfahren können nach Mexiko, aber daran hinderte ihn die Position, die er in Mönchengladbach spielen musste. Den Gladbachern fehlte nämlich ein Mittelstürmer, Rechtsaußen Horst Köppel musste diese Position übernehmen und Wimmer rückte wieder auf den Flügel. Rechtsaußen aber hatte Bundestrainer Helmut Schön genug, „Stan" Libuda und Jürgen Grabowski stürmten dort. Kein Platz also für Hacky Wimmer.

Dessen beste Zeit kam aber schon im nächsten Jahr. Bei der Qualifikation zur Europameisterschaft 1972 übernahm Netzer die Rolle des Spielgestalters und Hacky Wimmer war an seiner Seite. Beim großartigen Länderspiel 1971 in Wembley, als England mit 3:1 besiegt wurde, war er dabei und auch bei der Endrunde in Belgien, als zuerst der Gastgeber Belgien und dann die Sowjetunion im Endspiel klar geschlagen wurden. Es war die vielleicht beste deutsche Nationalmannschaft, die je gespielt hat, und Hacky Wimmer war als Laufwunder dabei.

1973 endete die Zusammenarbeit mit Netzer, die beiden so viele Vorteile gebracht hat. Netzer wechselte zu Real Madrid und wollte nur noch das Pokalendspiel gegen den 1. FC Köln mit seiner Borussia gewinnen. Aber Weisweiler stellte ihn nicht auf, was mit dem Wechsel womöglich gar nichts zu tun hatte, wie Wimmer im Rückblick meint. Das Spiel war ja auf Netzer zugeschnitten, aber es gab in jener Zeit einen Trauerfall in Netzers Familie und die letzten drei Spiele gingen verloren. Vielleicht deshalb, meint Wimmer, wollte Weisweiler ohne ihn antreten. Netzer war darüber so sauer, dass er sofort nach Hause fahren wollte, aber da haben ihn Wimmer und ein paar andere Mannschaftskameraden überredet, doch zu bleiben. Wie recht sie damit hatten, zeigt der Ausgang des

Spiels, der Fußballgeschichte wurde. Netzer wechselte sich zur Verlängerung selbst für Kulik ein und schoss das entscheidende Tor.

Wimmers einziger Pokalerfolg mit den Gladbachern, dafür wurde er gleich fünfmal Deutscher Meister. Nur zwei dieser Titel gewann er zusammen mit Günter Netzer, drei in der Zeit nach ihm. Woran man merkt, dass es falsch ist, Wimmer immer nur als Assistenten des genialen Mittelfeldregisseurs zu sehen.

1974 bei der WM in Deutschland war er dabei und hat auch zweimal gespielt. Im Vorrundenspiel gegen Australien, das 3:0 gewonnen wurde, wurde er eingewechselt. Als das letzte Gruppenspiel gegen die DDR sensationell verloren wurde, krempelte Schön die Mannschaft um, brachte in der Zwischenrunde gegen Jugoslawien Hölzenbein und Bonhof und auch für Hacky Wimmer, bisher Ersatz, sollte die WM nun endlich richtig ausgehen. In der Anfangsaufstellung stand er, aber schon in der ersten Halbzeit brach eine alte Verletzung auf, eine Achillessehnenentzündung, die ihn am Weiterspielen hinderte. Wimmer wusste gleich, dass damit die WM für ihn beendet war. Von der Tribüne aus, genau wie Günter Netzer, musste er sich das Endspiel und den Gewinn des Titels ansehen. Mittelfeldregisseur war Wolfgang Overath, an dessen Seite Wimmer fast genauso viele Länderspiele gemacht hat wie an der von Netzer. Auch dies ein Faktum, das nicht viele wissen.

Bis zur Europameisterschaft 1976 hat Wimmer in der Nationalmannschaft gespielt, beim Endspiel gegen die Tschechoslowakei war er in der Anfangsformation, wurde aber in der zweiten Halbzeit durch Heinz Flohe vom 1. FC Köln ersetzt. Von der Bank aus hat er sich die spannenden Verlängerung und schließlich das Elfmeterschießen angesehen, in dem Uli Hoeneß den entscheidenden Elfer über die Latte knallte und der letzte tschechische Schütze die unglaubliche Frechheit fertig brachte, lässig anzulaufen, mit dem Schuss zu zögern, bis Sepp Maier in eine Torecke flog, worauf er den Ball halbhoch und provozierend langsam in die Tormitte schoss. Der häufig geäußerte Satz „Den hätte unsere Oma gehalten", hat damals wirklich gestimmt, vorausgesetzt natürlich, sie wäre stehengeblieben. Aber das hätte unsere Oma mit ihren steifen Knochen bestimmt gemacht.

Das Endspiel 1976 war Hackys letztes Länderspiel. Netzer, dies nebenbei, hat nur eines mehr bestritten und war schon ein Jahr vorher aus der Nationalmannschaft ausgeschieden.

„Es war das richtige Ende für mich", urteilt Wimmer im Rückblick, „ich war schließlich schon 32 Jahre alt und nach einem großen Turnier beginnt immer ein Neuaufbau."

Zwei Jahre hat er noch in Mönchengladbach gespielt, dann ist er zurück zu Borussia Brand gewechselt. Zweimal Borussia, ein Wandervogel ist Wimmer nicht gewesen.

Der Wechsel erwies sich aber nicht als glücklich. Borussia Brand hatte sich als 13. der Verbandsliga gerade noch für die neu gegründete Oberliga qualifiziert, das spielerische Vermögen, dort mitzuhalten, hatte die Mannschaft aber nicht. So hat Wimmer am Ende seiner Karriere noch miterleben müssen, was in Gladbacher Zeiten undenkbar gewesen war. Einen Abstieg nämlich.

Mit Fußball hat er heute nichts mehr zu tun. Er hat nicht, wie die meisten seiner Kameraden, einen Trainerschein gemacht, sondern den Betrieb seines Vaters übernommen. Der hatte einen Tabakwarengroßhandel, in dem Wimmer schon zu aktiven Zeiten ausgeholfen hat. Deshalb ist er auch nie nach Mönchengladbach gezogen, sondern zum Training und zu den Spielen immer die 80 Kilometer angereist. In der Sommerpause, wenn seine Gladbacher Kollegen ihren verdienten Urlaub antraten, hat er voll im Betrieb des Vaters gearbeitet. Dann trat nämlich der Angestellte seinen Urlaub an, und Hacky Wimmer war die bewährte Urlaubsvertretung. „Zehn Jahre lang während meiner aktiven Zeit", sagt er, „habe ich keinen Urlaub gehabt."

Die Entfernung von Brand nach Mönchengladbach ist wohl auch ausschlaggebend dafür, dass sich zu den alten Mannschaftskollegen keine Freundschaften entwickelt haben. Zu Netzer wie auch zu den anderen gibt es keinen Kontakt mehr. Zum 100. Vereinsjubiläum der Gladbacher ist er allerdings hingefahren und da hat er die meisten noch mal getroffen. Netzer, Heynckes und Vogts waren allerdings verhindert.

1994, im Alter von 50 Jahren, hatte er die erste von drei Hüftoperationen. Er hat inzwischen ein künstliches Hüftgelenk, weshalb er auch nicht mehr joggt, sondern regelmäßig mit Freunden Fahrrad fährt. Mit durchaus sportlichem Ehrgeiz geht es dann durch die Felder rund um Aachen.

Den Betrieb seines Vaters hat er deshalb auch verkauft und lebt nun von dem, was er sich im Laufe der Jahre erarbeitet und erspielt hat.

Bliebe also Zeit genug, zu den Spielen nach Gladbach zu fahren, aber Wimmer schüttelt den Kopf. Nein, dahin zieht es ihn nicht mehr so stark, er geht lieber zur Borussia aus Brand. Bei den Spielen dieser Borussia sieht er schon mal Heinz Flohe, den Kumpel aus der Nationalmannschaft, weil Borussia Brand zusammen mit Euskirchen in einer Liga spielt. Und bei Euskirchen steht Heinz Flohes Sohn im Tor.

Wimmers eigener Sohn dagegen hat früh mit dem Fußball aufgehört, weil es ihm auf die Nerven ging, immer mit dem Vater verglichen zu werden. Er ist es aber jetzt, der zu den Bundesligaspielen nach Mönchengladbach fährt. Vor einem Jahr hat ihn die Lust gepackt, und er hat sich eine Dauerkarte besorgt. So kann Hacky Wimmer doch wieder aus erster Hand erfahren, was seine andere, die große Borussia, auf dem Spielfeld ausgerichtet hat.

Seliger – Wunder – Worm.
Der „Wundersturm" des MSV Duisburg

In der Bundesliga hat der MSV Duisburg viele Jahre lang zu den grauen Mäusen gezählt. Titel wurden nicht errungen, aber wer die Vereinsgeschichte aufmerksam verfolgt, entdeckt doch erstaunliche Achtungserfolge. Den größten gab es gleich im ersten Bundesligajahr 1964, als man – noch mit „Boss" Rahn im Sturm – Vizemeister wurde.

Klaus Wunder beim Torschuss

Meidericher SV hieß der Verein damals, dessen Qualifikation für die neu gegründete Bundesliga allein schon eine große Überraschung war. Rot-Weiß Oberhausen, vor allem aber Alemannia Aachen schienen bessere Karten zu haben, aber Franz Kremer, Vereinsboss des 1. FC Köln und Gründungsvater der Bundesliga, soll beim Spiel seines Kölner FC in Aachen ein einschneidendes Erlebnis gehabt haben. Im Kampfgetümmel soll ihm ein Aachener Fan ein Glas Bier über den Kopf gegossen haben. Kremer war verschnupft und versprach Walter Schmidt, Meidericher Vereinspräsident und Freund: „Wenn ihr in der Oberliga Dritter werdet, seid ihr dabei." Selbst dafür mussten die Meidericher bis zur letzten Sekunde der guten alten „Oberliga West" kämpfen. Im letzten Spiel musste unbedingt Hamborn 07 geschlagen werden, man führte auch früh mit 1:0, da gelang den Hambornern in der 83. Minute der Ausgleich. Mit Mann und Maus drängten die Meidericher auf den Siegtreffer, und es war Dieter, genannt „Pitter" Danzberg, der gradlinige und kampfstarke

Mittelläufer der Meiderischer, dem in der letzten Sekunde das 2:1 gelang. Der dritte Platz war geschafft und die Meidericher wurden tatsächlich für die Bundesliga nominiert.

Ein folgenschweres Glas Bier also. Aber wer vergießt auch schon Bier und trinkt es nicht, wie es sich gehört? Eine gerechte Strafe also.

Fortan galten die Meidericher als erster Abstiegskandidat, aber den Gefallen hat der Verein den Fußballexperten zwanzig Jahre lang nicht getan. Im Gegenteil, in den siebziger Jahren gehörte der MSV Duisburg, wie er seit 1966 hieß, zu den stärksten Vereinen, eine Entwicklung, die untrennbar mit seinem „Wundersturm" zu tun hatte.

Rechtsaußen war damals Rudi Seliger, in der Mitte stürmte Klaus „Caesar" Wunder, der dem Sturm seinen Namen gab, Linksaußen war Ronald „Ronni" Worm. Drei Klassestürmer, die alle den Sprung in die Nationalmannschaft schafften. Am erfolgreichsten war dabei Ronni Worm, der alle Nationalmannschaften des DFB, von den Schülern bis zur A-Mannschaft, durchlief.

Ehrgeiziger Stürmer: Klaus „Caesar" Wunder

Worm war ein Eigengewächs des Vereins. Schon 1975, beim Spiel in Istanbul gegen die Türkei, feierte er einen glänzenden Einstand in der Nationalmannschaft. Zum 5:0-Sieg steuerte Worm, ein schneller Stürmer, der auch zentral in der Mitte spielen konnte, zwei Tore bei. Auch beim nächsten Länderspiel in Dortmund gegen Malta schoss Worm zwei Tore. 8:0 wurde gewonnen, wobei weniger Worms Tore unvergesslich blieben, als vielmehr jenes von Berti Vogts, das einzige, das der gute Berti je für die Nationalmannschaft erzielt hat. Und das sogar mit dem Kopf, eine glatte Sensation also!

Zwei Einsätze, vier Tore, Worm hatte einen Einstand, wie er besser nicht hätte sein können. Aber trotzdem kam er nur auf sieben Einsätze in der Nationalmannschaft, in denen er fünf Tore schoss. Die Konkurrenz unter den Stürmern war damals sehr groß, und das, obwohl der unvergleichliche Gerd Müller gerade erst zurückgetreten war.

Bei der Europameisterschaft 1976, als die Deutschen das Endspiel nach Elfmeterschießen gegen die Tschechoslowakei verloren – Uli Hoeneß donnerte den entscheidenden Elfmeter über die Latte – gehörte Worm zum Kader, wurde aber von Bundestrainer „Beppo" Schön nicht eingesetzt. Schön hatte andere Stürmer, Dieter Müller vom 1. FC Köln zum Beispiel, der als Einwechselspieler sogar mal das Kunststück fertig brachte, einen Hat-Trick zu erzielen. Auch 1978, bei der missglückten Weltmeisterschaft in Argentinien, als man in der Zwischenrunde durch eine Niederlage gegen Österreich ausschied, gehörte Worm zum Kader. Diesmal durfte er sich immerhin für einen Einsatz warm laufen, eingesetzt wurde er aber wieder nicht.

Nach der WM gab Helmut Schön sein Bundestraineramt auf, „Jupp" Derwall folgte ihm und unter seiner Regie durfte Worm noch einmal ran. Im ersten Spiel unter Derwall, beim 4:3-Sieg gegen die CSSR, stürmte er noch einmal für Deutschland, musste aber im Laufe des Spiels seinen Platz dem Düsseldorfer Neuling Klaus Allofs überlassen. Allofs war es schließlich, mit dem Derwall weiterplante, nicht mehr Ronni Worm. 1982, damals schon bei Eintracht Braunschweig spielend, gehörte Worm zwar noch einmal zum erweiterten Kader für die WM, nominiert wurde er aber nicht mehr.

War Worm der erfolgreichste des Duisburger „Wundersturms", so war Rudi Seliger zweifelsohne der populärste. „Ruuudi" brüllte das Publikum, wenn er am Ball war und zu einem seiner unwiderstehlichen Dribblings ansetzte, lange bevor dieser Fanruf an Rudi Völler weiterging.

Seliger war ein bulliger Rechtsaußen, ein Typ wie Helmut Rahn, der an guten Tagen eine ganze Abwehr schwindlig spielte. Aus dreißig, vierzig Metern konnte er abziehen und treffen. Aber das war nur das eine Gesicht des Rudi Seliger, der von Union Mülheim zum MSV Duisburg gewechselt war. Seliger war ein unberechenbarer Spieler, der an schlechten

Ronnie Worm im Zweikampf

Tagen die einfachsten Bälle verstolperte, sich müde über dem Platz schleppte und daher in der Mannschaft den heimlicher Spitznamen „Schlaftablette" trug. Verdient hatte er sich den Namen, als er zum Spiel des MSV in Augsburg mit dem Zug anreiste, im warmen Abteil einschlief und erst in Passau wach wurde. Da hatte der MSV sein Spiel längst bestritten. Immerhin durfte auch Seliger zweimal für die Nationalmannschaft stürmen, fünf Einsätze in der B-Auswahl kamen hinzu. Seine eigentliche Plattform aber blieb die Amateurnationalmannschaft. Dort wurden Spieler nominiert, die möglichst keine A-Länderspiele hatten und noch nicht zu den Großverdienern der Bundesliga gehörten. Eine merkwürdige Bestimmung, die sich nur erklären lässt, wenn man weiß, dass bei Olympischen Spielen die Ostblockmannschaften mit ihren Elitespielern antreten konnten. Formal gesehen waren sie Amateure, de facto aber taten sie nichts anderes als Fußball zu spielen, wie ihre Kollegen im Westen. Staatsamateure waren sie also, gegen die die Mannschaften des Westens nur dann eine Chance hatten, wenn diese scheinheilige „Amateur-Konstruktion" in Kraft trat.

1972, bei den Olympischen Spielen in München, entwickelte der DFB einen besonderen Ehrgeiz. Eine Medaille sollte her und deshalb wurde eine schlagkräftige Truppe gebildet, in der der Duisburger „Wundersturm" für die Tore sorgen sollte. Tatsächlich wäre beinahe die Qualifikation für das Spiel um die Bronzemedaille geschafft worden, aber das entscheidende Spiel gegen die DDR ging mit 2:3 verloren. Da war der Wundersturm jedoch schon geknackt worden, weil „Caesar" Wunder sich dummerweise in einem Vorbereitungsspiel verletzt hatte. Die Verletzung hatte er sich selbst zuzuschreiben.

„Ruuudi" Seliger

Er war ein ehrgeiziger Spieler, ein absoluter Egoist vor dem gegnerischen Tor, der jede Chance zum Schuss nutzte, selbst wenn der Mitspieler besser stand. Ehrgeiz braucht jeder Spieler, egoistisch müssen vor allem Stürmer sein, aber Wunder hat es sicher etwas übertrieben. Als Mittelfeldspieler Bernd Nickel von Eintracht Frankfurt auf das Tor schießen wollte, spritzte Wunder dazwischen, wollte selber schießen, aber Nickel zog durch und traf Wunder am Knie. Nun muss man wissen, welchen Spitznamen Nickel trug, um die Bedeutung dieses Zusammenstoßes ermessen zu können. „Doktor Hammer" wurde er gerufen, berühmt für seine Schüsse aus weiter Entfernung. Fast 150 Tore hat er für seine Eintracht in über 400 Bundesligaspielen erzielt. Wunders Knie jedenfalls war nach dem Zusammenstoß verdreht, einmal lief er noch während der Olympischen Spiele auf, dann musste der Duisburger Sturm ergänzt werden. Ein junger Deutscher, der in der Schweiz spielte und den ein paar Wochen vorher noch niemand gekannt hatte, durfte ihn ersetzen. Erst in letzter Sekunde vor der Olympianominierung war er entdeckt worden, weil niemand mit einem jungen deutschen Stürmer in der Schweiz gerechnet hatte. Ottmar Hitzfeld hieß er, an dessen Namen sich die Fans erst noch gewöhnen mussten. Ein bescheidener, zurückhaltender junger Mann, wie Ronni Worm im Rückblick urteilt.

25 Spiele für die Amateurmannschaft bestritt Seliger und schoss einige

Tore, Worm brachte es auf zehn Einsätze, Wunder auf zwanzig. Einmal durfte auch er für die Nationalmannschaft stürmen, 1973 gegen die Sowjetunion war das. Der DFB bedankte sich auf diese Weise bei seinen verdienten „Amateur"-Nationalspielern.

Immerhin, es hat auch eine Nationalmannschaft gegeben, in der der MSV Duisburg den kompletten Sturm gestellt hat, das gilt es festzuhalten.

Wunder wechselte später zum FC Bayern Müchen und wurde dort Europapokalsieger der Landesmeister. 1975 war das, genau in jenem Jahr, in dem der MSV mit seinem Rest-„Wundersturm" den Einzug ins DFB-Pokalfinale schaffte. Nach starker erster Halbzeit wurde allerdings unglücklich mit 0:1 verloren, ein Schicksal, das der MSV schon 1966 und später 1998 bei zwei weiteren Pokalendspielen erleben musste.

Auch Ronni Worm verließ 1979 den MSV, als Eigengewächs hatte man geglaubt, ihn sicher zu haben und nicht besonders beachtet. Gepflegt im Verein, so empfand er es, wurden die Neueinkäufe, nicht Ronni Worm. „Der Prophet gilt nichts im eigenen Land", urteilt er heute. Dummerweise stiegen Braunschweiger gleich im ersten Jahr mit Ronni Worm ab, schafften im nächsten Jahr dank seiner Tore den Aufstieg, um 1985 wieder abzusteigen. Diesmal aber ging es nicht mehr nach oben, sondern ein Jahr später sogar in die 3. Liga. Eintracht machte einen Schnitt, setzte auf junge Spieler und Ronni Worm, 33 Jahre alt, beendete seine Karriere.

Er ist in Braunschweig geblieben, seine Kinder sind dort zur Schule gegangen, er hat dort Freunde gefunden und keinen Grund gesehen, in seine Heimatstadt Duisburg zurückzuziehen. Zweimal, zusammen mit seinem Freund Uwe Reinders, hat er als Co-Trainer gearbeitet, einmal bei Hertha BSC, dann bei Sachsenring Leipzig. Er würde gerne einen Verein als Trainer übernehmen, sagt er, im Moment fehlen aber die Angebote.

Klaus Wunder lebt wieder in Hannover, wo er eine Tennishalle betreibt. Kontakte zu ihm sind selten. Nur „Ruuudi" Seliger lebt noch in Duisburg und spielt dort mit vielen Ehemaligen mittwochs in einer Halle neben dem Wedaustadion Hobbyfußball. Dann ist auch „Pitter" Danzberg dabei, mit dessen Tor der Meiderich Aufstieg begann und der inzwischen Fanbeauftragter ist.

Ein Bericht über die Duisburger Nationalstürmer wäre jedoch unvollständig, ohne auf einen Titel hinzuweisen, den Ronni Worm errungen hat. Weltmeister ist er nämlich 1975 geworden, allerdings mit der Militärauswahl. Ein denkwürdiges Turnier mit einem denkwürdigen Vorrundenspiel gegen den Iran, der mit einer Klassemannschaft antrat. Alle hatten Gardemaß, waren knapp 1,90 Meter groß, waren dabei äußerst beweglich und somit schwer zu besiegen. Aber irgendwann in der zweiten Halbzeit, als es immer noch 0:0 stand, rannte der Kölner Harald Konopka in den iranischen Strafraum, ein anderer deutscher Spieler kam ihm entgegen gelaufen, kreuzte seine Bahn und rannte ihn glatt um. Konopka blieb verletzt liegen und zur Überraschung aller ertönte plötzlich der Pfiff des Schiedsrichters: Elfmeter! Und das, obwohl im Abstand von zwei Metern kein Iraner neben Konopka gestanden hatte. 1:0 wurde das Spiel durch das Elfmetertor gewonnen, aber es hatte nicht nur iranische Opfer. Größtes Opfer war der Trainer der deutschen Militärauswahl,

Unter Bundestrainer Derwall noch einmal im Einsatz: Ronnie Worm

der aufs Spielfeld gestürmt war und von einem wütenden Iraner brutal umgetreten wurde. Auf allen Vieren krabbelte der verletzte Trainer vom Spielfeld, weil er nicht mehr laufen konnte, und als er später in der Kabine zaghaft den Masseur darum bat, dass auch mal sein Knie untersucht werden sollte, herrschte der ihn an, dass die Spieler doch wohl Vorrang hätten. Die hatten die üblichen Blessuren, hier ein Kratzer, dort ein blaues Fleckchen. Erst ganz zum Schluss, als alle Wehwehchen versorgt waren, kam der Trainer dran und alle konnten sehen, dass er ein dreimal dickeres Knie hatte als seine Spieler. „Ein tapferer Mann", urteilt Ronni Worm im Rückblick, „dem das Wohl seiner Spieler über das eigene ging." Oder dem es über das eigene Wohl gehen musste, bei so einem Masseur!

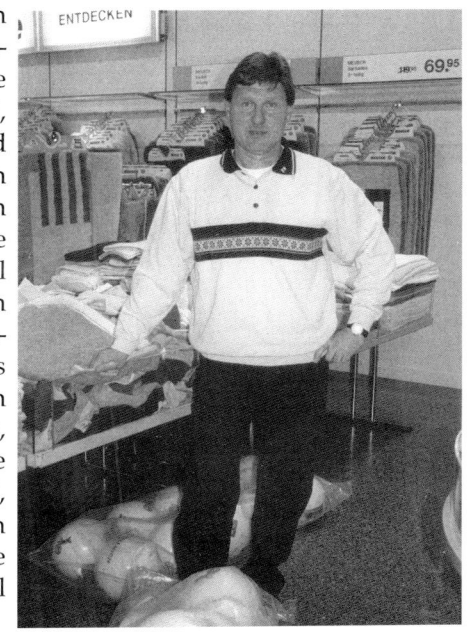

Ronnie Worm heute

Fünfter Einwurf
Ein denkwürdiges Länderspiel

Ernst Föge von Holstein Kiel war ein großer Förderer des Fußballs. Er war Vorsitzender seines Vereins, aber ein guter Spieler wie sein Kieler Freund Johannes Ludwig, der es auf drei Länderspiele brachte, war er nicht. Eine Zeitlang haben die beiden gemeinsam, Föge als Organisator, Ludwig als Praktiker, ihren Verein trainiert.

Föge hat dennoch mal bei einem Länderspiel eine entscheidende Rolle gespielt.

1940 war das, beim Länderspiel in Hamburg gegen Dänemark. Föge holte die dänische Delegation an der Grenze ab und geleitete sie sicher bis zur Elbe, wo es plötzlich einen stundenlangen Fliegeralarm gab. In den kurzen Pausen zwischen den Angriffen lotste Föge die dänischen Fußballer von Bunker zu Bunker, bis sie schließlich erschöpft, aber unverletzt im Hamburger Hotel „Atlantik" ankamen. Dort stellten die Dänen fest, dass sie irgendwo in dem Chaos ihre Koffer mit der Sportkleidung und den Fußballschuhen vergessen hatten.

Am Tag des Länderspiels, dem 17. November, wurden bei allen Hamburger Vereinen Fußballschuhe gesucht und ausgeliehen. Als man genug für die dänische Mannschaft beisammen hatte, wurden prompt die Koffer wiedergefunden. Föge war ein eben bemühter Vertreter des deutschen Fußballbunds.

Das Spiel wurde übrigens mit 1:0 von den Deutschen gewonnen. Helmut Schön, der spätere Bundestrainer, schoss das Tor des Tages für eine Elf, in der Spieler mit klangvollen Namen standen: Paul Janes, Fritz Walter, Ernst Lehner, das großartige Außenläuferpaar Anderl Kupfer und Albin Kitzinger. Angesichts der Stärke ihrer Gegner, vor allem aber angesichts des Chaos, das die Dänen über sich ergehen lassen mussten, ist das Ergebnis für sie sicher respektabel.

Das Spiel ist unter dem Stichwort „Fliegeralarm-Länderspiel" in die Fußballgeschichte eingegangen und untrennbar mit dem Namen von Ernst Föge verbunden, dessen Förderleistung für den deutschen Fußball ohne dieses Kuriosum sonst vermutlich längst vergessen wäre.

Günter Netzer – Mittelfeldstratege und Fußballanalytiker

Günter Netzer muss man jüngeren Fußballfans nicht vorstellen, er ist so bekannt wie zu seiner aktiven Zeit. Berühmt sind seine Analysen im Fernsehen während der Halbzeitpause eines Länderspiels und nach dem Spiel. Gerhard Delling befragt ihn dann und Netzer erklärt, warum dieses oder jenes gut gelaufen ist, was gefehlt hat und wie man es abstellen kann. Der Fußballfan, der geglaubt hat, Stärken und Schwächen der deutschen Mannschaft genau erkannt zu haben, stellt überrascht fest, dass er doch ein paar Dinge übersehen oder falsch eingeordnet hat, denn Netzer hat Ahnung. Er äußert nicht einfach eine Meinung, sondern begründet sie auch. Ein seltener Fall unter den Millionen von selbst ernannten Fußballfachleuten, die Meinungen äußern und statt Argumenten Lautstärke bieten. Es ist also schwer,

Hilfe vom Schiedsrichter beim Schuheanziehen: Günter Netzer

Netzer zu widersprechen, obwohl Delling es gelegentlich versucht. Auf eine eingespielt witzige Weise, was längst zum Umgang der beiden miteinander gehört und wofür sie mit dem anerkannten Grimme-Fernsehpreis ausgezeichnet wurden. Wenn Netzer zum Beispiel das Kopfballspiel der deutschen Stürmer bemängelt, gibt ihm Delling grinsend mit der Bemerkung recht, dass darin ja nicht jeder so gut sein könne wie Netzer früher. Dem bleibt dann nichts anderes übrig als zu grinsen und natürlich die Wahrheit zuzugeben. In seinen fast 400 Pflichtspielen hat Netzer, günstig gezählt, vielleicht zehn Kopfballduelle gewonnen. Er war ein kräftiger Spieler, der schlecht springen konnte und der außerdem seine Frisur nicht durcheinander bringen wollte. Netzer war berühmt für seine wehende Haarpracht. Darin, aber vielleicht nicht nur darin, war er ein Kind der 68er-Zeit, mir der seine Fußballkarriere weitgehend synchron verlief.

Als nach der völlig verkorksten Europameisterschaft 2000 Bundestrainer Erich Ribbeck zurücktrat, schlug die Mehrheit der Deutschen in einer Umfrage Günter Netzer als seinen Nachfolger vor, aber Netzer winkte sofort ab. Er weiß, dass es einen riesigen Unterschied zwischen der Analyse eines Spiels und dem Aufbau einer neuen Mannschaft gibt. Da muss man auf junge Spieler eingehen, muss Geduld mit ihnen haben, muss ihre großen und kleinen Probleme kennen und ernst nehmen, etwas, das Netzer alles nicht liegt. Es ist wie in der Literatur. Der gute Kritiker muss kein besserer Romanautor sein als jener Schriftsteller, dessen neues Werk er gerade verrissen hat.

„Ich bei Tina Sinatra? Das kann nicht sein."

Die Rollenverteilung zwischen Delling und ihm ist übrigens typisch für Netzer. Delling ist stets genauestens vorbereitet, weiß, wie oft gegen diesen oder jenen Länderspielgegner verloren wurde, dass auch Netzer mal gegen diese oder jene Mannschaft angetreten ist, dass auch damals verloren wurde und so weiter. Netzer hat keine Lust zu solcher Archivarbeit, er sieht sich das Spiel an und nimmt es mit unvergleichlichem Sachverstand auseinander, als strebe er eine Fußballprofessur an.

Hilfskräfte für die unangenehme Arbeit hat er schon als Fußballer gebraucht, und was Delling heute im Fernsehen ist, war zu Gladbacher Zeiten der Mittelfeldspieler Herbert, genannt „Hacky" Wimmer. Netzer war zuständig für den Spielaufbau, für den öffnenden Pass, den er oft über dreißig, vierzig Meter zentimetergenau spielte, er wusste, wann ein Spiel verschleppt, wann es schnell gemacht werden musste. Netzer war der verlängerte Arm von Meistertrainer Hennes Weisweiler auf dem Spielfeld. Für das Wühlen im Zweikampf, für die kraftraubenden Defensivaufgaben, für die Rennerei, um dem Gegner den Ball abzujagen, war er nicht zuständig. Dafür hatte er Hacky Wimmer, der ihm in acht von Netzers zehn Jahren bei Mönchengladbach treu und in völligem Einverständnis mit seiner Rolle zur Seite stand. Wimmer machte die Drecksarbeit, für die sich Netzer nicht einfach zu schade war, sondern die er einfach nicht konnte.

Netzer war der unumstrittene König auf dem Gladbacher Bökelberg, und als solchem standen ihm Bedienstete zu. Wimmer hat das übrigens nicht bereut, denn mit Netzers Aufstieg begann auch seiner. An der Seite von Netzer stieg er zum Stammspieler in der Nationalmannschaft auf, denn es war klar: Wer die Vorteile von Netzers Spiel für sich nutzbar machen wollte, musste ihm auch die notwendigen Hilfskräfte zur Seite stellen. Bundestrainer Helmut Schön hat das schnell erkannt.

In den ersten beiden Bundesligajahren gehörte Möchengladbach noch nicht zur Eliteliga, erst 1965 wurde mit der sogenannten Fohlenelf der Aufstieg geschafft. Fohlenelf wurden sie genannt, weil in ihr so viele junge, unbekümmerte Spieler zu finden waren, die einen herzerfrischenden Angriffsfußball spielten, den auch die Fans der anderen Vereine so gerne sahen. In der Abwehr stand zwar schon das Verteidigertalent Berti Vogts, aber Abwehr war nicht Möchengladbachs Stärke. Statt 1:0 gewann man lieber 5:4, eine Spielweise, die auch Netzer mehr lag. Im Sturm spielten Jupp Heynckes, später ebenfalls Stammspieler in der Nationalmannschaft, dazu als Mittelstürmer Peter Meyer oder Bernd Rupp, die beide jeweils ein Länderspiel bestreiten sollten. Meyer übrigens in dem beschämenden Spiel gegen Albanien, als in Tirana auf einem betonharten Boden durch ein 0:0-Unentschieden die Qualifikation für die Europameisterschaft 1968 verpasst wurde. Eine der größten Niederlagen von Bundestrainer Helmut Schön.

Netzer hatte gerade ein paar Bundesligaspiele bestritten, da stand er zum ersten Mal in der Fußballnationalmannschaft. Im Oktober 1965 war das, als er beim 4:1-Sieg gegen Österreich in Stuttgart sein erstes von 37 Länderspielen bestritt. Er bestritt damit übrigens nur eines mehr als sein Adlatus Hacky Wimmer, für einen Klassefußballer wie ihn sicherlich ein paar zu wenig. Aber Netzer war verletzungsanfällig und sich so richtig hart im Training zu quälen, um Konditionsmängel aufzuarbeiten, konnte er nicht. Netzer war und ist ein Genießer, der sich immer seine Extratouren erlaubt hat. In Mönchengladbach unterhielt er schon als junger Spieler nebenbei eine Diskothek, die er natürlich nicht selber führte, aber er musste immer nach dem Rechten sehen. Außerdem war er selbst die beste Werbung für seine Disko. Da die Fans wussten, dass er regelmäßig auftauchte, kamen sie natürlich besonders zahlreich.

Er las gerne, Böll zum Beispiel, den Dichter aus der rheinischen Nachbarstadt Köln, er fuhr Ferrari und gönnte sich Extratouren, die sich ein heutiger Spieler garantiert nicht erlauben dürfte. Mit Duldung von Weisweiler übrigens, der wusste, was Netzer brauchte, um seine Leistungfähigkeit abrufen zu können. Wenn es drauf ankam, das wusste Weisweiler, konnte er sich auf Netzer verlassen.

Berti Vogts hat seinem Vereinskollegen viele Jahre später, lange nach ihrem Karriereende, mal aufgelistet, was Netzer der Mannschaft und einigen Spielern alles zugemutet hat. „Und warum hast du das nicht verhindert?", hat Netzer ihn, ein wenig beschämt, gefragt.

„Warum sollte ich", hat Berti geantwortet, „wir hatten doch Erfolg mit dir."

Auch beim nächsten Länderspiel gegen Zypern, das 6:0 gewonnen wurde, durfte der junge Netzer 1965 noch mal auflaufen, zur Weltmeisterschaft in England ein halbes Jahr später hat Schön ihn aber nicht mitgenommen. Er war ihm zu jung, außerdem fehlte Netzer damals noch die passende Ergänzung. Hacky Wimmer spielte noch im Aachener Vorortverein Borussia Brand und bereitete sich erst auf seinen Wechsel zur großen Borussia vor.

Die Weltmeisterschaften sollten Netzers Problem bleiben. Auch vier Jahre später in Mexiko, als der dritte Platz erreicht wurde, war er nicht dabei. Eine Verletzung hatte ihn gehindert. Und auch die WM 1974, als im eigenen Land der Titel gewonnen wurde, verlief äußerst unglücklich. Netzer hatte sich kurz vorher wieder verletzt, hatte sich diesmal aber, untypisch für ihn, im Training richtig reingekniet, sogar einen Privattrainer verpflichtet, aber als das Turnier begann, saß er noch mit Trainingsrückstand auf der Bank. Später, als die Viertel- und Halbfinalspiele liefen, war er fit, aber da hatte sich Schön schon für Wolfgang Overath als Spielmacher entschieden. Netzer bekam bis auf einen Kurzeinsatz keine Chance mehr.

So unglücklich die Weltmeisterschaften für ihn verliefen, so glücklich verlief die Europameisterschaft 1972 in Belgien. Im Vorrundenspiel wurde Gastgeber Belgien mit 2:1 besiegt und im Endspiel gegen die Sowjetunion lief dann unter Netzers Regie eine Mannschaft auf, die viele Fußballfans noch heute für das beste Team halten, das je für Deutschland gespielt hat. Sepp Maier stand im Tor, die Abwehr organisierte Beckenbauer, der seinerseits für die Drecksarbeit seinen Adlatus „Katsche" Schwarzenbeck hatte, das Mittelfeld beherrschte Netzer mit Hacky Wimmer an seiner Seite und vorne stürmte Gerd Müller, der immer für ein Tor gut war. Besonders dann, wenn man ihn fast ein ganzes Spiel lang nicht gesehen hatte. Klar mit 3:0 wurde die Sowjetunion besiegt, aber nicht einmal die Deutlichkeit des Sieges beeindruckte. Die Zuschauer hatten vielmehr das Gefühl, dass diese Mannschaft selbst bei einem Gegentreffer nur ein wenig das Tempo anziehen müsste, um das nächste Tor zu erzielen.

Schon kurz vorher, beim EM-Qualifikationsspiel, als England in Wembley mit 3:1 besiegt wurde und Netzer mit etwas Glück einen Elfmeter verwandelte, hatte sich dieser Eindruck eingestellt. Unzählige Mannschaften auf der ganzen Welt streben, jede auf ihre Weise, nach Perfektion. Diese Mannschaft kam dem großen Ziel sehr nahe, phasenweise hat sie sie sogar erreicht.

Auch in Mönchengladbach hatten sich inzwischen die Erfolge eingestellt, aber erst, nachdem man gemerkt hatte, dass Angriffsfußball allein nicht ausreicht. Die Abwehr war mit dem Stuttgarter Nationalspieler Klaus-Dieter Sieloff verstärkt worden, später kam vom 1. FC Nürnberg Vorstopper „Luggi" Müller, ebenfalls Nationalspieler, hinzu. So wurden 1970 und 71 die beiden ersten deutschen Meisterschaften errungen, mit Netzer als unumstrittenem Kopf der Mannschaft. In diesen Jahren wurde er zweimal hintereinander zum „Fußballer des Jahres" gewählt, und das bei einer Konkurrenz wie Beckenbauer, Müller, Maier oder Overath.

Im Europapokal gelang in diesen Jahren den Gladbachern ein Spiel, das unvergessen bleibt. Inter Mailand, damals eine Macht in Europa,

Günter Netzer mit Ehefrau

wurde in Mönchengladbach mit sage und schreibe 7:1 abgefertigt. An jenem Abend gelang Netzer und seinen Mitspielern einfach alles, jeder Trick, den sie probierten, klappte. Dumm war nur, dass ein Gladbacher Fan, aufgebracht von den Schauspielereien der Italiener, eine Büchse auf das Spielfeld warf und ausgerechnet damit die schlimmste Schauspielerei auf dem Fußballfeld auslöste, die bittere Folgen haben sollte. Interstürmer Bonisengha wurde am Kopf getroffen, ging spektakulär zu Boden und ließ sich, angeblich schwer verletzt, vom Platz tragen. Inters Einspruch gegen die Wertung dieses Spiel wurde stattgegeben, das Spiel musste wiederholt werden, die Mailänder waren vor der Gladbacher Spielstärke gewarnt und gingen mit einer völlig anderen Einstellung zur Sache. Unvermeidliche

Folge: Mönchengladbach schied aus. „Es war klar, dass wir gegen Inter sportpolitisch bei der UEFA nichts ausrichten konnten", urteilt Netzer im Rückblick. „Dort hielt man Mönchengladbach für einen Vorort von München. Die kannten uns gar nicht."

1973 folgte der nächste Titelgewinn, diesmal der Gewinn des DFB-Pokals. Untrennbar ist das Endspiel gegen den 1. FC Köln mit einer unglaublichen Netzer-Geschichte verbunden. Er hatte kurz vorher bei Real Madrid unterschrieben und nach zehn erfolgreichen Jahren seinen Abschied von Mönchengladbach vorbereitet. Einerseits passte dieser Wechsel durchaus in das Konzept der Vereinsführung von Mönchengladbach, die immer wieder aus finanziellen Gründen gezwungen war, gute Spieler zu verkaufen wie später auch Heynckes oder Lothar „Lodda" Matthäus. In Gladbach wurde vorsichtig gewirtschaftet, Schulden wurden vermieden. Andererseits war Weisweiler sauer über den Weggang seines Musterschülers und stellte ihn für das Endspiel gar nicht auf. Netzer auf der Ersatzbank, ein unglaublicher Anblick für die Fans. Jahrelang wäre im Stadion am Böckelberg gar nicht erst angepfiffen worden, wenn Netzer gefehlt hätte, und nun das. Auch als es lange Zeit 1:1 stand, machte Weisweiler keine Anstalten, seinen Star einzuwechseln, um doch noch die Entscheidung zugunsten der Gladbacher zu erzwingen. So kam es, dass das Spiel in die Verlängerung ging. Und als wieder angepfiffen wurde, stand plötzlich Günter Netzer auf dem Platz. Endlich, dachten die Fans, endlich ist Weisweiler vernünftig geworden. Was sie nicht wussten, was auch Netzer viele Jahre lang nicht verraten hat, war, dass Weisweiler gar nicht vernünftig geworden war. Auch die Verlängerung wollte er ohne seinen Mittelfeldstrategen bestreiten, Netzer hatte das rechtzeitig bemerkt und sich selber eingewechselt. Die Autorität dazu hatte er in der Mannschaft. Schon sein erster Ballkontakt führte zur Entscheidung. Auf der halblinken Angriffsseite kam er an den Ball, lief ein paar Schritte und zog aus zwanzig Metern ab. Von ihm aus gesehen links oben in den Winkel schlug der Ball unhaltbar ein. Die Entscheidung. Mit dem Gewinn des DFB-Pokals und einem unvergesslichen Tor hat er sich in Mönchengladbach verabschiedet.

Netzer hat bis nach Weisweilers Tod gewartet, bevor er die Hintergründe zu diesem Treffer und zu seiner Einwechslung preisgab. Er wollte den Trainer, mit dem er zehn schöne und erfolgreiche Jahre als Fußballer verbracht hatte, nicht verletzen.

Mit Real Madrid wurde er zweimal spanischer Meister, die Zeit dort war trotzdem nicht unproblematisch. Netzer war geholt worden, um, wie in Mönchengladbacher Zeiten, den langen Pass zu spielen, aber die Madrilenen liebten das Kurzpassspiel. Mancher Ball von Netzer, der in Mönchengladbach noch einen gefährlichen Angriff eingeleitet hätte, landete im Niemandsland. Die Madrider Spieler verstanden ihren neuen Mittelfeldspieler erst ganz allmählich, nicht zuletzt auch, weil Netzer sein Spiel umstellte und begann, auch kurze Pässe zu spielen. Eine Änderung, die in Deutschland nicht mehr gut ankam. 1975 bestritt er sein 37. und letztes Länderspiel. Trotzdem, der weltoffene Netzer passte gut nach Spanien. Von dort wechselte er für ein paar Jahre zu den Grashoppers Zürich, ein Wechsel mit Langzeitwirkung, denn nach mehreren späteren Umzügen ist er am Ende wieder in der Schweiz gelandet. Dort wohnt er bis heute und hat einen Job im Medienbereich.

Noch eine erfolgreiche Zeit im Fußballgeschäft stand ihm bevor, diejenige als Manager des Hamburger SV von 1978 bis 86. Dreimal gewann der HSV in dieser Zeit die deutsche Meisterschaft und einmal, 1983 durch einen 1:0-Sieg gegen Juventus Turin, sogar den Europapokal der Landesmeister. Jahrelang war neben Bayern München der HSV unter Netzers Leitung die zweite große Fußballmacht in Deutschland.

Netzer wäre nicht Netzer, wenn sich nicht eine Vielzahl von Anekdoten um ihn ranken würden. Er hat viele Freunde im Kultur- und Showgeschäft. Irgendwann in seiner Madrider Zeit rief ihn der Fernsehregisseur und „Klimbim"-Erfinder Michael Pfleghar an, ein Freund Netzers, den er nach seinem frühen Tod bis heute vermisst. Sie müssten nach Las Vegas, teilte ihm Pfleghar mit, dort würde Tina Sinatra, eine Freundin der beiden, heiraten. Und was das Beste wäre, der alte Sinatra würde nach einer Pause von zwanzig Jahren wieder öffentlich singen. Es wäre eine Schande, sich das entgehen zu lassen.

Nun durften Spieler von Real Madrid ohne Erlaubnis des Vereins keine 30 Kilometer weit wegfahren und zu diesem Zweck wurden die Pässe der Spieler eingezogen. Aber Netzer war gerade verletzt und für drei Tage beim Training entschuldigt. Ein Freund in der Botschaft besorgte ihm einen Ersatzpass, beim Zwischenstopp in London kaufte er sich einen Smoking, und so kam es, dass er am Tag danach tatsächlich am Ehrentisch neben Dean Martin und Sammy Davis Jr. Platz nahm. Neil Diamond wollte ihn für sein Football-Team verpflichten, als er hörte, wie weit Netzer schießen konnte, aber Tina Sinatra warnte ihn: „Kein Football, viel zu brutal für dich."

Wenn eine Kamera sich auf den Ehrentisch richtete, hielt sich Netzer schnell die Hand vors Gesicht und dachte: „Das kann nicht gutgehen. Das muss ja auffallen." Aber drei Tage später, um halb sechs morgens, landete sein Flugzeug in Madrid und um elf Uhr stand Netzer pünktlich auf dem Trainingsplatz.

Nur sein Zimmerkollege Zoco sprach ihn im Trainingslager an. „Komisch, bei der Hochzeit von Tina Sinatra saß da ein Typ am Ehrentisch, der so aussah wie du." Netzer winkte gespielt bescheiden ab. „Ich und bei so einer Feier? Das kann doch gar nicht sein."

Wäre die Sache rausgekommen, wäre er bei Madrid sofort rausgeflogen.

Netzer hat keine Probleme mit seiner freien Zeit nach der Fußballkarriere. Er ist an vielen Dingen interessiert und kennt Leute auch weit über den Fußball hinaus. An Beschäftigung also kein Mangel. Golf, der Lieblingssport vieler ehemaliger Fußballgrößen, ist deshalb kein Zeitvertreib für ihn. Irgendwann hat er aber doch mal Beckenbauer als Caddie gedient und den Wagen mit den verschiedenen Schlägern gezogen. Dabei hat er, weil er die Tücken eines Golfplatzes nicht kennt, nicht aufgepasst und ist hinterrücks in eine Kuhle gestürzt. Darüber lachen seine Fußballfreunde noch heute. Für Netzer kein Problem. Auf einem Gebiet, das ihm wichtig ist, schlecht auszusehen, wäre ihm peinlich gewesen. Beim Golf ist ihm das egal. Es ist ein Spiel zum Zeitvertreib, also nichts für Netzer. Dafür hat er viel zu viele andere Interessen, was auch sein vorerst letzter großer Coup im Herbst 2002 bestätigt. Günter Netzer hat der Kirch-Gruppe die Fernsehrechte für die Bundesliga und die Fußball-WM 2006 in Deutschland abgekauft. Hinter ihm steht der erfolgreiche französische Geschäftsmann Robert Louis-Dreyfus, der schon die angeschlagene Sportartikel-Firma Adidas saniert hat. Mit Netzer verbindet sich die Hoffnung, dass der Fußball nun wieder häufiger in den öffentlich-rechtlichen Fernsehanstalten zu sehen sein wird, für die er bisher viel mehr gearbeitet hat als für die Privaten.

Hannes Löhr – nach schwerer Krankheit zur WM

Johannes Löhr hat in Eitorf an der Sieg mit dem Fußballspielen begonnen, bevor er 1962 zu den Sportfreunden Saarbrücken in die Oberliga Südwest wechselte. Ihn dort als gefährlichen Stürmer zu entdecken, war nicht besonders schwierig, denn Löhr wurde zweimal hintereinander Torschützenkönig. Auch Sepp Herberger fiel der Stürmer aus dem Südwesten auf und in dessen vorletztem Länderspiel gegen Finnland war Löhr als einziger Zweitligaspieler erstmals im Kader. Eingesetzt worden ist er aber nicht.

1964 kam er in den Westen zum 1. FC Köln, und obwohl es später viele Angebote, unter anderem aus Italien, für ihn gegeben hat, ist er niemals mehr gewechselt. Noch heute wohnt er in Köln, ganz in der Nähe des Müngersdorfer Stadions, in jener Stadt also, in der er seinen Spitznamen erhielt: Hannes. Woran man spätestens merkt, dass er in der Domstadt heimisch geworden ist.

Kraftvoller Torjäger: Hannes Löhr

Insgesamt hat er 381 Bundesligaspiele für den FC bestritten und dabei 166 Tore geschossen. Damit liegt er in der ewigen Bestenliste noch immer auf einem Platz unter den besten Zehn. In der Saison 1967/68 wurde er mit 27 Treffern Torschützenkönig der Bundesliga und Nachfolger von Spielern wie Uwe Seeler, Lothar Emmerich oder Gerd Müller. In den Europacupspielen des 1. FC Köln schoss er weitere 30 Tore und steht auch in dieser Bestenliste weit vorn.

Löhr hatte den Torriecher, oder, wie Dortmunds „Emma" Emmerich so treffend formulierte, er hatte „dat Killergen".

Sicher hätte Löhr noch mehr Tore geschossen, aber 1968 zog ihn eine schwere Krankheit aus dem Rennen. Routinemäßig ließ er sich nach der Saison untersuchen und plötzlich wurde bei ihm eine Tuberkulose festgestellt, die seine Karriere im Verein und in der Nationalmannschaft gefährdete. Denn den Sprung ins Nationalteam hatte er inzwischen geschafft. Im Februar 1967 war er in Karlsruhe beim 5:1-Sieg gegen Marokko zu seinem ersten Länderspiel gekommen.

Nun hatte aber die Gesundheit absoluten Vorrang, Löhr wurde sofort aus dem Verkehr gezogen und in eine Klinik im Schwarzwald gebracht. Von Juni bis September musste er dort ausharren, aber Löhr hatte Glück. Die Krankheit heilte vollständig aus. Verspätet musste er mit dem Aufbautraining für die neue Saison beginnen, er tat das mit großer Verbissenheit und fand schnell wieder Anschluss.

> „Sag dem Wudi, er soll nicht die Bude anstecken."

Gut ein Jahr später war er bei der Weltmeisterschaft in Mexiko dabei, die in großer Höhe stattfand und bei der nur Spieler glänzen konnten, die in bester körperlicher Verfassung waren. Hannes Löhr war es, alle sechs Spiele bis hin zum Spiel um den dritten Platz hat er mitgemacht. Linksaußen war er, Konkurrent von Siggi Held, für den er im Jahrhundertspiel gegen Italien im Halbfinale ausgetauscht wurde. Nach ungeheurer Spannung und stets wechselnder Führung ging dieses Spiel am Ende mit 3:4 in der Verlängerung verloren. Nach diesem Kampf in der Höhenluft waren beide Mannschaften platt. Die Deutschen mit Löhr gewannen immerhin ihr Spiel um den dritten Platz gegen Uruguay mit 1:0, das aber hauptsächlich, weil die „Urus" einfach das Tor nicht trafen. Die Italiener hatten im Endspiel gegen die wesentich ausgeruhteren Brasilianer keine Chance.

Die Weltmeisterschaft 1970 war sicher Löhrs größter internationaler Erfolg als Spieler. Danach hatte er noch weitere Einsätze im Nationalteam erlebt und 1972, als die Deutschen mit einer unvergesslichen Glanzleistung in Belgien Europameister wurden, war er noch im Kader.

„Damals wurden ja nur zwei Spiele in der Endrunde gespielt", sagt Löhr, „also gab es wenig Möglichkeiten, reinzukommen." Zumal Erwin Kremers von Schalke auf links wirbelte und seine Konkurrenten schwindlig spielte. Löhr musste den Erfolg von der Bank aus ansehen.

20 Länderspiele hat er insgesamt bestritten und dabei fünf Tore geschossen.

Mit dem 1. FC Köln ist er 1978 Deutscher Meister geworden, dazu zweimal Pokalsieger. 1968 wurde der VfL Bochum mit 4:1 geschlagen, 1977 im Wiederholungsspiel Hertha BSC mit 1:0.

Zwei Endspiele hat er aber auch verloren, 1973 gegen Mönchengladbach und zwei Jahre vorher gegen den Außenseiter Kickers Offenbach. Trainer der Offenbacher, das hatte Löhr zwischendurch vergessen, war der Ex-Dortmunder „Aki" Schmidt, den Löhr noch als Spieler kennengelernt hat. Bei seiner ersten Einladung zum Länderspiel gegen Finnland war „Aki" zum letzten Mal dabei.

1978, mit dem Meisterjahr, war Schluss für Löhr als Spieler. Er wurde in Köln Assistenztrainer und von 1983 bis 86 Cheftrainer seines Clubs. Anschließend wechselte er zum DFB und wurde Trainer der U 21-Nationalmannschaft und der Olympiaauswahl. Hier hat er noch große Erfolge feiern dürfen, vor allem den Gewinn der Bronzemedaille 1988 bei den Olympischen Spielen. Damals zählten Spieler wie Klinsmann oder Häßler, die zwei Jahre später Weltmeister wurden, zu seinem Kader. Und auch zwei Schlitzohren aus dem Ruhrgebiet gehörten dazu, nämlich „Fränki" Mill und Wolfram Wuttke, ein Fummelkönig, den zu leiten als besonders schwierig galt. Aber Löhr hatte keine Probleme mit Wuttke. „Den habe ich zu Mill ins Zimmer gesteckt und der hat auf ihn aufgepasst", sagt er. „Das lief prima." Und als er einmal ins Zimmer schaute, es deutlich nach Qualm stank und Wuttke die Hände hinter dem Rücken hielt, hat Löhr nur Mill angesprochen. „Sag dem Wudi, wenn er rauchen will, soll er das offen machen, bevor er die Bude ansteckt." Ein Umgangston, der ankam.

DFB-Trainer Löhr erklärt die Taktik

Löhr hat sich damit von seinem ersten Kölner Trainer Georg Knöpfle, der als autoritär galt, abgegrenzt, aber gerade Knöpfle hat er einiges zu verdanken. Dessen Art hat ihn überzeugt, auch wenn er selbst später eine andere Methode bevorzugte.

Im Jahre 2002, mit seinem 60. Geburtstag, hat Löhr seine Arbeit beim DFB eingestellt. „Mit 60 Jahren trainiere ich keine U 21 mehr", hat er schon zwei Jahre vorher verkündet. Jürgen Kohler war sein Nachfolger geworden, und der freute sich nun über einen Fußballjahrgang, der erfolgreich zu werden versprach. Hannes Löhr hatte gute Vorarbeit geleistet.

Wer ihn auf seine Pläne anspricht, erfährt, dass Hannes Löhr erst mal all das nachholen will, was bei seinem hektischen Job zu kurz kam. Und dann will er in Ruhe überlegen, welche neuen Aufgaben er angehen will. Es kann, muss aber nichts mit Fußball zu tun haben. Im Alter von 60 Jahren, findet Löhr, ist man noch jung genug, etwas Neues anzufangen.

Wie hätte ein anderer Großer aus dem Fußball gesagt? „Schaun mer mal."

Lothar Kobluhn –
der Torjäger ohne Torjägerkanone

Rot-Weiß Oberhausen ist ein Verein, der am Rande des großen Fußballs steht. Ein paar Jahre Oberliga West, später ein Dasein in der zweiten Liga, und manche Saison konnte nicht einmal diese Liga gehalten werden.

Vier Jahre lang aber war das ganz anders. 1969 konnte nach mehreren Versuchen der Aufstieg in die erste Bundesliga geschafft werden, und plötzlich standen die Rot-Weißen vom Nordrand des Ruhrgebiets im Mittelpunkt des Fußballinteresses.

Und sie hatten sogar einen Spieler, der mit den Besten seiner Zeit mithalten konnte. Lothar Kobluhn war das, offensiver Mittelfeldspieler, der in der Saison 70/71 völlig überraschend Torschützenkönig in der Bundesliga wurde. Und das, obwohl er nicht einmal Stürmer war, sondern hinter den Spitzen agierte, obwohl seine Mannschaft permanent gegen den Abstieg kämpfte und deshalb gegen die guten Mannschaften defensiv auftrat, um sich ein Unentschieden zu

Jubelnder Torschütze Lothar Kobluhn

erkämpfen. Und obwohl Kobluhn Konkurrenten wie Gerd Müller oder Hannes Löhr hatte, die im Zenit ihres Könnens standen. Niemand hätte vor der Saison auf diesen Ausgang beim Kampf um die Torjägerkanone gewettet.

Aber Kobluhn schaffte es. 24 mal schoss er den Ball in jener Saison ins gegnerische Tor. Das heißt, er schoss meistens gar nicht. Kobluhn köpfte. Er war ein großer Spieler, der auf die Flanken seiner Außenstürmer Poll und Brozulat lauerte und sie wuchtig mit dem Kopf ins Tor beförderte.

Ein paar Elfmeter hat er dazu verwandelt, aber das machen die anderen Torjäger ja auch.

Lothar Kobluhn hat angefangen als Vorstopper, in der Abwehr also, wo auch sein Bruder Friedhelm spielte, der ein eisenharter linker Verteidiger war, gefürchtet bei allen Rechtsaußen.

Manchmal hat Lothar etwas vom „Ruhm" seines Bruders abgekommen. „Na, du Holzhacker", ist er dann auf dem Platz von seinem Gegenspieler begrüßt worden, wogegen er sich stets zur Wehr gesetzt hat. „Da vertust du dich aber", hat er geantwortet. „Du meinst wohl meinen Bruder."

Erst als Ende der sechziger Jahre der Libero Eingang ins Spielsystem fand, wurde Lothar frei für Offensivaufgaben, erst jetzt konnte er seine Torjägerqualitäten unter Beweis stellen, die Rot-Weiß, dem Außenseiter, dreimal den Klassenerhalt sicherten.

Trainer der Oberhausener war damals „Adi" Preißler, ein Mann, den die meisten Spieler bis heute mögen. Gerd Zewe zum Beispiel und auch Lothar Kobluhn, dem es leid tut, dass Preißler nach dem Tod seiner Frau nun in einem Duisburger Altenheim wohnen muss.

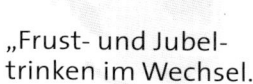
„Frust- und Jubeltrinken im Wechsel."

Preißler hatte Lothar Kobluhn in der Offensive alle Freiheiten eingeräumt, er musste sich also nicht mit Deckungsaufgaben aufhalten, was auch deshalb nicht nötig war, weil die schwächeren Mannschaften meistens einen Manndecker gegen ihn aufstellten. Nicht Kobluhn musste jemand decken, er wurde gedeckt.

So richtig glücklich ist er mit der Torjägerkrone aber nicht geworden. Es war das Jahr des Bundesligaskandals. Horst Gregorio Cannellas, Präsident der Offenbacher Kickers, spielte bei seiner legendären Geburtstagsparty am 6.6.71 jene Tonbandaufzeichnungen ab, die er bei den Verhandlungen um gekaufte Spiele und Spieler gemacht hatte und die den Skandal auslösten. Eine Welle an Prozessen, Sperren und anderen Strafen zogen die Enthüllungen nach sich. Auch Oberhausen wurde von diesem oder jenem Akteur mit dem Skandal in Verbindung gebracht, und so überreichte die Fachzeitschrift „Kicker", die jährlich den Torjäger ehrt, dem damaligen Schützen Lothar Kobluhn nicht die Torjägerkanone. Vielleicht hat der „Kicker" vermutet, dass es bei manchen von Kobluhns Toren nicht mit rechten Dingen zugegangen ist.

Auch die Berliner Zeitung muss so ähnlich gedacht haben. Sie verlieh dem Bundesliga-Torjäger alljährlich den „Goldenen Töppen", den vergoldeten Fußballschuh von Berlins prominentem Altinternationalen „Hanne" Sobeck. 3.000 DM zahlte sie zusätzlich, nur in diesem Jahr nicht. Kobluhn erhielt 1.000 DM, der Rest ging an den Berliner Torschützenkönig Lorenz Horr, der es später bis in den erweiterten Kreis der Nationalmannschaft gebracht hat.

Kobluhn ist über die Zurücksetzung bis heute sauer. Mit dem „Kicker" hat er hernach kein Wort mehr gesprochen und jeden Interviewwunsch abgelehnt. Er ist sich keiner Schuld bewusst, seine Tore waren echt, betont er.

In den Skandal hineingezogen wurde Rot-Weiß Oberhausen aber auf jeden Fall. Lothar Kobluhn erinnert sich an eine Reihe von Feiern, die

Das Kopfballspiel bei Dettmar Cramer gelernt: Lothar Kobluhn

er mit den damaligen Mannschaftskollegen deswegen gemacht hat. Mal wurde Rot-Weiß wegen angeblicher Manipulationen zu einem Punktabzug von 8 Punkten verdonnert, dann gingen die Spieler aus Frust nach dem Training einen trinken, weil sie wussten, dass dies den sicheren Abstieg bedeutet hätte. Aber Vereinspräsident Peter Maaßen legte Berufung ein und telefonierte zwei Wochen später triumphierend aus der Frankfurter DFB-Zentrale nach Oberhausen, dass die Strafe aufgehoben sei. Also ging die Mannschaft wieder feiern, diesmal aus Freude. Bis dann ein anderer Zeuge die Oberhausener belastete, es wieder eine Strafe gab, worauf das Frusttrinken folgte und danach die Siegesfeier, weil die Anschuldigung nicht bewiesen werden konnte. „Es war ein verrücktes Jahr", urteilt Kobluhn. Immerhin, die Spieler haben das Beste daraus gemacht.

Ob der Skandal etwas damit zu tun hatte, dass Kobluhn trotz seiner bewiesenen Torjägerqualitäten niemals den Hauch einer Chance besaß, in die Nationalmannschaft berufen zu werden, will er nicht glauben.

Das, meint er, hätte andere Gründe gehabt. Einmal lag es sicher am Verein. Oberhausen stand nicht so sehr im Mittelpunkt des Interesses wie etwa Bayern München oder Borussia Mönchengladbach. Den Hauptgrund sieht er aber in Erlebnissen in seiner Jugendzeit. In den Ferien hat er sich nämlich regelmäßig mit anderen Oberhausener Fußballtalenten in der Sportschule Wedau angemeldet. Stützpunkttrainer war Dettmar Cramer, und der verlangte Disziplin von seinen Schützlingen. Kobluhn und seine Freunde aber fühlten sich wegen der Nähe zu ihrem Verein in der Sportschule wie zu Hause, befolgten nicht alle Anweisungen von Cramer und wurden zwischendurch damit bestraft, dass ihnen der Nachtisch, das leckere Eis also, beim Mittagsessen gestrichen wurde. Strafrobben und andere Zusatzübungen, alles hat Kobluhn miterlebt, weil er nicht zu allem, wie er betont, Ja und Amen gesagt hat. Bis in die Westdeutsche Jugendauswahl, wo er zusammen mit dem unvergessenen „Stan" Libuda gespielt hat, hat es für ihn gereicht, weiter nicht.

Auch die Jugendtrainer von Rot-Weiß Oberhausen hätten kein großes Interesse daran gehabt, dass ihre Spieler in die DFB-Auswahl kamen, meint er. Sie hätten Angst davor gehabt, dass ihre Talente anderen Vereinen auffielen, von ihnen verpflichtet wurden und Oberhausen mit leeren Händen dastand.

Vor Cramer hat Kobluhn trotz seiner Erlebnisse großen Respekt. Bei ihm hätte man viel lernen können, sagt er.

„Den laufenden Meter" hat Torwartlegende Sepp Maier Cramer mal genannt, aber obwohl Cramer so klein war, hätte er ihnen am Kopfballpendel vorgemacht, wie man richtig köpft, erzählt Kobluhn. Gebogen wie ein Flitzebogen hätte er in der Luft gestanden und den Ball mit Wucht gegen die Decke geköpft. Das, was ihn als Torjäger später ausgezeichnet hat, hat Kobluhn bei Cramer erlernen können.

Den letzten Grund, warum es mit der Nationalelf nicht geklappt hat, führt Kobluhn auf Vereinspräsident Maaßen zurück. Der hätte wenig Interesse daran gehabt, dass seine Spieler groß wurden. Der Verein, vielleicht er selber hätten groß werden dürfen, aber seine Spieler weniger, schätzt Kobluhn die Sache ein.

Aber auch hier kein Vorwurf. Er hätte ja wechseln können, sagt Kobluhn, aber das sei leider schwierig gewesen. 1970 hatte er zwei Lottogeschäfte in Oberhausen eröffnet, Sohn Dirk war in die Schule gekommen, und so wollte er in der Nähe bleiben. Angebote aus Schalke, Dortmund oder Mönchengladbach hätte er annehmen können, aber es kamen welche aus Aachen, Lausanne und Eindhoven.

1973 kam der Abstieg, im nächsten Jahr, weil Maaßen aber die Mann-

120

schaft bis auf wenige Ausnahmen zusammenhielt, wurde wieder die Aufstiegsrunde erreicht, aber damals hätte es große Finanzprobleme im Verein gegeben. Irgendwann, auf einer Fahrt zu einem Aufstiegsspiel, hätte Adi Preißler den Bus sogar vor einer Pommesbude halten lassen, weil kein Geld mehr für ein Essen im Restaurant da gewesen sei. Und die Pommes hätten sie auch noch selber bezahlen müssen. Da sei den älteren Spielern klar gewesen, dass sich ein Wiederaufstieg nicht gelohnt hätte. Die Probleme wären nur noch größer geworden.

Also ist Kobluhn nach Wattenscheid gewechselt, wo er noch zwei Jahre in der zweiten Liga gespielt hat. Ein Angebot zum Bundesligisten Tennis Borussia Berlin, wo Max Merkel Trainer war, hat sich im letzten Moment zerschlagen. An seiner Stelle verpflichteten Merkel und die Berliner den ehemaligen Kölner und Italienprofi Karl-Heinz Schnellinger, der den Abstieg aber auch nicht verhindern konnte.

So hat es für Lothar Kobluhn zu einigen schönen Erfolgen in der Bundesliga gereicht, wenn ihm auch der große Durchbruch versagt geblieben ist.

Er wäre übrigens nicht der erste Nationalspieler von Rot-Weiß Oberhausen gewesen. Drei hatte der Verein vor Kobluhns Zeit.

Lothar Kobluhn heute

Da war zuerst Torwart Willy Jürissen, der zwischen 1936 und 39 sechsmal im Tor der deutschen Mannschaft stand. 1936 war er Mitglied des Kaders beim olympischen Fußballturnier, kam aber nicht zum Einsatz. Sein Markenzeichen waren die weißen Torwarthandschuhe, außerdem war er ein gefürchteter Elfmeterschütze. Nicht erst der gegenwärtige Nationaltorhüter Hans-Jörg Butt von Leverkusen kann also sicher Elfmeter verwandeln, Willy Jürissen konnte es schon lange vorher. In den vierziger Jahren wechselte er nach Hamburg zum dortigen LSV, mit dem er 1943 das Pokalendspiel gegen Vienna Wien und 1944 das Endspiel um die Meisterschaft gegen Dresden erreichte. Leider gingen beide Spiele verloren. Kobluhn hat Jürissen, der 1990 gestorben ist, gut gekannt, schließlich hatte der nach seiner Karriere eine Kneipe in Oberhausen geführt. Und dort waren die RWO-Spieler natürlich häufig zu Gast.

Jürgen Sundermann hat einmal in der Nationalmannschaft gespielt, 1960 beim Spiel gegen Chile war das. Mit ihm, dem Außenläufer, hat

Kobluhn in seinen Anfangsjahren noch zusammengespielt, bevor Sundermann den Verein wechselte, um anderswo mehr zu verdienen. Schweizer Meister ist er ein zweimal mit dem FC Basel geworden, bevor er Trainer bei vielen Vereinen im In- und Ausland wurde. Beim VFB Stuttgart war er am erfolgreichsten. „Sundermann – Wundermann" riefen die Fans Mitte der siebziger Jahre, als Sundermann dort ein Klasseteam um Mittelfeldstar Hansi Müller formte.

Erich Juskowiak, bekannt geblieben durch seinen ärgerlichen Platzverweis beim WM-Halbfinalspiel gegen Schweden, hat sein erstes Länderspiel 1951 gegen Luxemburg noch zu Oberhausener Zeiten bestritten, bevor er zu Fortuna Düsseldorf wechselte.

Kobluhn ist in Oberhausen geblieben, hat aber zum ehemaligen Club wie viele andere aus seiner Zeit keinen Kontakt mehr. Dort würde man nicht sehr viel Wert auf Traditionen legen, meint er. Er hat seine beiden Geschäfte inzwischen verkauft und sich dafür ein Haus gekauft, das ihm seine Lebensgrundlage sichert.

Der Kontakt zu seinem Bruder Friedhelm ist natürlich geblieben, er war ja schon zu aktiven Zeiten eng. Als Beispiel dafür kann Lothar ein Spiel gegen Rot-Weiß Essen anführen. Die Oberhausener hätten zurückgelegen, erzählt er, da hätte es für sie einen Freistoß gegeben, Essens Rechtsaußen Herbert Weinberg wäre aber mit dem Ball weggelaufen, um Zeit zu schinden. Also hat Kobluhn ihn hart gerempelt, worauf der Schiedsrichter auf ihn zugekommen sei. Friedhelm, aus Angst, sein Bruder Lothar könnte einen Platzverweis bekommen, hat er sich dazwischengedrängt und den Schiedsrichter angerempelt. Folge: Nicht Lothar, sondern Friedhelm flog vom Platz. Zehn Minuten später dieselbe Situation. Wieder Freistoß für Oberhausen, wieder rennt Weinberg mit dem Ball weg, wieder holt Lothar Kobluhn ihn mit einem Rempler von den Beinen. Diesmal gab es Platzverweis für ihn. Als er in die Kabine kam, hätte Friedhelm schon unter der Dusche gestanden. „Wie ist es ausgegangen?", hat ihn sein Bruder gefragt. „Weiß nicht", hat Lothar geantwortet, „das Spiel läuft noch. Ich bin auch vom Platz geflogen."

Fußball kann Lothar nach seiner dritten Knieoperation im Jahre 2002 nicht mehr spielen. Radfahren und Schwimmen, das sind die Sportarten, die ihm geblieben sind. Ganz im Gegensatz zu Friedhelm, der zu aktiven Zeiten sich und seinen Gegner nicht schonte. Der ist fit, hat keine Knieprobleme und spielt als Hobby Fußball wie eh und je. Das Leben geht halt Wege, die man nicht erklären kann.

Horst Köppel – der Schwabe in Mönchengladbach

Horst Köppel ist ein Schwabe. In Stuttgart wurde er geboren, dort, in Zuffenhausen, hat er angefangen mit dem Fußballspielen, aber seine großen Erfolge hat er im Westen gefeiert. Hier lebt und arbeitet er bis heute.

1966, als Achtzehnjähriger, schaffte er den Sprung in die Bundesligamannschaft des VFB Stuttgart, als Flügelflitzer, der aber nicht nur flanken konnte, sondern auch torgefährlich war.

Schon zwei Jahre später, beim 3:1-Sieg gegen Belgien in Brüssel, stand er in der Nationalmannschaft und fiel spätestens jetzt Meistertrainer Hennes Weisweiler in Mönchengladbach auf. Der baute gerade seine berühmte Fohlenelf auf, in der vor allem junge Spieler ihre Chance bekamen. Ein Modell, das dem jungen Horst Köppel gefiel, zumal sein Freund Berti Vogts, den er von den Spielen in der Jugendnationalmannschaft her kannte, ihm viel von diesem Modell erzählt hatte.

1968 wechselte Köppel nach Mönchengladbach und hatte gleich einmal ein Problem.

Horst Köppel im Gladbacher Sturm

Mit der Freundin, seiner späteren Ehefrau, wollte er eine gemeinsame Wohnung beziehen, aber dagegen hatte Weisweiler etwas. Erst heiraten, vorher, fand Weisweiler, dürfe er auf keinen Fall mit ihr zusammenziehen. Das ließ sich aber so schnell nicht organisieren, also hat Köppel die ersten sechs Wochen bei seinem Freund Berti gewohnt. Im Ehebett von Bertis früh verstorbenen Eltern hat er geschlafen, eine kleine Junggesellengemeinschaft haben die beiden gebildet, die noch von Cockerspaniel Whiskey ergänzt wurde. Und ausgerechnet mit dem hatte Köppel eines

Morgens ein Problem. Berti machte damals schon den Trainerschein, stand immer früh auf, während Köppel weiterschlafen konnte. Und als er irgendwann gegen neun Uhr aufstehen wollte, ließ der verärgerte Whiskey ihn nicht aus dem Bett. Knurrend und zähnefletschend stand er davor und drohte zuzubeißen, sobald Köppel ein Bein aus dem Bett streckte. Fast eine Stunde musste der arme Köppel ausharren, bis Bertis Schwägerin kam und den sonst so friedlichen Whiskey aus dem Verkehr zog. Hilfe, die allerdings zu spät kam, denn Köppel schaffte es nicht mehr, pünktlich zum Training zu erscheinen. Dort hat er seinem Trainer und der Mannschaft die Wahrheit erzählt, was sollte er auch sonst tun, aber geglaubt hat ihm keiner. Auch Berti nicht, der seinen Whiskey immer als lieben und völlig verträglichen Hund kannte.

Köppel grinst. Die Tage mit Berti waren trotzdem prima, meint er, Berti war eben ein Kumpeltyp, auf den man sich verlassen konnte.

Zweimal wurde Köppel in seinen ersten drei Jahren bei Mönchengladbach Deutscher Meister, zuerst spielte er Rechtsaußen, später Mittelstürmer. 38 Tore hat er insgesamt für die Borussia geschossen. Dann zog es ihn noch mal zurück nach Stuttgart. Seine Frau hatte Heimweh nach der schwäbischen Heimat, sagt er, und er selbst hatte sich dort ja auch wohl gefühlt. 124 Bundesligaspiele hat er insgesamt für Stuttgart bestritten und dabei 44 Tore erzielt.

„Zwei Schwaben verschwanden in der Mittsommernacht."

In seiner zweiten Stuttgarter Zeit gehörte er zum Stamm der Nationalmannschaft. Bei den Vorrundenspielen zur Europameisterschaft 1972 war er dabei, aber schon beim Viertelfinalspiel, als mit einer unvergessenen Glanzleistung England in Wembley mit 3:1 besiegt wurde, saß er auf der Bank. Auch bei der Endrunde zur EM in Belgien, die damals noch mit nur vier Mannschaften bestritten wurde, war er Mitglied im Kader der Nationalmannschaft, aber die Auftritte des Teams beim Gewinn des Titels durfte er wieder nur von der Bank aus ansehen.

„Ich habe viel mehr Länderspiele auf der Bank erlebt als auf dem Rasen", sagt er im Rückblick. Insgesamt elfmal hat er in der Nationalmannschaft gestanden und dabei zwei Tore geschossen.

1973 gab es den einzigen Mönchengladbacher Triumph, den er nicht miterlebt hat, den Pokalsieg gegen den 1. FC Köln nämlich, als Netzer mit einem Gewaltschuss in der Verlängerung das Spiel entschied.

Mit Netzer hing auch Köppels weitere Fußballkarriere zusammen, denn der Mittelfeldregisseur hatte für die darauffolgende Saison einen Vertrag bei Real Madrid unterschrieben. Köppel wiederum hatte in Stuttgart gezeigt, dass er auch als Mittelfeldspieler einsetzbar war, und so erinnerte sich Weisweiler bei seiner Suche nach einem Nachfolger für Netzer an jenen Spieler, den er schon aus früheren Zeiten kannte.

Köppel kam gern zurück und ist danach in Mönchengladbach geblieben. Dort sind sind seine drei Kinder geboren worden, dort fühlt er sich bis heute wohl.

Es folgten die großen Triumphe in seiner Karriere. Dreimal wurde er noch Deutscher Meister, so dass er an allen fünf Titeln des Vereins beteiligt war, einmal gewann er den UEFA-Cup.

Bei einem berühmten Gladbacher Spiel, als der Borussia im Europapokal der Landesmeister beim Spiel in Madrid zwei reguläre Tore von Schiedsrichter van der Kroft nicht anerkannt wurden und die Mannschaft um die Endspielteilnahme betrogen wurde, saß Köppel ebenfalls nur auf der Bank.

In Gladbach hat Köppel seine Titel gewonnen, seine beste Zeit als Nationalspieler hatte er allerdings in Stuttgart. Sieben seiner Länderspiele bestritt er als Spieler des VFB, nur vier als Gladbacher.

1974, bei der WM in Deutschland, hatte Köppel Pech. Im letzten, bedeutungslosen Bundesligaspiel gegen den neuen Meister Bayern München, das die Gladbacher mit 5:0 gewannen, verletzte sich Köppel kurz vor Spielende am Knöchelgelenk. Das Aus für ihn, der so gerne zum Kader gehört hätte, denn schon 1970, bei der WM in Mexiko, war er in letzter Minute ausgebootet worden. Bei der Meisterfeier in Mönchengladbach hatte Bundestrainer Schön ihm noch versprochen, dass er dabei sein würde, aber dann forderten Deutschlands Fußballexperten die Rückkehr des lange Zeit verletzten Helmut Haller ins Team. Schön rief Köppel zwei Tage vor der Nominierung an und teilte ihm mit, dass er seinen Mittelfeldstar von der WM 1966 mitnehmen werde, nicht ihn. Als Trost fügte er hinzu, dass Köppel ja noch jung sei und noch mehrere Chancen hätte. Woraus sich schließen lässt, dass es für ein Turnier, an dem man nicht teilnimmt, keinen Ersatz gibt. Was vier Jahre später ist, kann niemand wissen, nicht einmal ein Bundestrainer.

Helmut Haller kam übrigens völlig übergewichtig zur WM, durfte im ersten Vorrundenspiel gegen den krassen Außenseiter Marokko auflaufen, doch als die deutsche Mannschaft mit dem schwerfälligen Helmut Haller zur Halbzeit sensationell mit 0:1 zurücklag, wurde er ausgewechselt. Mit 2:1 wurde das Spiel noch umgebogen und die deutsche Elf entging denkbar knapp einer Blamage. Danach tauchte Haller nicht mehr auf.

Köppel dagegen wäre fit gewesen, aber es hat ihm nichts geholfen. Der erinnert sich aber gerne an seine Zeit im Team. 1971, bei einer Skandinavienreise, unter anderem mit einem Spiel gegen Norwegen, das haushoch mit 7:1 gewonnen wurde, feierten die Nationalspieler das Mittsommernachtsfest mit. Es war für den folgenden Morgen ein fester Treffpunkt verabredet worden, aber den verpassten Köppel und sein Stuttgarter Freund Klaus-Dieter Sieloff und standen im frischen Morgenwind einsam an einem Fjord. „Zwei Schwaben verschwanden in der Mittsommernacht mit zwei Jungfrauen auf einer Insel", schrieb die „Bild"-Zeitung, wobei das mit den Jungfrauen, sagt Köppel, natürlich falsch war. Es war nur eine feucht-fröhliche Nacht gewesen. Trotzdem mussten sich beide nach der Reise bohrende Fragen ihrer Ehefrauen gefallen lassen.

1973, beim 1:0-Sieg in Moskau gegen die UdSSR, bestritt Köppel sein letztes Länderspiel.

Der Kontakt zur Nationalmannschaft ist trotzdem nicht abgrissen. Von 1983 bis 1987, zuerst unter Bundestrainer Jupp Derwall, dann unter Teamchef Franz Beckenbauer, war er Assistenztrainer und hatte Einfluss auf die Aufstellung, bei der er selbst so oft vom Pech verfolgt war.

1984 musste er bei der Europameisterschaft das frühe Ausscheiden mitansehen, 1986 erlebte er dann seine erste WM. In Mexiko erreichte die deutsche Mannschaft überraschend das Finale und unterlag knapp mit 2:3 gegen Argentinien. Bei dem Triumph vier Jahre später, als die Beckenbauer-Mannschaft die Argentinier besiegen konnte, war nicht mehr Köppel der Assistenztrainer, sondern sein Freund Berti Vogts.

Köppel hatte Trainerjobs zuerst in Uerdingen und danach in Dortmund angenommen. Mit Borussia wurde er 1989 Pokalsieger, als Werder Bremen mit 4:1 besiegt wurde. Der am Knie schwer verletzte Norbert Dickel lief noch einmal für die Borussia auf und

Trainer Horst Köppel mit den Talenten Mario Jurkschat (rechts) und Salvatore Gambino (links)

schoss zwei Tore. „Norbert Dickel – Held von Berlin, schön dich zu sehn", rufen die Fans, wenn er heute als Stadionsprecher die Mannschaftsaufstellungen bekannt gibt. Fast 15 Jahre sind inzwischen vergangen, aber diese Leistung haben die Fans nicht vergessen.

Trainerjobs in Düsseldorf, in Japan bei den „Urawa Red Diamonds" folgten, dazu die Arbeit als Trainerassistent von Eintracht Frankfurt. Cheftrainer war sein Freund als Gladbacher Zeiten, Jupp Heynckes, und als es mit den Frankfurter Stars Gaudino, Okocha und Yeboah Disziplinschwierigkeiten gab, griffen die beiden Trainer rigoros durch und setzten die drei auf die Tribüne. Trainer zu sein, davon ist Köppel überzeugt, ist auch eine erzieherische Aufgabe. „Ich habe doch in der Regel Spieler, die zwischen 18 und 35 Jahre alt sind, das sind fast zwei Generationen. Außerdem haben sie eine völlig unterschiedliche Herkunft, so dass ich alle ganz individuell ansprechen muss."

In Frankfurt ist diese Ansprache allerdings nicht auf fruchtbaren Boden gefallen. Die Fans, später auch der Vorstand, forderten ihre Lieblinge zurück, Erfolgstrainer Heynckes ließ sich das nicht gefallen, warf das Handtuch, und auch Köppel, der an seiner Stelle das Team hätte übernehmen sollen, ging konsequenterweise zusammen mit Heynckes.

Man kann nicht unbedingt sagen, dass die Frankfurter mit ihrem späteren Weg besonders erfolgreich gewesen wären. Der Wiederaufstieg in die Bundesliga wäre heute schon ein großer Erfolg.

Köppel trainiert heute wieder bei Borussia Dortmund, jetzt allerdings die jungen Amateure, die unter seiner Regie in die Regionalliga aufgestiegen sind. Zwischendurch hatte er das tolle Angebot, das Team von Kamerun bei der Weltmeisterschaft zu führen, aber Köppel meint, er wäre lange genug in der Welt unterwegs gewesen. Er wollte wieder einen Ort haben, wo er heimisch ist. Also lehnte er ab und Winni Schäfer trainierte die „Löwen von Kamerun" mit großem Erfolg, schaffte es aber dank der großartigen Leistung von Olli Kahn nicht, die deutsche Mannschaft auszuschalten.

Köppel steht auch im Rückblick zu dieser Entscheidung. Er fährt gern mit dem Zug von Mönchengladbach zum Training nach Dortmund, weil er da sicher ist, nicht in einen Stau zu geraten und sich zu verspäten. Was bei Verspätungen herauskommen kann, hat er ja schon leidvoll erfahren müssen.

Mit seinen jungen Spielern stürmte er gleich an die Tabellenspitze. Dass er darin große Talente habe, bestätigt Köppel, aber Namen will er nicht nennen. Sie haben alle ihre Chance, das sagt er seinen Spielern, und wenn er jetzt Namen nennen würde, dann würde er selbst unglaubwürdig. Eine gute Antwort, er ist eben wirklich ein Erzieher, dem die Arbeit mit den jungen Leuten auf dem schönen Sportgelände am Fredenbaum Freude macht.

Sechster Einwurf
Fußballfan Bernhard Minetti

Bernhard Minetti, der große Schauspieler, liegt in Berlin auf dem Dorotheenstädtischen Friedhof begraben. In den achtziger und neunziger Jahren war er der ungekrönte König unter den deutschen Schauspielern. Thomas Bernhard, der österreichische Dramatiker, hat ein Stück für ihn verfasst, das den Titel „Minetti" trägt, und in anderen Stücken hat er ihm Paraderollen auf den Leib geschrieben.

Auf dem kleinen Friedhof in der Nähe der Spree liegt er Seite an Seite mit den Größen des deutschen Geisteslebens, mit den Schriftstellern Bertolt Brecht und Heinrich Mann, den Philosophen Hegel und Fichte und mit dem Berliner Baumeister Schinkel, dem die Stadt so manches seiner großartigen Gebäude zu verdanken hat.

Was wenige wissen, auch nicht die Bewunderer, die bis heute Blumen an seinem Grab niederlegen, ist die Tatsache, dass Bernhard Minetti Fußballfan war. In den fünfziger Jahren hat ihn sogar eine Freundschaft mit Bundestrainer Sepp Herberger verbunden. Mit dem Mannschaftsbus soll Minetti zu den Länderspielen ins Stadion gefahren sein, manchmal, so wird berichtet, hätte er den Nationalspielern Texte aus der deutschen Literaturgeschichte vorgetragen. Man stelle sich das vor: Minetti im Bus, wie er Goethes „Erlkönig" vortrug und die Nationalspieler, wie sie aufmerksam zuhörten. Bei manchen kann man es sich gut vorstellen, bei Fritz Walter zum Beispiel, der ohnehin alles tat, was Herberger, also der „Chef", von ihm verlangte. Auch bei Berni Klodt und Hansi Schäfer. Aber die anderen? Helmut Rahn oder Erich, genannt „Hammer" Juskowiak? Schade, dass es keine Filmaufnahmen davon gibt. Das Fernsehen hat ja damals kaum mehr als Ausschnitte von den Länderspielen gebracht. Wie sollte es da über die Busfahrt der Spieler ins Stadion berichtet haben?

Jahre später, während gerade eine Weltmeisterschaft lief, hätte Minettis Fußballleidenschaft während der Ruhrfestspiele in Recklinghausen beinahe zu Turbulenzen geführt. Die deutsche Mannschaft hatte die Vorrunde überstanden, die Zwischenrunde begann, als Minetti plötzlich im Büro des Geschäftsführers der Ruhrfestspiele, bei meinem Freund Gerd Holtmann, auftauchte. „Herr Holtmann", rief er aufgeregt, „die Premiere des Stückes muss verschoben werden!"

Holtmann war erstaunt. Die Proben liefen gut, alles war im Zeitplan, der Vorverkauf war ausgezeichnet, wieso sollte die Premiere verschoben werden?

Minetti rückte schließlich mit der Begründung raus. Also, das Zwischenrundenspiel gegen Spanien (oder war es Jugoslawien?) lief gleichzeitig mit der Premiere, und dieses Spiel, erklärte Minetti dem verblüfften Holtmann, müsse er unbedingt sehen. Bei allem Verständnis, diesem Vorschlag konnte Holtmann nun wirklich nicht folgen, zumal, wie er Minetti erklärte, der Bundespräsident sein Kommen angekündigt hatte. Und dem, so legte Holtmann seinem Starschauspieler auseinander, konnte er doch wenige Tage vor der Aufführung keinen neuen Termin geben. Das müsse auch Minetti verstehen. Niedergeschlagen verließ er Holtmanns Büro.

Nun kam erschwerend hinzu, dass Minetti in dem Shakespeare-Stück einen Bösewicht zu spielen hatte und damit das Böse, so der Regieeinfall, stets als Bedrohung für die Zuschauer sichtbar war, musste Minetti dauernd auf der Bühne bleiben. Wenn er zu agieren hatte, sollte er nach vorn kommen, sonst hatte er sich im hinteren Teil der Bühne aufzuhalten.

Minetti ging in ein Fernsehgeschäft und kaufte sich ein tragbares Gerät, das er am Premierentag auf ein Tischchen am Bühnenaufgang aufstellte. Und irgendwann, während Premiere und Fußballspiel liefen, schlich er sich unbemerkt und gegen die Regieanweisung doch von der Bühne. Für einen Moment war also das Böse, das alles dominieren sollte, aus dem Stück verschwunden, dann tauchte es aber mit strahlendem Gesicht und einem Text auf, der in keinem Shakespeare-Stück steht. „2:1!", rief Minetti den Zuschauern zu, bevor er seinen Text vortrug. Die Zuschauer lachten und applaudierten, denn natürlich, wie sollte es auch anders sein, gab es unter ihnen Fußballfans. Vielleicht gehörte ja sogar der Bundespräsident dazu.

Den Rest des Stückes spielte Minetti mit großer Ruhe und bekanntem Können zu Ende. Er hatte seine innere Ausgeglichenheit wiedergefunden, denn den Vorsprung, da war er sicher, würden sich die Deutschen nicht mehr nehmen lassen. Was denn auch zutraf. Minetti war eben auch ein Fußballkenner.

Dieter Herzog – der Flügelflitzer bei Fortuna Düsseldorf

Als Dieter Herzog in den großen Fußball einstieg, war er schon ziemlich alt. Erst mit 24 Jahren hat er 1971 mit Fortuna Düsseldorf den Sieg in der Aufstiegsrunde geschafft und damit den Sprung in die Bundesliga. Vorher war er in der 2. Liga aktiv, zuerst beim VFB Bottrop und dann drei Jahre lang bei Hamborn 07, die damals gut waren und stets einen Platz im Mittelfeld belegten.

Herzog hat dort schon die Rolle gespielt, mit der er sich später einen Namen machen sollte. Er war ein Flügelflitzer, der mit seinen Dribblings und Flanken von links außen viele Tore vorbereitete. Schon damals gab es Angebote aus der ersten Bundesliga, aber Herzog brauchte einige Zeit, bis er sich den Sprung zutraute.

Angefangen hat er im Oberhausener Vorort Sterkrade, wo er noch heute wohnt. Sterkrade 07/08 war sein erster Verein, nicht der viel höher spielende Verein Rot-Weiß

Siegtor gegen Bayern München – der jubelnde Dieter Herzog

Oberhausen, der bis heute eine Größe im deutschen Fußball ist. Herzog hat dafür eine einfache Erklärung. Sterkrade hätte die bessere Jugendarbeit gehabt, sagt er, die Sterkrader errangen die Niederrheinmeisterschaft und stießen bis zur Westdeutschen Meisterschaft vor, nicht der Großverein aus der Nachbarschaft. Trotzdem wäre es folgerichtig gewesen, wenn Herzog irgendwann zu Rot-Weiß gewechselt wäre, die damals gerade den Sprung in die Bundesliga geschafft hatten. Aber dort hatte der autoritäre

Peter Maaßen die Macht, herrschte uneingeschränkt und Maaßen war der Meinung, dass man Herzog kein Angebot unterbreiten müsste. Der Junge aus dem Vorort sollte von sich aus kommen, dann müsste man ihm, so der Hintergedanke, auch nicht viel Gehalt zahlen. Erst als Herzog 1970 bei Fortuna Düsseldorf unterschrieb, hat man es bei RWO bereut, aber da war es zu spät. Ein weiteres Kapitel der uralten Geschichte, dass das, was man in der eigenen Stadt hat, solange nichts zählt, bis es die Anerkennung von außen bekommt.

In der Aufstiegsrunde 1971 zur Bundesliga hat Herzog zum ersten Mal richtig auf sich aufmerksam gemacht. Obwohl er kein Torjäger war, hat er die meisten Tore geschossen und so entscheidend mitgeholfen, den Erfolg für Fortuna zu erringen.

Die Umstellung von Hamborn auf Düsseldorf ist schwierig für ihn gewesen, sagt er. In Hamborn spielte er vor kleiner Kulisse, ins Düsseldorfer Rheinstadion aber kamen fünfzig-, sechzigtausend Zuschauer, wenn ein Schlagerspiel anstand.

Irgendwann, als es in einem Nachbarschaftsderby gegen den Wuppertaler SV ging, musste das Spiel sogar eine halbe Stunde später angepfiffen werden, weil der Wuppertaler Mannschaftsbus nicht durchkam. Autobahn und Straßen waren hoffnungslos verstopft, so viele wollten dieses Spiel sehen.

„Junge, du zitterst ja."

Schon in seiner zweiten Bundesligasaison kam er in der B-Nationalmannschaft zum Einsatz, für die er zweimal spielte. 1973, im Alter von 26 Jahren, kam ein Juniorenländerspiel hinzu. Bundestrainer Schön hatte also angefangen, ihn zu beobachten. Einsätze in Auswahlmannschaften, egal in welchen, waren für ihn ein Mittel, um zu testen, ob ein Spieler für sein A-Team in Frage kam.

Die Berücksichtigung in der A-Nationalmannschaft hat Herzog schließlich seinen starken Spielen gegen Bayern München zu verdanken, glaubt er. Gegen die Bayern hätten die Düsseldorfer damals nämlich immer gut ausgesehen. Einmal wurde mit 4:1 gewonnen, wobei Herzog zwei Tore schoss, dann folgte ein sagenhaftes Spiel, das Düsseldorfer Fans, soweit es sie heute noch geben sollte, nicht vergessen haben. Mit 6:5 wurde der hohe Favorit aus München geschlagen, wobei Herzog das Siegtor gelang. Beckenbauer hatte damals großen Einfluss auf die Aufstellung und er wird Bundestrainer Schön sicher berichtet haben, wie gut Herzog gegen ihn gespielt hat.

Im November 1973, beim 2:1-Sieg gegen Spanien, hat er sein erstes Länderspiel bestritten und Schön überzeugt. „Junge, du darfst wiederkommen", hat er ihm nach dem Spiel gesagt, ein Satz, den Schön von Herberger übernommen hat. Der hatte Debütanten, die ihn überzeugt hatten, ebenfalls mit diesem Satz verabschiedet.

Herzog ist tatsächlich wiedergekommen, machte 1974 sein zweites Länderspiel und wurde anschließend für die WM im eigenen Lande nominiert. Dort war er für die Rolle des Ersatzspielers vorgesehen, Helmut Schön ließ es ihn dadurch wissen, dass er mit seinen Stammspielern intensiv trainierte, während er die übrigen mit Ballspielchen 5 gegen 3 beschäftigte. Herzog gehörte zu denen, die die Spielchen machen mussten.

Dann aber kam das unvergessliche Spiel gegen die DDR und die blamable 0:1-Niederlage.

Am Abend danach haben die Spieler lange zusammengesessen, haben getrunken, Zigarren geraucht und sich auch von Helmut Schöns mehrfach wiederholter Ermahnung, nun endlich ins Bett zu gehen, nicht beeindrucken lassen. Sie haben sich die Köpfe heiß geredet, was nun passieren müsste, aber richtig auf den Tisch gehauen hat dann Franz Beckenbauer. Ob das noch in der Sportschule Barsinghausen war oder in der Kamener Sportschule Kaiserau, weiß Herzog nicht, jedenfalls kam Assistenztrainer Jupp Derwall kurz darauf zu Herzog und teilte ihm mit, dass er beim Achtelfinalspiel gegen Jugoslawien dabei sein würde. Wirklich geglaubt hat Herzog es aber nicht, denn Derwall hatte ihm schon vor dem DDR-Spiel seinen Einsatz angekündigt, aber daraus war dann nichts geworden. Aber diesmal stimmte es. Cullmann, Flohe und Grabowski wurden rausgenommen, Bonhof, Hölzenbein und Herzog kamen ins Team. Mit 2:0 wurde Jugoslawien besiegt, die Mannschaft zeigte ihre bisher beste Turnierleistung, und so kam Herzog auch im Viertelfinalspiel gegen Schweden zum Einsatz. Diesmal, meint Herzog, habe er sogar noch besser gespielt als beim Spiel gegen Jugoslawien, aber bis weit in die zweite Halbzeit hinein stand es 2:2 unentschieden, Schön musste nach vorne hin dringend etwas unternehmen, und deshalb holte er Herzog raus und wechselte wieder des-

sen Zimmerkollegen Grabowski ein. 4:2 wurden die Schweden schließlich besiegt, der Einzug ins Halbfinale war geschafft, und Schön änderte sein erfolgreiches Team nicht mehr. Bemerkenswert war, dass sich Herzog beim Halbfinale nicht einmal mehr auf der Bank wiederfand, sondern gleich auf die Tribüne verbannt wurde. Für ihn rückte Jupp Heynckes wieder in den engeren Kreis der Mannschaft vor, aber auch er kam nicht zum Einsatz. Mit den Frankfurter Flügelstürmern Grabowski und Hölzenbein wurden die Deutschen in München gegen Holland zum zweiten Mal Weltmeister.

Auf die Frage, ob Herzog sich als Weltmeister fühle, überlegt er einen Moment lang. „Eigentlich schon", sagt er dann, „ich habe ja schließlich während des Turniers gespielt und mitgeholfen, den Einzug ins Halbfinale zu schaffen. Aber so richtig", meint er dann, „dürfen sich wohl nur die als Weltmeister fühlen, die im Endspiel standen."

Seinem Zimmerkollegen Grabowski gönnt er den Erfolg, mit ihm hätte er herrlich fröhliche Wochen während der WM erlebt. Noch heute, wenn sie sich bei Prominentenspielen träfen, erzählten sie gerne davon. Eine der Geschichten, an die sich beide gerne erinnern, hatte mit einer Erklärung von Beckenbauer bei einer Mannschaftsbesprechung zu tun. Der hätte irgendwann mitgeteilt, dass ein Sponsor über tausend Bälle von der Mannschaft signieren lassen wolle, jeder Spieler würde dafür 20.000 DM bekommen. Ob das in Ordnung sei?, fragte er in die Runde. Grabowski hätte sich über Herzogs Gesicht köstlich amüsiert. „Junge, du zitterst ja", hat er gegrinst. Klar, für die Bayern-Spieler, damals schon eine Sonderklasse für sich, waren 20.000 DM nicht besonders viel Geld, aber für Herzog war das eine tolle Summe. So viel hat er in Düsseldorf nämlich nicht verdient. Tagelang, sagt Herzog, sei unter einigen Spielern über die Unterschriftenaktion geredet worden, dann sei das unsägliche Spiel gegen die DDR gekommen und Schön hätte anschließlich verkündet, dass von nun an alles gestrichen sei, was die Spieler in ihrer Konzentration stören würde. Natürlich gehörte auch die Aktion mit den Unterschriften auf den Fußbällen dazu. Grabowski, der das Geld natürlich auch gern verdient hätte, hätte sich wieder köstlich amüsiert, diesmal über Herzogs blasses Gesicht.

Eine Prämie hat Herzog dann aber doch bekommen. Während des Endspiels, als die deutschen und die holländischen Ersatzspieler nebeneinander auf der Tribüne saßen, hätten die Holländer plötzlich erzählt, dass von den Siegern jeder einen VW-Käfer bekommen sollte. Und das sei dann auch wirklich eingetroffen, sagt Herzog.

Beim ersten Meisterschaftsspiel von Fortuna Düsseldorf nach der WM, als der VFB Stuttgart haushoch mit 6:1 besiegt wurde, fuhr Herzog mit seinem VW-Käfer eine Ehrenrunde durchs Düsseldorfer Stadion. Peinlich sei das gewesen, meint er, aber immerhin, es sei ein Ausgleich für die entgangene Prämie mit den Bällen gewesen. Weil er und seine Frau damals nämlich kein neues Auto brauchten, hätten sie es verkauft, dabei seien zwar keine 20.000 DM rausgekommen, aber immerhin einiges mehr als die Hälfte.

Die Zeitungen haben am Montag nach dem Spiel Herzogs Leistung natürlich mit der Automarke verglichen. So ausdauernd wie der Käfer sei er gegen Stuttgart gelaufen, kommentierten sie. Er hatte zwar keine Tore geschossen, aber einige vorbereitet.

Nach der Weltmeisterschaft hat Herzog noch ein Länderspiel bestritten, sein fünftes und letztes, als im September 1974 in Basel die Schweiz mit 2:1 besiegt wurde. Die Besonderheit dabei war, dass der gesamte Sturm von Fortuna Düsseldorf gestellt wurde. Rainer Geye stürmte über rechts, Wolfgang Seel in der Mitte und Linksaußen war er. Heute tut es Herzog etwas weh, wenn er den Namen Geye erwähnt, denn der, auch so ein Fußballheld aus dem Westen, ist vor einem Jahr, viel zu früh, gestorben.

Beim Revanchespiel gegen Holland 1975, als in Frankfurt 1:1 gespielt wurde, saß Herzog noch einmal auf der Bank, wurde aber nicht mehr eingewechselt. Danach war Schluss mit der Nationalmannschaft.

Über 25 Jahre bei Bayer Leverkusen: Dieter Herzog

An dieser Entwicklung war er insofern beteiligt, als er 1976 von Düsseldorf zu Bayer Leverkusen wechselte, das gerade erst in die zweite Liga aufgestiegen waren. Es hätte auch andere Angebote gegeben, sagt er, von Hertha BSC zum Beispiel, aber man sei sich finanziell nicht einig geworden. So hat er das sichere Angebot gewählt und ist kaufmännischer Angestellter beim Pharmakonzern Bayer geworden, eine Tätigkeit, die zu seiner Ausbildung passte. Dieter Herzog hat nämlich als Angestellter bei der Stadt Oberhausen gelernt und im Wohnungs- und Sportamt gearbeitet. Für Bayer Leverkusen hat er zuerst drei Jahre lang in der 2. Liga gespielt, und dann, von 1979 bis 83, noch 83 Spiele in der Bundesliga.

Das Ende seiner aktiven Laufbahn sei etwas kurios gewesen, meint er. Dettmar Cramer war Trainer bei Leverkusen geworden, Herzog hatte 1983 noch die Saisonvorbereitung mitgemacht, wurde auch im ersten Spiel gegen Bielefeld eingesetzt und hätte sogar gut gespielt, bis die Leverkusener einen Elfmeter zugesprochen bekamen. Den hat Herzog aber nicht verwandelt und gehörte fortan nicht mehr zur Stammelf. Elfmeter verschießen, meinte Cramer wohl, könnten die Jüngeren auch.

So kam es zu der Situation, dass die Zuschauer immer dann, wenn das Spiel schlecht lief, nach ihrem Nationalspieler riefen. „Dieter, Dieter" schallte es durchs Stadion. Im Anfang hat Cramer dem Wunsch noch nachgegeben und ihn eingewechselt, aber irgendwann, als wieder nach Herzog gerufen wurde, hätte Cramer plötzlich vor Herzogs Bank gestanden, die Stirn in Falten gezogen und hätte gesagt: „Dieter, das ist ein totaler Mist, wenn du hier auf der Bank sitzt. Als Spielebeobachter bist du mir viel wichtiger."

Da wusste Herzog, dass dies das Ende seiner Karriere war. Also hat er die nächsten Gegner für Cramer beobachtet, eine Tätigkeit, die er bei Bayer übrigens bis heute ausübt. Gespielt er aber trotzdem noch, in der Nachwuchsrunde der Bundesliga nämlich, wo nach Vereinbarung auch ein oder zwei ältere Spieler mitwirken durften. Die Jüngeren hätten ihn prima aufgenommen, sagt Herzog, sie hätten Spaß daran gehabt, mit dem ehemaligen Nationalspieler zusammen in einer Mannschaft zu stehen. Sie sind sogar Meister in jenem Jahr geworden, Nachwuchsmeister mit 36 Jahren, auch ein Rekord.

Herzog hat später auf der Geschäftsstelle von Bayer gearbeitet, heute hat er die Aufgabe, talentierte Spieler ausfindig zu machen.

Die Entscheidung, nach Leverkusen zu gehen, hätte sich im Nachhinein als richtig erwiesen, meint Herzog. Inzwischen kann er auf sein 25jähriges Dienstjubiläum bei Bayer zurückblicken. Noch ein Jahr, dann kann er auf Altersteilzeit gehen. Unglaublich findet er, der fit ist, das selbst.

In Oberhausen besitzt er noch ein Lotto-Toto-Geschäft, er hat also sein Auskommen und ist weiß Gott nicht mehr darauf angewiesen, Fußbälle zu signieren. Manchmal trifft er auch noch die alten Freunde aus dem WM-Team. Erst kürzlich ist er Bernd Cullmann bei einem Fototermin begegnet. Der DFB lässt nämlich von allen Spielern, die 1974 Weltmeister wurden, Fotos machen.

Wolfgang Overath – der Mittelfeldstar aus Köln

Wolfgang Overath gehört ohne Zweifel zu den Großen des deutschen Fußballs. Er hat viele Titel gewonnen, und hätte er nicht 1974, nach seinem größten Triumph, den Rücktritt aus der Nationalmannschaft erklärt, wäre er vielleicht der erste deutsche Fußballer geworden, der mehr als hundert Länderspiele bestritten hat. So brachte er es auf 81 Einsätze, womit er noch immer in der ewigen Rangliste an 12. Stelle liegt, und Beckenbauer wurde 1977 an seiner Stelle der Erste, der diese ominöse Grenze überschritt.

Overath ist es nicht schwer gefallen, sich als Fußballer durchzusetzen. Schon als Zwölfjähriger war er den Verantwortlichen des DFB aufgefallen und spielte mit der Schülernationalmannschaft im altehrwürdigen Wembley-Stadion gegen England. 80.000 Jugendliche und Kinder schauten bei diesem ersten internationalen Auftritt zu, das Fernsehen übertrug das Spiel, allerdings gab es für deutsche Mannschaften damals in England wenig zu holen. Das Schülerteam mit Wolfgang Overath unterlag mit 0:2. Beim Rückspiel in Essen wurden die Engländer allerdings mit 4:1 besiegt, ein Erfolg, der Beachtung fand. So häufig waren Siege deutscher Mannschaften gegen die englischen Konkurrenten damals nicht.

Zehn Jahre Regisseur im Kölner Mittelfeld: Wolfgang Overath

Mit 15 Jahren, ein Jahr vorfristig, spielte Overath anschließend in der Jugendnationalmannschft und kam bei zwei Turnieren in Portugal und England zum Einsatz. Deshalb war es kein Wunder, dass er, der beim SV Siegburg 04 das Fußballspielen erlernte, dem großen Nachbarverein, dem 1. FC Köln, auffallen musste. Franz Kremer, der unvergessene Vereinsboss, holte ihn 1962, dem Jahr, als der FC zum ersten Mal Deutscher Meister wurde, nach Köln.

An diesem Titel hatte Overath jedoch noch keinen Anteil, talentierte Jugendliche wurden, wenn sie den Verein wechselten, für ein Jahr gesperrt. Ein Schicksal, das auch Wolfgang Overath teilen musste. Allerdings durfte er schon mit den Spielern der Meistermannschaft, unter denen unumstritten Weltmeister Hansi Schäfer das Sagen hatte, trainieren. Um Spielpraxis zu sammeln, wurden Freundschaftsspiele ausgetragen, in denen sich Overath bewähren konnte.

Seine Position war immer im Mittelfeld, auf halblinks spielte er am liebsten und leitete mit kurzen oder langen Pässen, die er über dreißig, vierzig Metern zentimetergenau schlagen konnte, die Angriffe seiner Mannschaft ein. Später sollte er die berühmte Nummer „10" tragen, traditionell das Trikot des Regisseurs.

„Heute kriegst du was auf die Socken."

1963, als die neugegründete Bundesliga startete, war Overath von Anfang an dabei, machte alle Meisterschaftsspiele mit und gewann mit seinem Club auf Anhieb die Deutsche Meisterschaft, sein erster großer Titel. Im selben Jahr, nach nicht einmal zehn Bundesligaspielen, bestritt er sein erstes Länderspiel. Beim 3:0-Sieg gegen die Türkei wurde er für Timo Konietzka eingewechselt. Ein Tor schoss er aber nicht, Uwe Seeler erzielte alle drei Treffer.

Von da an gehörte Overath elf Jahre lang zum Kader der Nationalmannschaft. Den ersten Höhepunkt erlebte er 1966 bei der WM in England. Nach guten Leistungen in der Vor- und Zwischenrunde drang die Mannschaft bis ins Endspiel gegen England vor. Overath hätte bei den WM-Spielen gern seinen Kölner Linksaußen Heinz Hornig neben sich spielen gesehen, mit dem er sich blind verstand. Aber Hornig war bei Großereignissen etwas nervös und so konnte sich „Emma" Emmerich vom BVB durchsetzen, mit dem Overath aber ebenfalls gut klar kam, wie er betont. Im Wembley-Stadion fand das denkwürdige Endspiel statt, in jenem Stadion also, in dem der zwölfjährige Overath seinen ersten großen Auftritt gefeiert hatte.

Durch den umstrittenen Treffer von Geoff Hurst ging das WM-Endspiel nach Verlängerung mit 2:4 verloren und das Mutterland des Fußballs, England, wurde zum ersten und bisher einzigen Mal Weltmeister. Overath trauert dieser Niederlage nicht unbedingt nach. „Das Leben gleicht alles aus", sagt er. Für ihn sollte das wirklich zutreffen, andere wie Uwe Seeler oder Hannes Tilkowski sollten keine zweite Chance auf einen WM-Titel bekommen.

Im Nachhinein findet Overath wichtig, wie die deutsche Mannschaft diese umstrittene Niederlage weggesteckt hat. Als faire Verlierer hätten sie sich gezeigt, die die Leistung der Engländer respektiert hätten. Unvergessen dabei das Bild, wie der traurige Uwe Seeler mit hängendem Kopf, flankiert von zwei Polizisten, den Platz verlassen hat. Das damalige Verhalten der Mannschaft, meint Overath, hätte dem deutschen Fußball viel Sympathie und Anerkennung eingebracht, besonders weil die Niederlage so umstritten war.

Vier Jahre später, in Mexiko, erlebte Overath seine zweite WM. Auch bei diesem Turnier hat er, wie bei dem folgenden in Deutschland, alle Spiele mitgemacht. Insgesamt hat er 19 Spiele bei drei Weltmeisterschaften bestritten, womit er in der ewigen Rangliste hinter Lothar Matthäus und Uwe Seeler auf dem dritten Platz liegt. In Mexiko reichte es bis zum Einzug ins Halbfinale, wo gegen Italien nach dramatischem Kampf 3:4 verloren wurde. Das Spiel um den dritten Platz gegen Uruguay wurde mit 1:0 gewonnen, Torschütze des Siegtreffers war Overath. Insgesamt hat er 17 Tore für die deutsche Mannschaft erzielt.

Von der Plazierung her war das seine schlechteste WM, von seiner eigenen Leistung her die beste, meint er. Overath organisierte das deutsche Spiel, mit Gerd Müller und Uwe Seeler waren zwei torgefährliche Stürmer im Team, die im Viertelfinale, wieder nach Verlängerung, Revanche an den Engländern nehmen konnten. Nach einem 0:2-Rückstand wurde der Titelverteidiger und WM-Favorit mit 3:2 besiegt und aus dem Turnier geworfen.

Zwei Jahre später, 1972, stand die Europameisterschaft in Belgien an und ein zweiter Mittelfeld-Regisseur drängte sich auf, Günter Netzer von Borussia Mönchengladbach. Für Bundestrainer Helmut Schön war klar, dass er es mit beiden Klassefußballern versuchen wollte, aber so richtig lief dieses Experiment nicht. Als Overath dann auch noch einen Leistenbruch erlitt, wurde Schön die Entscheidung abgenommen. Overath sagte die EM ab und mit Netzer als glänzendem Regisseur wurde der Titel gewonnen.

Netzer blieb der Spielmacher einer Europameisterschaft, Overath war der von drei Weltmeisterschaften.

So lief es dann auch 1974 bei der WM im eigenen Lande. Wieder sollte das Experiment mit zwei Regisseuren im Mittelfeld gewagt werden, aber diesmal gab es im Vorfeld mit beiden Spielern Probleme. Netzer spielte inzwischen bei Real Madrid und war konditionell nicht richtig fit, so dass die Entscheidung für Overath zwangsläufig erschien. Aber auch Overath machte gerade eine Krise durch, bestritt für seine Verhältnisse schlechte Länderspiele, kam in Selbstzweifel und war sich überhaupt nicht sicher, ob er noch einmal eine gute WM spielen könnte. Eine Zeitlang hat er sogar überlegt, ob er die WM nicht absagen sollte. „Aber dann", sagt er, „als das Trainingslager begann, und ich mich in Ruhe vorbereiten konnte, fiel die gesamte Belastung von mir ab." Schon als er die Tür zur Sportschule hinter sich zuzog, hätte er gespürt, dass plötzlich alles wieder wie von selbst lief. Fußball ist eben zum großen Teil eine Kopfsache.

Overath, dessen große Stärke neben aller fußballerischen Brillanz der Ehrgeiz war, kam rechtzeitig für die WM in Form. Einmal nur, bei der Niederlage gegen die DDR, kam sein Konkurrent Netzer zu einem Kurzeinsatz, während Overath bei allen Spielen durchspielte und seinen größten Triumph erleben durfte. In München wurde Holland im Endspiel mit 2:1 bezwungen. Weltmeister im dritten Anlauf, dazu einmal Zweiter und einmal Dritter. Wahrlich eine Bilanz, die sich sehen lassen kann.

Mit Netzer hätte er privat immer ein gutes Verhältnis gehabt, sagt er. Sie wären sehr offen miteinander umgegangen, hätten ihre Meinungen ausgetauscht und würden das bis heute tun. „Mit dem Günter verbindet mich eine Freundschaft", sagt Overath, was ja auch deshalb gut möglich ist, weil jeder auf seine Weise große Erfolge feiern konnte. Zu wechselseitigem Neid gibt es keinen Anlass.

1974 war dann Schluss mit der Nationalmannschaft, Overath steckten noch die Wochen und Monate vor der WM in den Knochen, als er heftig in der Kritik stand. Alles war gut ausgegangen, einen besseren Abschied als den WM-Titel konnte er sich nicht wünschen.

Unter zwei Bundestrainern hat er also Länderspiele bestritten, unter Sepp Herberger und Helmut Schön. Die beiden seien nicht miteinander zu vergleichen gewesen, meint er. Herberger sei absolute Autorität gewesen, der hätte nur um die Ecke gucken müssen, dann hätten die Spieler schon gemacht, was er von ihnen verlangte. Respekt schwingt mit, wenn er das erzählt.

Helmut Schön hätte dagegen einen anderen Führungsstil gehabt, der hätte das Gespräch gesucht und auf die Meinungen seiner Führungsspieler Wert gelegt. Als völligen Quatsch bezeichnet er das Gerede, dass Schön bei der WM 1974 Führungsschwäche gezeigt hätte, dass Beckenbauer nach der Niederlage gegen die DDR auf den Tisch hauen musste und die Mannschaft für das nächste Spiel aufgestellt hätte. Der Schön hätte sehr genau gewusst, was er wollte, meint Overath. Er hätte sich die Meinungen angehört und dann seine Entscheidung getroffen. Das sei nicht Schwäche, sondern Stärke gewesen. Natürlich gehörte auch Overath zu jenen Spielern, deren Meinung in Schöns Entscheidungen einfloss.

Auch mit dem 1. FC Köln hatte Overath weiter Erfolge. 1968 gewann er den deutschen Pokal, womit seine nationale Trophäensammlung vollständig war. Mit 4:1 wurde in Ludwigshafen der VfL Bochum besiegt.

Berühmt waren in dieser Zeit seine Bundesligaspiele gegen Borussia Dortmund, bei denen er stets gegen Hoppy Kurrat antreten musste. Immer wenn Köln gegen den BVB spielte, war der kleine, quirlige und verbissen kämpfende Hoppy sein Gegenspieler, den die Dortmunder Fans lautstark anfeuerten, weil sie nämlich wussten: Wenn Hoppy den

Overath ausschaltete, war das schon die halbe Miete für einen Sieg gegen Köln. Gegen Overath hat Hoppy denn auch seine besten Bundesligaspiele geliefert.

„Wenn ich in Form war", sagt Overath, „war mir mein Gegenspieler egal. Aber wenn ich mich nicht ganz fit fühlte, dann war es schon wichtig für mich, wer gegen mich antrat."

An Hoppy kann er sich genau erinnern. „Bei Spielen in Dortmund", sagt Overath, „hat der Hoppy auf dem Spielfeld kein Wort mit mir gewechselt. Der hat geackert, gekämpft und natürlich auch getreten." Nicht mal angeschaut hätte der Hoppy ihn. Hoppy wollte sich wohl sein „Feindbild" erhalten, freundschaftliche Gespräche hätten ihn in seinem Kampfwillen gehemmt.

Aber bei den Spielen in Köln, erzählt Overath, wenn die Mannschaften nebeneinander her auf den Rasen gingen, wäre Hoppy wie verwandelt gewesen. Dann wäre er lächelnd angekommen, hätte ihn freundlich begrüßt und gefragt, wie es ihm gehe. Aber in diesen Spielen kannte dann Overath kein Pardon. „Hau ab", hätte er Hoppys Einschmeichelversuche abgewiesen, „heute kriegst du was auf die Socken." Das will er nicht wörtlich verstanden wissen, so etwas gehöre eben zum Geschäft. Overath wollte sich seinen Kampfeswillen halt auch erhalten. Im übrigen wäre Hoppy ein netter Kerl gewesen, und als hätte es eines Beweises seiner Sympathie bedurft, erkundigt er sich genau, was Hoppy heute macht. Von dessen berühmter Kneipe in Holzwickede, die in der Gemeinde am Rande von Dortmund längst „Kult" ist, hat auch Overath schon gehört.

Das Ende von Overaths Karriere verlief aber nicht harmonisch. 1976 war ausgerechnet er es, der sich bei Vereinspräsident Peter Weiand, mit dem ihn ein Vertrauensverhältnis verband, für die Verpflichtung von Trainer Hennes Weisweiler stark gemacht hat. Weisweiler hatte seine großen Erfolge in Mönchengladbach hinter sich, war aber bei seinem Abstecher nach Spanien, wo er den FC Barcelona trainierte, nicht besonders erfolgreich gewesen. Er wollte also zurück und am liebsten ins Rheinland, wo er schon immer gelebt und gearbeitet hatte.

In Köln konnte Weisweiler noch einmal große Erfolge feiern, und am Anfang ging auch alles gut zwischen ihm und Overath. 1977 wurde der FC nach drei verlorenen Endspielen in den Jahren von 1970 bis 73 wieder Pokalsieger. Gegen Hertha BSC wurde in Hannover im ersten Spiel trotz Verlängerung nur 1:1 gespielt, das Wiederholungsspiel, so etwas gab es damals noch, gewannen die Kölner mit 1:0.

Aber nach und nach fing Weisweiler an, an seinem Mittelfeldregisseur herumzumäkeln. Overath war ihm nicht mehr schnell genug. Plötzlich fand er sich nach mehr als 700 Spielen für seinen FC, in denen seine Nominierung eine Selbstverständlichkeit war, nicht mehr in der Stammformation wieder. Überraschung allerseits und die Zeitungen hatten ihre

Wolfgang Overath mit Familie

Topstory: das Zerwürfnis zwischen Meistertrainer und Meisterspieler.

„Später", sagt Overath, „haben wir uns wieder vertragen, was mir selbst auch wichtig war." Und dass Weisweiler ein großartiger Trainer war, betont er mit besonderem Nachdruck. Aber er hätte eben mit Führungsspielern immer Probleme gehabt, bestes Beispiel sei der Abgang von Netzer in Mönchengladbach. In Köln jedenfalls wurde Overath Opfer dieser Eigenschaft.

Als Ersatzspieler war sich Overath zu schade, 1977, nach 409 Bundesligaspielen und 71 Europacupeinsätzen, bei denen der FC große Spiele im Halb- oder Viertelfinale lieferte, aber niemals ein Endspiel erreichte, beendete er seine aktive Karriere, kurz bevor der FC sein erfolgreichstes Jahr in der Vereinsgeschichte feiern konnte. 1978 wurde das Double geschafft, Meisterschaft und Pokalsieg. Bedauert es Overath, dass er nicht mehr dabei war? Overath verneint. „Ich habe so viele Titel gewonnen, dass es darauf nicht mehr ankommt", sagt er.

Trainer oder Manager wollte er danach nicht werden, Overath wollte mehr Zeit für seine Familie haben und nicht mehr dauernd auf Reisen sein. Zwei Söhne hat er, von denen der eine, Marko, talentiert gewesen sei, was auch die Trainer bestätigt hätten, sagt Overath. Aber es hat ihm ausgerechnet an dem gefehlt, was seinen Vater all die Jahre ausgezeichnet hat: der Biss nämlich, der unbedingte Wille, gewinnen zu wollen.

Die alten Kölner Meisterspieler können davon ein Lied singen. Noch heute, wenn sie zu kleinen Fitnessspielen in der Halle oder auf dem Feld zusammenkommen und Overath erscheint, wissen sie, jetzt geht es wieder um Sieg oder Niederlage. „Klar", sagt Overath, „Fußball ist meine Leidenschaft. Ohne Fußball kann ich mir mein Leben nicht vorstellen. Wenn dann einer in meiner Mannschaft glaubt, er kann das Hännesche raushängen lassen, zweimal am Ball sein und dann rumstehen, kann ich schon mal meckern."

Seine Kölner Freunde wissen es, sie schmunzeln dazu und haben gleichzeitig größten Respekt vor ihm. Overath ist nämlich immer noch fit, er hat dasselbe „Kampfgewicht" wie 1974 bei der Weltmeisterschaft. Wer ihn so sieht, könnte für einen Moment auf den Gedanken kommen, dass Overath auch heute noch zumindest eingewechselt werden könnte.

Overath ist heute Geschäftsmann, ist an mehreren Firmen beteiligt, andere gehören ihm ganz. Was in diesen Firmen alles verkauft und produziert wird, würde Seiten füllen. Auch darin ist er ehrgeizig und erfolgreich, er sorgt vor für seinen inzwischen gut 30jährigen Jungen und seit 10 Jahren haben die Overaths auch ein kleines Mädchen. Da haben seine Frau und er überlegt, dass sie doch immer auf der Sonnenseite des Lebens gestanden hätten und dass es an der Zeit wäre, ein bisschen von ihrem Glück zurückzugeben, an „den da oben", wie Overath es formuliert. Ein vierzehn Tage altes brasilianisches Mädchen haben sie adoptiert, Silvana, und das sei nun der Sonnenschein der gesamten Familie, auch der seiner beiden Söhne.

Aus dem Gedanken, helfen zu wollen, sei ihm neues Glück erwachsen. So, wie Overath es formuliert, gönnt man es ihm von Herzen.

Wolfgang Kleff –
der „Otto" im Fußballtor

„Ich bin", sagt Wolfgang Kleff, „Deutschlands Rekordnationalspieler. Sechsmal stand ich im Tor der Nationalmannschaft und vierunddreißig Mal saß ich draußen auf der Bank."
„Macht aber erst vierzig Spiele, Herr Kleff."
„Und hundertsechzig Mal saß ich vor dem Fernseher", lacht Kleff.
Macht also 200 Spiele und das wäre, würde man so rechnen, selbst Lothar Matthäus' Fabelrekord in den Schatten stellen. Aber ganz so erfolgreich ist er nicht gewesen, der Wolfgang Kleff, obwohl er viele Triumphe feiern konnte. Kleff stammt aus Schwerte, wo er beim heimischen VfL bis 1968 in der Verbandsliga, damals der höchsten Amateurklasse, gespielt hat. Dass ausgerechnet der Schwerter Junge von Borussia Mönchengladbach entdeckt wurde, sei mehreren Gründen zu verdanken gewesen, meint er. Einmal war

„Otto, du bist nervös!"
Wolfgang Kleff

er eben gut als Torwart und hatte stets eine hervorragende Presse, die seine ausgezeichneten Leistungen in Fußballerkreisen bekannt gemacht hat. Außerdem spielte er in der Junioren-Westfalenauswahl unter Walter Ochs, und der hatte beste Kontakte zu den Bundesligatrainern. Als Gladbachs verdienstvoller Torwart Manfred Orzessek, der 1958 mit Schalke Deutscher Meister geworden war, seine Karriere beendete, suchte Trainer Weisweiler nach einem guten Nachwuchsmann. Ochs empfahl ihm Wolfgang Kleff und der missverstand die Einladung zum Probetraining gründlich.
„Ich war noch völlig naiv damals", sagte er. Also ist er nach Erhalt der Einladung erst mal zu einem Dortmunder Autohändler gefahren, von dem er wusste, dass der beim Kauf von Autos Prozente für Fußballprofis gab, hat sich als der neue, fest engagierte Torwart von Borussia Mönchengladbach vorgestellt und tatsächlich bei guten Prozenten einen schnellen Schlitten erstanden. Wie sollte er auch sonst nach Mönchengladbach fahren?

Was er nicht wusste war, dass Weisweiler natürlich mehreren Torwarttalenten eine Einladung geschickt hatte, unter denen er sich den Besten aussuchen wollte. Ob darunter noch andere waren, die sich vorsorglich schon mal ein Auto gekauft haben, weiß Kleff nicht. Jedenfalls hätten sie, falls sie es getan haben, Pech gehabt. Kleff überzeugte nämlich Trainer Weisweiler beim Probetraining, bekam einen Vertrag und konnte so sein Auto behalten.

„Da habe ich noch mal Glück gehabt", sagt Kleff. „Schwerte ist eine Kleinstadt, und ich bin behütet erzogen worden. Woher sollte ich die Hintergründe kennen?"

Sein Glück war ganz sicher Weisweilers Einstellung zu Talenten. Ihnen gab er gerne eine Chance, und mit einer ganz jungen Mannschaft, die nicht zu unrecht Fohlenelf hieß, machte er sich daran, in der Bundesliga für Furore zu sorgen. Einer wie Kleff passte gut in seine Überlegungen.

> „Mein Anteil am Erfolg bestand darin, dass ich nicht gespielt habe."

Mit Wolfgang Kleff im Tor hat Mönchengladbach seine unvergessenen Glanzjahre in der Bundesliga erlebt. Insgesamt fünfmal sind die Gladbacher in jenen Jahren Deutscher Meister geworden, mehr Meistertitel als Wolfgang Kleff hat auch der große Franz Beckenbauer nicht errungen. Er war die Zuverlässigkeit in Person, sieben Jahre lang hat er mal, ohne ein einziges Bundesligaspiel auszulassen, das Gladbacher Tor gehütet. Ein einmaliger Rekord.

Zweimal ist er Europapokalsieger geworden, allerdings nicht bei den Landesmeistern, der heutigen Champions-League, sondern im UEFA-Pokal, dessen Endspiele damals noch in Hin- und Rückspiel ausgetragen wurden. 1975 wurde der FC Twente Enschede mit 0:0 und 5:1 besiegt, 1979 gegen Roter Stern Belgrad war es mit 1:1 und 1:0 deutlich knapper.

1973 wurde das UEFA-Cupfinale gegen Liverpool mit 0:3 und 2:0 verloren. So haben die Gladbacher immer den kleinen Europapokal gewonnen, während ihr Dauerkonkurrent aus München den großen Pokal der Landesmeister gleich dreimal hintereinander gewann.

In einem Europapokalspiel der Landesmeister, beim FC Everton, das Mönchengladbach nach Elfmeterschießen verlor, hat Kleff das Spiel seines Lebens geliefert. Alles hat er gehalten, was auf den Kasten kam, die härtesten Fernschüsse und die Kopfbälle aus nächster Nähe. Irgendwann, nach seiner zigsten Parade, hat selbst der Schiedrichter die Pfeife in den Mund gesteckt, um die Hände zum Applaus frei zu haben.

„In solchen Momenten wird man zum Bär", sagt Kleff. „Man wird immer größer und das Tor wird immer kleiner. Dann hält man einfach alles."

Auch beim Elfmeterschießen hat er einen gehalten, allerdings haben seine Mitspieler zwei verschossen, so dass es doch kein Happyend gab.

Für Wolfgang Kleff brachte das Spiel trotzdem eine glückliche Wendung, denn wer die Anerkennung eines neutralen Schiedrichters gewinnen kann, der muss auch Bundestrainer Schön auffallen. 1971 machte der Europacupheld in Oslo beim 7:1-Sieg gegen Norwegen sein erstes von sechs Länderspielen.

„Die waren damals nicht so gut", grinst Kleff, „da konnte Schön mich ohne Risiko einsetzen."

Sein Problem war, dass er in Sepp Maier einen übermächtigen Konkurrenten hatte, sonst hätte er sicher öfter gespielt. Trotzdem war er 1973 für kurze Zeit so etwas wie der Stammtorwart der Nationalmannschaft. Es war das Jahr, in dem Sepp Maier in einer tiefen Krise steckte, aber Kleff war klar, dass sich der ehrgeizige Maier da wieder rausarbeiten würde und sein Erfolg nur von kurzer Dauer sein würde.

1973, beim 1:1 in Glasgow gegen Schottland, hat er denn auch sein letztes Länderspiel bestritten, dann war Maier

Wurde an manchen Tagen zum Bär im Tor: Wolfgang Kleff

wieder der Alte und Kleff bestritt seine „Länderspiele auf der Bank". Bei den großen Erfolgen der Nationalmannschaft in diesen Jahren war er stets dabei, ohne jedoch eingesetzt zu werden: 1972, als mit einem Klasseteam die Europameisterschaft gewonnen wurde, und auch 1974, als im eigenen Land die Weltmeisterschaft errungen wurde. Wolfgang Kleff – der Welt- und Europameister auf der Ersatzbank also.

Aber er war nicht deprimiert deshalb, ganz im Gegenteil. Er hat sich getröstet mit dem Gedanken, dass er Torwart bei Borussia Mönchengladbach war und da hatte er ja jede Menge an Erfolgen. Und selbst wenn es bei denen mal nicht klappte, wenn seine Mannschaft in einem Spiel uneinholbar zurücklag, tröstete sich Kleff mit dem Gedanken, dass er nach dem Spiel zu seinen Freunden nach Schwerte fahren würde, um mit denen auszugehen. Kleff war und ist eine Frohnatur.

„Mir hat es Deutschland zu verdanken, dass die Nationalmannschaft Weltmeister wurde", sagt er. „Mein Anteil bestand darin, dass ich nicht gespielt habe."

Wenn er bei Auswärtsspielen im Tor vor der Fankurve stand und die Fans riefen: „Kleff, du bist nevös!", zitterte Kleff mit Beinen und Armen wie Espenlaub und hatte die Fans auf seiner Seite.

In Kaiserslautern, wo die Fans besonders fanatisch sind, wurde er stets mit besonderem Applaus begrüßt. Den Kleff hatten die Lauterer als einzigen Spieler der Konkurrenz in ihr Herz geschlossen.

Irgendwann bei einem Bundesligaspiel, als er gegen die untergehende Sonne schauen musste, hatte Kleff sich eine Kappe aufgesetzt. Als ein Fernschuss auf sein Tor zukam, verlor er bei seiner Parade zuerst die Kappe und dann den Ball. Seelenruhig, während die gegnerischen Spieler angestürmt kamen, hat er zuerst die Kappe aufgesetzt und sich dann den Ball geschnappt.

„Man muss schließlich gut aussehen beim Abschlag", erklärt er.

Es waren die Jahre, in denen der Ostfriese Otto zur Ulknudel unter den Komikern aufstieg. Zwischen Kleff und ihm gab es eine unübersehbare Ähnlichkeit: die ausgeprägte Nase und die langen Haare. Kein Wunder, dass der fröhliche Kleff bald nur noch „Otto" gerufen wurde.

„Wegen der Haare haben wir bis heute was Gemeinsames, der Otto und ich", verrät Kleff, „jetzt nämlich Haarausfall."

Allerdings war ihm bei all seinem Ulk immer wichtig, dass zuerst die Leistung stimmte. „Wenn man drei Bälle durch die Beine bekommt, und dann lustig sein will, kommt das nicht besonders gut an", urteilt er. „Dann ist man von vornherein die Lachnummer." Und die wollte er nie sein und ist es auch nie geworden.

433 Bundesligaspiele hat er bis 1986, bis zu seinem vierzigsten Lebensjahr, bestritten, allerdings nicht ausschließlich für Mönchengladbach.

Im letzten Teil seiner Karriere hatte er Dauerwandertag, wie er das selbst nennt.

1979/80 spielte er für eine Saison bei Hertha BSC in Berlin, ein gute Entscheidung, wie er sagt, denn Mönchengladbach war ja auch nicht gerade eine Weltstadt. Das Flair der Großstadt Berlin, wo er Freunde gefunden hat, hat ihn bereichert. Dann kam er für zwei Jahre zu den Gladbachern zurück und spielte danach für Fortuna Düsseldorf und den VfL Bochum.

Heute lebt er wieder in Mönchengladbach, wo er sich wohl fühlt. Mit seiner Lebensgefährtin hat er eine hübsche Tochter, die eben deshalb hübsch sei, weil sie nicht auf ihn rauskäme, verrät er.

Beim KFC Uerdingen ist er Torwarttrainer, womit sein Dauerkonkurrent von damals, Sepp Maier, ihm wieder einen Schritt voraus ist. Der ist dasselbe bei der Nationalmannschaft. Aber das stört Kleff nicht, er erledigt noch Promotionsaufträge und ist gern gesehener Gast bei Prominentenspielen. Dann fährt er schon mal, wenn seine Mannschaft im Ballbesitz ist, mit dem Fahrrad übers Spielfeld, um es im letzten Moment zur Seite zu werfen und nach dem Torschuss zu hechten. Den er natürlich kriegt, ganz klar bei einem wie „Otto" Kleff.

Siebter Einwurf
Die andere Sichtweise –
Wilfried Hilker, der Mann mit der Pfeife

Fußball ist ein einfacher Sport. Das Runde muss ins Eckige, nur darum geht's, haben große Fußballphilosophen herausgefunden. Für manche aber ist das Spiel noch einfacher. Wenn ihr Verein gewinnt, waren ihre Lieblinge die besseren Spieler, wenn er verliert, lag es am Schiedsrichter. Einer muss schließlich schuldig sein.

Wilfried Hilker aus Bochum, der viele Bundesliga-, Länder- und Europacupspiele als Schiedsrichter geleitet hat, kann ein Lied davon singen. Den Höhepunkt dazu erlebte er schon zu Anfang seiner Karriere, 1969, beim Spiel von Hannover 96 gegen Bayern München, das 1:0 für die Gastgeber ausging. Nach einem Foulspiel des Münchners Starek hörte er hinter seinem Rücken, wie sich Heynckes, damals bei Hannover, ein Wortgefecht mit Gerd Müller lieferte.

„Ihr Knochenbrecher aus Bayern", schimpfte Heynckes, was Müller mit der Bemerkung, dass die Hannoveraner Idioten seien, quittierte. Als Heynckes daraufhin „kleines, dickes Müller", wie sein Trainer Tschik Cajkowski ihn unvergesslich titulierte, einen kleinen Wurzelbär aus Bayern nannte, der nicht mal Fußball spielen könne, rannte Müller auf Heynckes zu und drückte ihm die Fäuste unters Kinn. Tätlichkeit. Hilker ließ sich von seinem Linienrichter kurz bestätigen, wer auf wen zugerannt war, dann stellte er Gerd Müller vom Platz. Nun war es das letzte Bundesligaspiel vor der Südamerikareise der Nationalmannschaft, die dort für die Weltmeisterschaft im nächsten Jahr in Mexiko proben sollte, was alles noch verschlimmerte. Einen Spieler, der wegen Tätlichkeit die Rote Karte bekommen hatte, durfte Bundestrainer Schön nämlich nicht aufstellen. Der aber plante fest mit dem Bayern-Stürmer. Beckenbauer und Dieter Brenninger, der auch mal ein Länderspiel bestritten hat, kamen erregt angerannt und was die ihm erzählt hätten, sagt Hilker im Rückblick, hätte auch für eine Rote Karte gereicht. Er schickte beide weg und blieb bei seiner Entscheidung. Nach dem Spiel soll Beckenbauer, als ihn die Hannoveraner auspfiffen, vor der Tribüne sogar die Hose runtergezogen und etwas gezeigt haben, das besser verborgen geblieben wäre, Hilker vermerkte es in seinem Schiedsrichterbericht. Es half den Bayern nichts, dass sie zur Verhandlung beim DFB gleich mit mehreren Rechtsanwälten anrückten,

Müller wurde zu einer achtwöchigen Sperre verurteilt, Beckenbauer später zu einer Geldstrafe. Er durfte die Reise nach Südamerika denn auch mitmachen, Gerd Müller musste zu Hause bleiben. Ein Jahr später bei der WM war er trotzdem der erfolgreichste Torschütze.

Hilker hat bis heute zwei Stapel Briefe von dieser Auseinandersetzung aufbewahrt. In dem einen sind jene gesammelt, in denen er gelobt wird für die Konsequenz, dass er auch vor großen Namen nicht zurückschreckte, der andere Stapel enthält die Drohbriefe.

Acht Wochen später hat Hilker noch einen Nationalspieler vom Platz gestellt, Friedel Lutz von Eintracht Frankfurt, der aber nach dem Spiel zu ihm in die Kabine kam und sich für sein Foulspiel entschuldigte. Danach hatte Hilker Ruhe, bei Seniorenspielen hat er keinen Platzverweis mehr aussprechen müssen, bei Spielen von Jugendlichen dagegen schon. Etwa bei dem Bochumer Vorortlokalderby Waldesrand Linden gegen VFB Linden. Als Hilker eine halbe Stunde vor Spielbeginn den Platz inspizierte, sah er zwei schwankende Jugendliche, die gerade Bier tranken. Nun hat ein Schiedsrichter keine Berechtigung, Betrunkene vom Fußballspielen abzuhalten, das müssen die Verantwortlichen des Vereins schon selber tun. In Linden taten sie es aber nicht. Ein ganz großes Problem, meint Hilker, sei es aber trotzdem nicht geworden. Die beiden spielten so unkonventionell, traten nach allem, was sie für einen Ball hielten, dass sie sich das Spiel schon während der ersten Halbzeit von draußen ansehen konnten. Womöglich mit einer Flasche Bier in der Hand.

Bei einem weiteren Jugendspiel, Witten gegen Weitmar, als es kurz vor Schluss 1:0 für Weitmar stand, gab es einen klaren Elfmeter für Witten. Der Mannschaftskapitän lief an, schoss gegen den Pfosten, der Ball sprang ihm direkt vor die Füße und beim zweiten Versuch schoss er ihn ins Tor. Hilker pfiff, aber nicht Tor, sondern indirekter Freistoß für Weitmar. Eine Doppelberührung beim Elfmeter ist nämlich verboten. Jeder andere hätte den Ball ins Tor knallen dürfen, aber nicht der Schütze. Der wusste das aber nicht, beschimpfte Hilker wüst und musste vom Platz. Ob er danach die Regel gelernt hat, weiß Hilker nicht, von einem Mannschaftskapitän würde er es aber eigentlich erwarten.

Sein schwerstes Spiel, sagt Hilker, hatte er in Griechenland zu pfeifen gehabt. Dort hatte der Verband um 1970 mit Schiebereien zu kämpfen gehabt. Bei Spielen um die Meisterschaft oder gegen den Abstieg bestand stets die Gefahr, dass die Schiedsrichter bestochen wurden, weshalb der Verband um die Hilfe ausländischer Schiedsrichter bat. Hilker hatte den Abstiegskampf Doxa Drama, das kurz vor der bulgarischen Grenze liegt, gegen Apollo Saloniki zu leiten. Saloniki reichte ein Unentschieden zum Klassenerhalt, Doxa Drama dagegen musste gewinnen. Es war eine unglaublich anstrengende Anreise, zuerst zwei Flüge nach Athen, von dort nach Saloniki, danach viereinhalb Stunden mit dem Taxi nach Drama.

Der Verein hatte gerade eine achtwöchige Platzsperre hinter sich, weil bei einem Spiel der Schiedsrichter von fanatischen Fans angegriffen und ausgezogen worden war. Hilker hatte zwei griechische Linienrichter, die kein Wort Englisch sprachen, auch die beiden Mannschaftskapitäne, die er sich kommen ließ, konnten ihn nicht verstehen. Also hat Hilker vorgemacht, was er erklären wollte: Schlagen – Rote Karte, treten – Rote Karte, meckern – gelb. Dreihundert Polizisten und Soldaten standen rund um den Platz und kontrollierten die fanatischen Zuschauer. Hilker hat dann das Spiel in einer Art gepfiffen, wie er das niemals in Deutschland hätte tun dürfen. Bei jedem Pfiff wegen Foulspiels sei er zu dem Spieler gerannt, hätte ihn an beide Arme gepackt und in die Richtung gedrängt, in die er sich vom Tatort entfernen sollte. In der letzten Viertelstunde, als es immer noch 0:0 stand, ging es nur noch darum, das Spiel über die Runden zu bringen. Kurz vorher hatte Hilker gepfiffen, weil ein Spieler nach einem Foulsspiel verletzt am Boden lag. Sofort waren vierzig, fünfzig Zuschauer auf dem Spielfeld gewesen. Gut zehn Minuten hätte es gedauert, bis das Spielfeld wieder frei war. Beim nächsten Mal, Hilker ahnte es, würde es gar nicht mehr gelingen. Also hat Hilker durchspielen lassen, bei jedem Foul, selbst wenn ein Spieler am Boden lag, gewunken: Weiter, weiter, und gehofft, dass die Zeit verstreichen möge. Am Schluss stand es immer noch unentschieden, die Spieler von Doxa lagen weinend am Boden und rissen Grasbüschel aus dem Spielfeld. Mit Polizeischutz wurde Hilker zum Taxi geleitet, aber die lange Rückfahrt war nur noch geprägt gewesen von Erleichterung.

Der Offizielle des griechischen Verbandes hat ihm später bestätigt, dass Hilker genau richtig gehandelt hatte, anders wäre das Spiel nicht über die Runden gegangen.

Dagegen waren andere Erlebnisse richtig schön. Etwa beim Spiel Hamburg gegen Kaiserslautern, wo damals Otto Rehagel und Uwe Klimaschewski spielten, beides Abwehrspieler der rustikalen Art. Irgendwann hörte Hilker, wie Nationallinksaußen Charly Dörfel vom HSV nach einem Foul Otto Rehagel beschimpfte: „Dir tret ich gleich in die Eier!" „Du alter Perückenhengst", hat Otto Rehagel darauf geantwortet, „du kriegst gleich eine, dann fliegt dir die Perücke durch die Gegend." Wobei man wissen muss, dass Dörfel, dessen Vater und Bruder ebenfalls Nationalspieler waren, schon früh Glatze hatte, was er aber nur ungern akzeptierte.

Wolfgang Overath war nickelig. Bei einem Spiel Duisburg gegen Köln pfiff Hilker Freistoß an der Strafraumgrenze für Duisburg, Overath kam angerannt, stellte seinen 19-Millimeter-Stollen auf Hilkers Schuhe und protestierte. Eine böse Absicht war ihm nicht nachzuweisen, aber es hätte furchtbar weh getan, sagt Hilker. Der befreite seinen Fuß vom Stollendruck, ließ den Freistoß ausführen, der prompt im Tor landete. „Sehen Sie, Herr Overath", hat Hilker gesagt, „das ist die Strafe." Overath hat nichts mehr geantwortet.

Max Merkel war 1967 mit dem 1. FC Nürnberg Deutscher Meister geworden und geriet im folgenden Jahr in Abstiegsgefahr. Bei einem wichtigen Spiel in Hamburg stand es zur Halbzeit 2:0 für Nürnberg, als Merkel Hilker versprach: „Wenn wir heute hier gewinnen, Herr Hilker, dann werden Sie Ehrenbürger von Nürnberg." Es half nichts, die Hamburger siegten am Ende mit 4:2, Nürnberg, noch Monate vorher Deutscher Meister, stieg ab und Hilker wurde nicht Ehrenbürger.

Eine extreme Geschichte, die Hilker erlebt hat, spielt in Enniger, in der Gegend, wo seine Schiedsrichterkarriere begonnen hat. Hilker hat seine Jugend nämlich in Ahlen verbracht, und dort die Jugendspiele von Blau-Weiß und TUS Ahlen gepfiffen. In Enniger gab es in den fünfziger Jahren einen Spieler, dem im Krieg nach Verwundungen beide Arme amputiert wurden. Unvorstellbar, ein Fußballspieler mit zwei Armstümpfen. Wenn er fiel, sagt Hilker, nahm er den Schwung mit, machte eine Rolle vorwärts und stand wieder. Er wäre sogar ein wenig nickelig gewesen, hätte mit seinen Armstümpfen sogar mehr gedrückt als seine Gegenspieler.

Und vor welchen Spielern hatte er als Schiedsrichter den größten Respekt? Hilker nennt von den Verteidigern Berti Vogts und Horst Höttges, die hart im Zweikampf, aber immer fair gewesen seien. Bei den Stürmern hat Uwe Seeler seinen Respekt, der stets hart attackiert wurde, aber sich nie zu einem Revanchefoul hinreißen ließ. Und dann fällt ihm noch Zoltan Varga ein, der ungarische Nationalspieler, der in der Bundesliga für Hertha BSC und in der 2. Liga für Borussia Dortmund gespielt hat. Das wäre ein Supertechniker gewesen, der am Ball alles konnte, sagt er. Kein Gedanke daran, dass der ein Foulspiel nötig gehabt hätte.

Bernd Cullmann – kein Überflieger, aber weit gekommen

„Als junger Fußballer", urteilt Bernd Cullmann über sich, „bin ich kein Überflieger gewesen." Bis in die Schüler-Kreisauswahl habe er es geschafft, sagt er, in die Niederrheinauswahl, aber niemals in eine DFB-Auswahl, weder bei den Schülern noch bei den Jugendlichen. Dass aus ihm, der als Elfjähriger bei der Sportvereinigung Porz mit dem Fußball begann, mal ein Großer werden würde, haben ihm die wenigsten zugetraut, am allerwenigsten Bernd Cullmann sich selbst.

Als Zwanzigjähriger hat er ein Jahr in der Landesliga für Porz gespielt, als Mittelstürmer, weil er so groß war und stark im Kopfballspiel. Hinten in der Abwehr standen die Routiniers, und die wollten ihre Position für den Neuen nicht räumen. Wer weiß, wie es mit Cullmann weitergegangen wäre, hätte es nicht den Tipp von Wolfgang Weber gegeben, der aus demselben Verein stammte und Jahre vorher den Weg zum 1. FC Köln und von dort in die Nationalmannschaft gefunden hatte. Weber ist ein Kumpeltyp, der den Kontakt zu seinem alten Verein nie verloren hat und deshalb wusste, dass bei seinen Porzern ein Talent spielte.

Bei der WM schlecht gespielt: Europameister Bernd Cullmann

Heinz Hornig, Ex-Nationalspieler und damals Trainer bei den Amateuren des 1. FC Köln, hat ihn sich angesehen und konnte Webers Urteil nur bestätigen. Also wurde Cullmann zu den FC-Amateuren geholt, wo aber nicht Hornig, sondern Gero Bisanz, der später die Frauen-Nationalmannschaft trainierte, sein Trainer wurde.

Ein Jahr lang hat Cullmann bei ihnen gespielt, dann bekamen zwei Amateurspieler einen Vertrag bei den Profis. Dass er einer der beiden war, sei nicht unbedingt zwingend gewesen, meint Cullmann sachlich, wie es seine Art ist. Aber der Verein wäre auch kein besonders großes Risiko mit ihm eingegangen. Es war das Jahr 1970, und damals gab es noch keine Riesensummen für junge Profifußballer.

Cullmann selbst stand vor der Qual der Wahl, ob er nach der Banklehre seinen Beruf ausüben oder auf den Fußball setzen sollte. Er hat sich schließlich für den Profi-Fußball entschieden, aber richtig aufwärts ging es immer noch nicht. Eineinhalb Jahre lang blieb er Ersatzmann und kam nur zu gelegentlichen Einsätzen. Bis sich dann irgendwann Werner Biskup, Kölns Abwehrspieler, schwer verletzte und Cullmann seine Chance bekam.

Trainer bei den Kölnern war damals Gyula Lorant, ein erfolgreicher Mann, den viel zu früh, 1981, der Tod durch Herzinfarkt auf der Trainerbank des PAOK Saloniki ereilte. 1952 hatte er mit der ungarischen Nationalmannschaft die olympische Goldmedaille gewonnen, 1954, bei dem denkwürdigen WM-Endspiel gegen Deutschland, gehörte Lorant zur ungarischen Mannschaft, die als hoher Favorit so sensationell verlor.

„Als junger Fußballer war ich kein Überflieger."

Lorant hatte ein Herz für junge Spieler, und als Cullmann seine Sache als defensiver Mittelfeldspieler gut machte, hielt er an ihm fest. Erst jetzt, 1972 und im Alter von 23 Jahren, ging es steil bergauf mit ihm. Noch im selben Jahr kam er in die B-Nationalmannschaft, für die er insgesamt fünf Einsätze bestritt, und im Februar 1973, beim Spiel in München gegen Argentinien, bestritt er sein erstes von insgesamt 40 Länderspielen. In der zweiten Halbzeit wurde er für Katsche Schwarzenbeck eingewechselt, schoss sogar ein Tor, konnte aber die 2:3-Niederlage nicht verhindern. Fortan war Cullmann eine feste Größe in den Planungen von Bundestrainer Helmut Schön. Höhepunkt sollte die Weltmeisterschaft 1974 im eigenen Land werden. Cullmann war inzwischen Stammspieler im Nationalteam, der Traum, in einem Weltmeisterschaftsendspiel stehen zu können, schien greifbar nahe zu sein, schließlich galten die Deutschen als Mitfavoriten. Aber es kam ganz anders.

Der Anfang verlief für ihn noch planmäßig. Alle drei Vorrundenspiele durfte er bestreiten, zuerst wurde Chile mit Hängen und Würgen 1:0 besiegt, dann folgte ein glanzloser 3:0-Sieg gegen Außenseiter Australien, bis es im dritten Spiel zur die Blamage gegen die DDR kam. Ausgerechnet gegen jene Mannschaft, gegen die zu spielen sich der DFB aus politischen Gründen immer geweigert hatte, wurde verloren. Die WM-Auslosung hatte ihnen das Spiel aufgezwungen, und dann dies. Tor durch Jürgen Sparwasser und trotz aller Anstrengungen wollte der Ausgleich nicht gelingen. Mit dieser Leistung, das war allen klar, würde es nichts werden mit dem zweiten Weltmeistertitel für die Deutschen.

In der Sportschule Malente, vielleicht auch erst am Tag darauf in der Kamener Sportschule Kaiserau, soll es zu heftigen Diskussionen in der Mannschaft gekommen sein, wobei Kapitän Franz Beckenbauer kräftig auf den Tisch gehauen haben soll.

Folge war, dass die Mannschaft für die Zwischenrunde umgebaut wurde. Eines der Opfer war Bernd Cullmann, den der junge Rainer Bonhof aus Mönchengladbach ersetzte. Und der machte seine so Sache gut, dass für Cullmann eine Rückkehr ins deutsche Mittelfeld ausgeschlossen war. „Und auf der Libero-Position, der zweiten, die ich hätte spielen können, stand der Mount Everest", sagt Cullmann. Gemeint ist Franz Beckenbauer. Keine Chance also für ihn, bei der WM noch einmal zum Einsatz zu kommen. Die anderen errangen im Münchner Endspiel gegen Holland den WM-Titel, Cullmann durfte von der Tribüne aus zusehen.

Auch dies sieht er im Rückblick ganz nüchtern. Die privaten Sportsender zeigten ja manchmal Spiele von früheren Weltmeisterschaften, sagt er, und bei einer Gelegenheit hätte er auch die Vorrundenspiele der damaligen WM gesehen. Es hätte ihm weh getan, die Spiele zu beobachten, so grottenschlecht hätten sie gespielt. Und seine Leistung sei wirklich schwach gewesen, Cullmann hat also Verständnis für Helmut Schöns Entscheidung.

Eine faire Haltung, die ihn ehrt.

Zwischen 1976 und 78 trat eine Länderspielpause ein, er war verletzt und musste operiert werden, hinzu kam der Trainerwechsel zu Hennes Weisweiler. Weisweiler hatte eine andere Vorstellung von einem Defensivspieler, als Cullmann sie bot, der Anfang unter ihm als Trainer war holprig gewesen. Zwischendurch hatte Cullmann sogar mal daran gedacht, den Verein zu wechseln. Zu Borussia Dortmund gab es Verbindungen, er hatte sich sogar schon von der Kölner Mannschaft verabschiedet, aber als Einzelheiten eines Vertrages ausgehandelt wurden, hätte sich gezeigt, dass das Dortmunder Interesse nicht besonders groß war. Cullmann blieb in Köln und war schon ein halbes Jahr später glücklich über diese Entscheidung. Denn mit Weisweiler gab es eine Einigung über seine Spielweise, sie hätten sich fortan gut vertragen und ein erstklassiger Trainer war er sowieso. 1978 folgte der Triumph, den Cullmann als den größten in seiner Fußballerkarriere bezeichnet, der Gewinn des Doubles mit dem FC. Neben der Meisterschaft gewannen die Kölner im Endspiel gegen Düsseldorf auch noch den Pokal. Es war der größte Erfolg in der Kölner Vereinsgeschichte. Pokalsieger war Cullmann schon im Jahr vorher geworden, als Hertha BSC im Wiederholungsspiel mit 1:0 geschlagen wurde. Drei Titel in zwei Jahren, das kann sich wirklich sehen lassen. Nicht auszudenken, wenn er dies durch den Wechsel verpasst hätte.

So erfolgreich wie in diesen beiden Jahren waren Cullmann und sein FC allerdings nicht immer. 1973 und 82 wurde der Meistertitel jeweils knapp verpasst, die Kölner wurden Vizemeister, und auch im Pokalfinale hat Cullmann neben den beiden Siegen dreimal eine Niederlage einstecken müssen.

Später erhielt Cullmann noch einmal ein Angebot, den Verein zu wechseln. 1978 war das, der „Mount Everest", also Beckenbauer, war überraschend in die USA gewechselt und der FC Bayern München suchte einen neuen Libero. Aber auch dieser Plan hat sich zerschlagen. Cullmann ist seinem FC bis zum Ende der Karriere treu geblieben.

Und auch in der Nationalmannschaft sollten sich für ihn noch große Erfolge einstellen. An der Europameisterschaft 1976 konnte er nicht teilnehmen, da war er verletzt. 1978, bei der WM in Argentinien, war er wieder dabei, aber nur als Ersatz. Keines der sechs Spiele dieser WM, die für die Deutschen in der Zwischenrunde endete, hat er mitgemacht. Helmut Schön beendete danach seine Arbeit als Bundestrainer, Jupp Derwall folgte ihm und der setzte wieder auf Bernd Cullmann. Bei der Europameisterschaft 1980, als die Deutschen ins Endspiel vorstießen, kam Cullmann zum Einsatz. In der zweiten Halbzeit wurde er für den Lauterer Peter Briegel eingewechselt und half mit, den 2:1-Sieg gegen Belgien zu erringen. Auf dem Mannschaftsfoto nach der Pokalübergabe steht er bescheiden im Hintergrund und reckt jubelnd die Faust in die Luft, während vorn Manni Kaltz und Enatz Dietz aus Bockum-Hövel den Pokal halten.

Er fühle sich mehr als Europa- denn als Weltmeister, sagt er im Rückblick, denn so richtig hätte man den Titel ja doch nur gewonnen, wenn man im Endspiel dabei gewesen sei. 1980 war er es, 1974 nicht.

Bernd Cullmann als Manager beim 1. FC Köln

Das Endspiel war gleichzeitig sein letztes Länderspiel.

Bis 1983 hat er noch für den 1. FC Köln gespielt, mit dem er zweimal im Halbfinale eines Europacups gestanden hat. 1979, beim Europapokal der Landesmeister, wurde denkbar knapp gegen Nottingham mit 0:1 verloren, andernfalls hätten die Kölner den Cup geholt, glaubt Cullmann.

Beim Endspiel, das in München stattfand, war nämlich der schwedische Meister Malmö Gegner der Engländer, die das Endspiel problemlos gewannen.

Nach Ende seiner Fußballkarriere hat Cullmann zuerst beim Sportartikelhersteller Adidas gearbeitet, 1991 wurde er Vorstandsmitglied beim FC, von 1993 bis 96 war er dessen hauptamtlicher Manager. Schon damals hätte es bei seinem Club gekriselt, sagt er. In seinem ersten Jahr als Manager wurde in letzter Sekunde durch einen Sieg gegen Schalke der Klassenerhalt gesichert, danach hielten sich die Kölner im Mittelfeld. 1996 war Schluss für Cullmann beim FC, ein kurzzeitiger Abstecher als Manager zum MSV Duisburg folgte, seitdem arbeitet er als Spielervermittler bei der Sportmanagementfirma „Rogon". Hauptsitz der Firma ist in Ludwigshafen, aber ein Büro gibt es auch in Köln, wo Cullmann zusammen mit Wolfgang Fahrian arbeitet, dem früheren Ulmer Torwart, der bei der WM 1962 im deutschen Tor stand.

Seinem FC, der den Aufstieg in die 1. Bundesliga wieder geschafft hat, ist er treu geblieben, denn längst spielt wieder ein Cullmann im Kölner Mittelfeld: Carsten Cullmann, Bernd Cullmanns Sohn. Aber es stimme nicht, dass er deshalb regelmäßig auf der Tribüne sitze, sagt Vater Cullmann. Er ist schon immer zu den Heimspielen gegangen, nicht zuletzt auch, um seine Freunde aus der großen Kölner Zeit zu treffen. Bei den Spielen der Kölner Traditionsmannschaft kann er sie nicht mehr treffen, denn wegen seiner Knieprobleme ist es aus mit dem Fußballspiel. Mit Radfahren und Schwimmen, das aber langweilig sei und ihm wenig Spaß mache, hält Cullmann sich fit.

Seinem Sohn möchte er in seiner bekannt nüchternen Art auf keinen Fall mit Tipps auf den Wecker fallen. „Wenn du meinst, wir sollten über Fußball reden, machen wir es. Sonst lassen wir es", hat er ihm angeboten. Natürlich redet Carsten Cullmann mit seinem Vater gerne über Fußball, schließlich ist das der wichtigste Bereich in ihrem Leben.

Vermutlich sind dann auch ein mal Anekdoten aus Bernds aktiver Zeit dabei. Beispielsweise jene, als Tschik Cajkovski noch Trainer beim FC war. Tschik aß für sein Leben gern, und als sich die Spieler mal während eines Trainingslagers einen Grillteller beim Jugoslawen nebenan bestellten und heimlich in ein Zimmer transportierten, um nur ja nicht bei Tschik aufzufallen, erlebten sie im verabredeten Zimmer eine große Überraschung. Tschik war nämlich schon da und wartete nur darauf, etwas von dem leckeren Essen abzubekommen.

„Nicht nur für Fußball, sondern auch fürs Essen hatte Tschik einen siebten Sinn", schmunzelt Cullmann.

Die Kombination Vater Nationalspieler, Sohn Stammspieler in der ersten Mannschaft hat es übrigens schon einmal beim 1. FC Köln gegeben. Hansi und Ralf Sturm waren das, wobei Vater Hansi eine seltsame

Länderspielkarriere absolviert hat. Bei zwei Weltmeisterschaften, 1958 und 1962, war er dabei, kam sogar bei beiden Turnieren zum Ersatz und hat es trotzdem nur auf drei Länderspiele gebracht. Eigentlich war er Außenläufer, aber 1962, beim WM-Vorrundenspiel gegen Italien, brauchte Herberger ihn als taktischen Rechtsaußen, der vor allem Defensivaufgaben gegen das starke italienische Mittelfeld zu lösen hatte. Einmal wurde Hansi Sturm mit den Kölnern Deutscher Meister, was Sohn Ralf nicht schaffte. Der wurde zweimal, 1989 und 1990, Vizemeister, kam aber auf vier Länderspieleinsätze. Aber nicht, wie Papa Hans, in der A-Auswahl, sondern im Juniorenteam. Immerhin, Ralf Sturm war Stürmer, so dass der Familienname endlich seine Berechtigung hatte.

Hannes Bongartz – der Erfinder des Übersteigers

Erfolge im Fußball hat Hannes Bongartz einige feiern dürfen, Titel hat er aber nicht errungen. Trotzdem ist Hannes Bongartz Deutscher Meister geworden, zweimal sogar, und zwar im Kunstradfahren. Im Einer und im Zweier hat er die Jugendmeisterschaft errungen. Sein Vater war nämlich ein bekannter Kunstradfahrer und wurde später Vorsitzender des Bonner Kunstradclubs. Ganz klar, dass der kleine Hannes zuerst in Papas Club mitmachen musste, obwohl seine heimliche Liebe immer schon dem Fußball galt. Preußen Duisdorf im Bonner Vorort war sein erster Verein, in dem er – parallel zum Kunstradsport – mitkickte. Mit 14 Jahren hat er sich dann endgültig für den Fußball entschieden, ganz klar, dass sein Vater darüber nicht besonders glücklich war. Aber

Übersteiger über den Gegenspieler: Hannes Bongartz im Zweikampf

was sollte er machen, sein Sohn war alt genug für die Entscheidung und die war ja auch, wie sich später zeigen sollte, genau die richtige.

Nach der Jugend bei Duisdorf wechselte er zum Bonner SC, der damals in der Regionalliga spielte. Im ersten Jahr schaffte er noch nicht den Durchbruch, aber 1969, als der Bonner SC frühzeitig als Absteiger feststand, hat der Trainer auf der Abschiedstournee des Vereins durch die Regionalliga seinen jungen Spieler eingesetzt. Klaus Steilmann, bekannter Textilunternehmer und Fußballmäzen der SG Wattenscheid, hat ihn bei einem Spiel gegen Schwarzweiß Essen gesehen. Eigentlich wollte Steilmann Bongartz' Clubkameraden Peter Klimke beobachten, um ihn für seinen Wattenscheider Club zu verpflichten, aber der schlaksige Blondschopf mit den dünnen Beinen, dessen Spitzname treffend Spargeltarzan lautete, fiel ihm ebenfalls auf. 16.000 DM Ablösesumme hat er für die beiden Spieler an den Bonner SC überwiesen, viertausend davon für Hannes Bongartz. Ein Schnäppchen, wie sich drei Jahre später herausstellen sollte, denn da wollte Schalke 04 ihn haben. Fast 800.000 DM haben die Schalker für ihn an die Wattenscheider bezahlt, eine Wertsteigerung um das Zweihundertfache. Wenn das kein gutes Geschäft war!

Bongartz wurde der neue Schalker Mittelfeldregisseur. Sein Spezialtrick war der Übersteiger, den er populär machte. Dabei deutete er an, dass er mit rechts den Ball spielen wollte, führte das Bein aber über den Ball und spielte blitzschnell mit links am Gegenspieler vorbei. Ein Trick, der ihn fast so berühmt gemacht hat wie sein Spitzname, über den er sich übrigens nicht weiter geärgert hat.

> „Spargeltarzan war mein Markenzeichen."

„So etwas muss man als Markenzeichen abbuchen", sagt er.

Mit dem Wechsel „auf Schalke" fiel Bongartz auch Bundestrainer Helmut Schön auf. Zuerst wurde er in der B-Nationalmannschaft getestet, für die er in den Jahren zwischen 1974 und 78 insgesamt neunmal gespielt hat, bis er im Februar 1976 beim Länderspiel gegen Malta in Dortmund den Sprung in die A-Auswahl schaffte. Es war ein Qualifikationsspiel für die kommende Europameisterschaft, als Bongartz in der zweiten Halbzeit, als die deutsche Mannschaft schon hoch führte, eingewechselt wurde. Bongartz ist ein guter Einstand gelungen, wobei eine Flanke, die er von rechts in den Strafraum der Malteser schlug, in die Fußballgeschichte eingegangen ist. Sie erreichte dort nämlich einen Kopfballspieler, mit dem niemand als Torjäger gerechnet hatte. Den kleinen Berti Vogts nämlich, der in diesem Spiel sein einziges Länderspieltor erzielte. Die Zuschauer im Stadion rieben sich verwundert die Augen, lachten und applaudierten lange. Ein Tor von Berti Vogts, und dann noch mit dem Kopf – einfach unglaublich! Mit 8:0 wurde Malta besiegt.

Bei der anschließenden Europameisterschaft in Jugoslawien, als die Deutschen bis ins Endspiel vordrangen, war Bongartz ebenfalls dabei. Im Endspiel gegen die Tschechoslowakei, das nach Verlängerung 2:2 unentschieden endete, ist er in der 79. Minute für den Berliner Erich Beer eingewechselt worden. Beim anschließenden Elfmeterschießen hat er sich sogar als Torschütze hervorgetan. Den dritten Elfmeter verwandelte Bongartz zum zwischenzeitlichen Ausgleich, den vierten aber knallte Uli

Hoeneß hoch über die Latte. Die Tschechen wurden 1976 Europameister, die Deutschen, als Titelverteidiger angereist, verließen als Geschlagene den Platz. Für Hannes Bongartz sicher eine Enttäuschung, denn diesen Titel hätte er gerne gewonnen. So blieb es immer nur bei Vizemeistertiteln. 1977 wurde er mit Schalke Zweiter in der Bundesliga, 1981, als er schon für den 1. FC Kaiserslautern spielte, drang er ins Pokalendspiel vor, allerdings wurde das Spiel gegen Eintracht Frankfurt mit 1:3 verloren.

Hannes Bongartz ist also jemand, der ein paar Mal nahe dran war, dem aber der ganz große Wurf nicht gelang.

Viermal hat er insgesamt für die Nationalmannschaft gespielt, 1977 beim 1:0-Sieg gegen Finnland zum letzten Mal. Man kann nicht sagen, dass Helmut Schön zu seinen größten und dauerhaftesten Bewunderern gehört hätte.

1978, nach 131 Bundesligaspiele für Schalke, wechselte Bongartz zum 1. FC Kaiserslautern, mit dem er vier Jahre hintereinander im UEFA-Pokal gespielt und große Spiele abgeliefert hat. Darunter wurde in einem sagenhaften Viertelfinalspiel Real Madrid mit 5:0 besiegt, eine der höchsten Niederlagen, die der spanische Erfolgsclub jemals auf europäischem Parkett einstecken musste. Von diesem Fußballfest schwärmen die Lauterer bis heute. Im Halbfinale wurde dann gegen den vermeintlichen schwächeren FC Göteborg verloren, aber spätestens im Endspiel stellte sich heraus, was für eine tolle Mannschaft die Göteborger damals hatten. Sie gewannen nämlich in jenem Jahr den UEFA-Pokal.

Trainer Hannes Bongartz gibt Anweisungen

1983, im Alter von 32 Jahren, musste Bongartz seine aktive Laufbahn wegen einer Rückenverletzung beenden.

1985 machte er die Trainerlizenz und war danach für fast drei Jahre Trainer der Roten Teufel auf dem Betzenberg, eine erstaunlich lange Zeit für einen Trainer in Kaiserslautern. Trainerstationen in Zürich, Wattenscheid, Duisburg und Mönchengladbach folgten.

Heute trainiert er wieder die SG Wattenscheid, die inzwischen in der Regionalliga spielt, mit Chancen auf den Aufstieg in die zweite Bundesliga. Mit Klaus Steilmann, seinem Entdecker, ohne dessen Unterstützung die Wattenscheider niemals ihren Aufstieg im Fußball erreicht hätten, verbindet ihn längst eine Freundschaft. Und Steilmann hat ihn nach Wattenscheid zurückgeholt. So ist Bongartz inzwischen ein richtiger Ruhrgebietsbewohner geworden, und fühlt sich dort wohl, wohin ihn als junger Mann der Fußball geführt hat. Man merkt es an seiner zweiten sportlichen Liebe, die er hier, in seiner Schalker Zeit, entwickelt hat, dem Trabrennsport nämlich, den auch andere Schalker Spieler wie etwa Klaus Fichtel mit Leidenschaft betreiben. Bongartz hat zwar, anders als Fichtel, im Moment keine eigenen Pferde, aber dass das immer so bleiben müsste, darauf will er sich nicht festlegen.

Im Mittelpunkt steht im Moment aber der Fußball, über den er eine herrliche Anekdote erzählen kann. Mitte der siebziger Jahre war das, als er mit Schalke gegen den VfL Bochum spielte. Das Bochumer Ruhrstadion wurde gerade umgebaut und war zur Hälfte eine Baustelle. Die Schalker hatten Anstoß zur zweiten Halbzeit und sie spielten, zur großen Überraschung und zunehmenden Verärgerung der Zuschauer, plötzlich nur noch in ihrer eigenen Hälfte, ganz auf Sicherheit bedacht, mit vielen Kurzpässen, um nur ja nicht den Ball zu verlieren. Als die Schalker damit partout nicht aufhören wollten, gab es ein gellendes Pfeifkonzert, denn die Zuschauer hatten noch gar nicht gemerkt, was den Schalker Spielern auch erst kurz nach Anpfiff durch den Schiedsrichter aufgefallen war. Sie spielten nämlich ohne Torwart. Norbert Nigbur war in der Halbzeitpause zur Toilette gegangen, und ob er den Weg durch die Baustelle nicht gefunden hat oder die Toilettentür sich nicht mehr öffnen ließ, weiß Bongartz nicht. Jedenfalls kam Nigbur nicht pünktlich zur zweiten Halbzeit auf das Spielfeld zurück. Nach schier unendlich langer Zeit, wie es den Schalkern vorkam, tauchte er plötzlich aus irgendeiner Ecke der Baustelle auf, und da endlich begriffen auch die Zuschauer, was passiert war. Ärger und Pfeifkonzert wichen einem befreienden Gelächter. Es gibt eben Situationen im Fußball, die niemand voraussehen kann, selbst so ein erfahrener Torwart wie Norbert Nigbur nicht. Es ist gut, wenn man das schon als Spieler lernt, dann kann man als Trainer später gelassener darauf reagieren.

Hannes Bongartz jedenfalls hat es sich gemerkt.

„Jupp" Tenhagen – Bochums Star im Mittelfeld

„Der Jupp Tenhagen", hat Bochums Trainer Heinz Höher mal gesagt, „macht bei uns alles. Irgendwann schlägt der noch mal eine Ecke, rennt in den Strafraum und köpft seine Flanke selbst ins Tor."

Es gibt keinen Satz, der Tenhagens Rolle beim VfL Bochum besser beschreiben würde als dieser. Über viele Jahre hinweg war er im Mittelfeld oder als Libero eine tragende Säule im Bochumer Spiel. Es waren die Jahre, in denen der VfL als „unabsteigbar" galt. Damals reichte es immer für einen Platz im unteren Mittelfeld, einmal auch, unter Trainer Höher, zum 8. Platz. Besser war der VfL Bochum nie gewesen.

Natürlich hatte Tenhagen gute Mitspieler, ganz allein kann niemand den Abstieg verhindern. Im Sturm war Hans-Jürgen Abel immer für ein Tor gut, im Mittelfeld unterstützte ihn Michael, genannt „Ata" Lameck, ein kampfstarker, lauffreudiger Mann, dem zur ganz großen Karriere nur zwei Dinge fehlten: eine bessere Grundschnelligkeit und ein Wechsel zu einem prominenten Verein. Lameck blieb aber immer in Bochum, spielte dort über 500 Mal in der Bundesliga und steht damit in der Rekordliste aller Bundesligaspieler bis heute an achter Stelle. Neunmal durfte Lameck, dieses Musterbeispiel an Beständigkeit, in der B-Nationalmannschaft spielen, den Sprung ganz nach oben aber hat er nicht geschafft. Der sollte unter den Bochumer Spielern einzig Jupp Tenhagen gelingen.

Jupp Tenhagen in seiner Dortmunder Zeit

Er stammt vom Niederrhein, aus der Nähe von Rees, und hat bei dem kleinen Verein Fortuna Millingen das Fußballspielen gelernt.

Mit 19 Jahren zog es ihn ins Ruhrgebiet, und zwar zuerst zu Rot-Weiß Oberhausen, für die er zwei Jahre lang, bis zum Abstieg 1973, in der Bundesliga spielte. In diese Zeit fällt sein erstes, wenn auch noch nicht richtiges Länderspiel. Für die Juniorenmannschaft U23 kam er 1973 beim Spiel gegen Frankreich zum Einsatz.

Anschließend folgte sein Wechsel zum VfL Bochum, für den er insgesamt 11 Jahre lang, unterbrochen durch einen Abstecher zur Dortmunder Borussia, gespielt hat. 306 Einsätze hat er für den VfL in der Bundesliga bestritten und dabei 19 Tore geschossen. Ein Kopfballtor nach eigenem Eckstoß war allerdings nicht darunter. Meistens spielte er im rechten Mittelfeld, eine Zeitlang auch, als Dieter Bast noch nicht da war, Libero.

Bast, dies nebenbei, wäre auch ein Portrait wert. Max Merkel, scharfzüngiger Kommentator der Bundesliga, urteilte über ihn, dass er sicher vierzig, fünfzig Länderspiele bestritten hätte, wenn er sich nur entschlossen hätte, zum FC Bayern oder einem anderen Großverein zu wechseln. Aber Bast, meinte Merkel, wäre eben richtiger Ruhrgebietsjunge. Wenn der nicht dreimal am Tag von ferne die Zeche sehen würde, wäre der unglücklich.

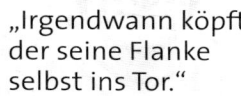

„Irgendwann köpft der seine Flanke selbst ins Tor."

Tenhagen aber erweckte Helmut Schöns Aufmerksamkeit. Nach fünf Einsätzen in der B-Mannschaft wurde er Ende April 1977 beim Länderspiel in Belgrad gegen Jugoslawien in der zweiten Halbzeit eingewechselt. Auf der rechten Abwehrseite hat er gespielt und mitgeholfen, den 2:1-Sieg zu verteidigen. Bei der anschließenden Südamerikareise im Sommer war er wieder dabei und wurde im Spiel gegen Brasilien in Rio de Janeiro kurz vor Schluss für den Berliner Erich Beer eingewechselt. 1:1 ging das Spiel aus, kein schlechtes Ergebnis für die deutsche Mannschaft.

Als in dieser Zeit Franz Beckenbauer völlig überraschend den FC Bayern in Richtung USA verließ, um in einer „Operettenliga" zu spielen, hätte sogar Tenhagens ganz große Stunde schlagen können. Helmut Schön suchte nämlich einen Nachfolger für die Liberoposition und einer der Kandidaten war Jupp Tenhagen. Im Dezember 1977 beim Spiel gegen Wales in Dortmund probierte Helmut Schön ihn auf dieser Position aus. Es war leider ein Spiel, in dem die gesamte Mannschaft schlecht war, Tenhagen eingeschlossen, der ein-, zweimal als letzter Mann den Ball vertändelte. Die Zeitungskommentare nach dem 1:1-Unentschieden waren saftig. Es sollte Tenhagens letztes Länderspiel bleiben, obwohl er weiter zum Kader gehörte. In den Jahren 1977/78 wurde er zu nahezu allen Länderspielen eingeladen und gehörte 1978 sogar zum erweiterten WM-Kader. 25 Spieler hatte Schön zum Sichtungslehrgang eingeladen, von denen 22 zur WM fahren sollten. Am Ende des Lehrgangs gab es für Tenhagen eine große Enttäuschung. Neben Manni Burgsmüller von Borussia Dortmund und Rudi Seliger vom MSV Duisburg war er der Dritte, der nicht nominiert wurde. Erfahren hat er es aus den Fernsehnachrichten, als er schon zu Hause war. Schön hatte nämlich seine Entscheidung, als er die Spieler verabschiedete, noch nicht bekannt gegeben. Es war die größte Enttäuschung in seiner Karriere als Fußballer, und so ganz gerecht fand er sie auch nicht. Mitgenommen als Abwehrspieler wurde von Schön nämlich der Kölner Verteidiger Harald Konopka, der noch kein einziges Länderspiel bestritten hatte und später auch nur zweimal zum Einsatz kam. Aber für Konopka spräche trotzdem die größere internationale Erfahrung, weil er mit dem 1. FC Köln viele Europapokalspiele bestritten hatte, erklärte Schön den Sportjournalisten auf Anfrage. Tenhagen selbst hat Schön es nie erklärt, der konnte es nur in der Zeitung nachlesen.

Es folgten drei ruhige Jahre in Bochum, bis es 1981 schlecht um die Finanzen des Vereins stand. Dringend wurde Geld benötigt, damit die Lizenz erhalten blieb, und so war der VfL gezwungen, einen seiner Leistungsträger zu verkaufen. Viele Spieler, die auf der Wunschliste anderer Vereine standen, hatte der VfL aber nicht, Tenhagen war eindeutig der begehrteste. 1,1 Millionen Mark bot Borussia Dortmund für ihn, damals eine beachtliche Summe, die den VfL aus den ärgsten Finanznöten befreite. So hat Tenhagen noch einmal, diesmal auf ganz andere Weise, den VfL vor dem Abstieg bewahrt.

„Jupp" Tenhagen heute

Danach ging es schrittweise abwärts mit Dortmund, Trainer auf Trainer wurde verpflichtet, die keine Linie in das Spiel des BVB brachten, sondern das Wirrwarr nur erhöhten. Helmut Witte kam, dann Maslo, dann Horst Franz, der Kampf gegen den Abstieg begann, etwas, das Tenhagen aus Bochumer Zeiten nur zu gut kannte.

1984 lief sein Vertrag aus, und er hatte mit den Bochumern die Vereinbarung getroffen, dass er sofort, wenn die Dortmunder ihn nicht mehr haben wollten, wieder bei ihnen anfangen sollte. Mit dem VfL Bochum war er so gut wie verheiratet und er hat noch zwei Jahre, von 1984 bis 86, an der Castroper Straße gespielt, dann wollte Cheftrainer Hermann Gerland ihn gerne als seinen Assistenten haben. Tenhagen hat kurz überlegt, aber der übergangslose Einstieg ins Trainergeschäft hat ihm gefallen. Zwei Jahre lang hat er unter Hermann Gerland gelernt, dann wurde er für ein Jahr selbst Cheftrainer in Bochum. Der Anfang der Saison verlief gut, 19 Punkte holten die Bochumer in der Hinrunde, beachtlich viele, aber weil Tenhagen parallel zu seiner Tätigkeit an der Kölner Sporthochschule den Trainerschein machen musste, also öfter in Köln als in Bochum war, ging der Kontakt zur Mannschaft ein wenig verloren. Darunter litt die Leistung, so dass am Ende beinahe der Abstieg gedroht hätte. Lediglich durch das bessere Torhältnis standen die Bochumer vor der Frankfurter Eintracht, die stattdessen in die Relegationsspiele musste.

Tenhagens Trainerjob in der ersten Liga war danach beendet, aber Erfolge als Trainer sollte er trotzdem noch feiern. Mit Wattenscheid und später dem LR Ahlen hat er den Aufstieg in die zweite Bundesliga geschafft. Im Moment trainiert er den FC Bocholt, mit dem er einen Mittelfeldplatz in der Oberliga belegt, was ganz gut passt, denn damit ist er dorthin zurückgekehrt, wo er hergekommen ist. An den Niederrhein nämlich. Besonders weit hat es ihn sowieso nicht in die Fußballwelt verschlagen, Bodenständigkeit ist seine Devise.

Die Hoffnung, noch mal ganz groß ins Trainergeschäft einzusteigen, beurteilt er sachlich. Hoffnung, sagt er, ist natürlich da, auch wenn die Wahrscheinlichkeit eher dagegen spreche.

Bundesligaspiele schaut er sich regelmäßig an, und zwar im gerechten Wechsel mal die Dortmunder Borussia, mal den VfL Bochum. Und wenn seine beiden Ex-Vereine gegeneinander spielen, zu wem hält Tenhagen dann?

Tenhagen lächelt. Kürzlich hat er sich ein solches Spiel angesehen, und er war absolut neutral, sagt er. Deshalb war ihm das 1:1-Unentschieden wohl auch am liebsten.

Gerd Zewe – Fortunas Düsseldorfs Spiellenker aus besseren Zeiten

Heute geht Gerd Zewe nur noch in Ausnahmefällen zu den Spielen von Fortuna Düsseldorf. Warum sollte er auch? Zuletzt stieg die Fortuna sogar aus der Regionalliga ab und fristet seitdem ein klägliches Dasein in der Viertklassigkeit.

„Wenn ich es täte", sagt er, „kämen doch wieder die Emotionen hoch. Dann blutet mir das Herz."

Gefühle, die nachvollziehbar sind, denn zu seiner Zeit war das ganz anders. Da gab es zwar mit Borussia Mönchengladbach und Bayern München zwei überragende Mannschaften, aber dahinter standen vier, fünf Vereine, die die restlichen Spitzenplätze unter sich ausmachten. Und zu denen gehörte auch Fortuna Düsseldorf. Gleich dreimal hintereinander, in den Jahren von 1978 bis 1980, drangen die Düsseldorfer ins Pokalendspiel vor, zweimal konnten sie die begehrte Trophäe erringen.

Supertechniker am Ball: Gerd Zewe

Abwehrchef und Spielgestalter war damals der blonde, überlegt agierende Gerd Zewe, der meistens Libero spielte, aber auch im Mittelfeld seinen Mann stand. Er war es, der die Düsseldorfer Angriffe einleitete, er hatte die notwendige Übersicht und baute mit seinen technischen Fertigkeiten das Spiel der Fortuna auf. Eleganter als er spielte damals nur noch Franz Beckenbauer, Zewe war ein Ästhet auf dem Platz, der Fußball zelebrierte.

Im Saarland, bei Borussia Neunkirchen, hat er zuerst gespielt, unter dem Trainer Adi Preißler, einem anderen Helden aus dem Fußball-Westen.

Dreimal wurden die Neunkircher mit Zewe Südwestmeister und schafften die Qualifikation für die Aufstiegsrunde in die Bundesliga.

Geklappt mit dem Aufstieg hat es aber nicht. Borussia Neunkirchen, eine der großen Mannschaften aus dem Südwesten, hat nie in der Bundesliga gespielt.

Die Spiele in der Aufstiegsrunde haben Gerd Zewe trotzdem begeistert. Einmal, erinnert er sich, kamen zu einem Spiel gegen den 1. FC Nürnberg 35.000 Zuschauer ins Stadion, und das, obwohl eigentlich nur 28.000 reinpassten. Vor dieser tollen Kulisse gelang den Neunkirchnern ein überraschender 1:0 Sieg.

Später, so wird erzählt, soll der Präsident der Neunkircher vehement für den Ausbau seines Ellenfeldstadions gekämpft und um Landesmittel gestritten haben, die aber am Ende dem 1. FC Saarbrücken und seinem Stadion zugesprochen wurden. Alle Register soll der Neunkircher Präsident gezogen haben und zum Schluss in einem Leserbrief sogar ein ökologisches Argument für den Ausbau in Neunkirchen und gegen Saarbrücken ins Feld geführt haben. Das Saarbrücker Stadion, hat er geschrieben, dürfe aus ökologischen Gründen gar nicht umgebaut werden. Da gäbe es Bereiche, die seit undenkbaren Zeiten von keinem Menschen mehr betreten worden seien, eine schützenswerte Flora und Fauna habe sich angesiedelt, die es unbedingt zu erhalten gelte. Es hat ihm alles nichts genützt, das Saarbrücker Stadion wurde ausgebaut, nicht das Ellenfeldstadion in Neunkirchen.

„Dann blutet mir das Herz."

Gerd Zewe weiß von dieser Geschichte nichts. Er hat sich auf den Fußball konzentriert und so gut für die Neunkircher gespielt, dass er den Düsseldorfern auffiel. 1972 unterbreiteten sie ihm ein Angebot. Zewe befand sich damals im Studium, er hatte sich nach dem Abitur an der Pädagogischen Hochschule in Saarbrücken eingeschrieben und war schon im vierten Semester, also nicht mehr weit vom Examen entfernt. Deshalb nahm er sich vor, es ein halbes Jahr in Düsseldorf zu versuchen. Wenn er in dieser Zeit nicht Stammspieler würde, wollte er nach Neunkirchen zurückkehren und sein Studium beenden.

Aber es kam anders. Zewe wurde auf Anhieb Stammspieler, er trug sich zwar noch an der Pädagigischen Hochschule Neuss ein, aber die meisten Scheine, die er in Saarbrücken gemacht hatte, konnte er in Neuss nicht gebrauchen. Und das Studium noch einmal neu zu beginnen, dazu fehlte neben dem anstrengenden Bundesligatraining die Zeit. Also ist er Fußballprofi und nicht Lehrer geworden.

Seine beste Zeit, sagt Zewe, hatte er von 1976 bis 1978. Da war Dietrich Weise Trainer in Düsseldorf, ein strategischer Kopf, bei dem das Training immer Spaß gemacht hätte. Als Weise 1976 anfing, sind sie mit 0:10 Punkten in die neue Saison gestartet, aber es wäre keiner auf die Idee gekommen, den Trainer in Frage zu stellen, sagt Zewe. Es gab ein absolutes Vertrauen zwischen Trainer und Mannschaft, das sich schnell bezahlt gemacht hat. Schon zur Hälfte der Saison konnte die Fortuna ein ausgeglichenes Punktekonto vorweisen und am Ende stand man auf dem 5. Tabellenplatz.

1978 starteten die Düsseldorfer ihre Serie mit Pokalendspielen, erreichten es zum insgesamt fünften Mal in ihrer Vereinsgeschichte und verloren mit 0:2 gegen den 1. FC Köln. Wie in den vier Endspielen vorher. Auch eine Art von Rekord.

Danach machten die Verantwortlichen des Vereins den Fehler, Dietrich Weise nicht weiter zu verpflichten, urteilt Zewe im Rückblick. Weise

Gerd Zewe bei seinem ersten Länderspiel gegen die Tschechoslowakei

nahm ein Angebot des DFB an, wurde Jugendtrainer und errang mit der Juniorenauswahl 1981 den Weltmeistertitel.

Das verlorene Pokalendspiel hatte für Zewe trotzdem Folgen. Er fiel mit seiner guten Leistung Bundestrainer Helmut Schön auf, der ihn zu den Lehrgängen für die Vorbereitung auf die Weltmeisterschaft 1978 einlud. Obwohl er noch kein Länderspiel betritten hatte, gehörte er zum WM-Aufgebot in Argentinien.

Helmut Schön hatte schon vorher solche Nominierungen vorgenommen. 1966 bei der WM in England gehörte Wolfgang Paul von Borussia

Dortmund ohne Länderspielerfahrung zum Aufgebot, mit dem Unterschied freilich, dass Paul auch danach kein einziges Spiel bestreiten durfte.

Zewe jedenfalls war stolz auf seine Nominierung, obwohl er auch in Argentinien nicht zum Einsatz kam. Aber damals, meint er, musste man sich noch hochdienen in der Nationlmannschaft und kam nicht wie manche Spieler heute nach fünf, sechs guten Bundesligaspielen zum Einsatz.

Die WM endete für die Deutschen schon im Viertelfinale, Helmut Schön erklärte seinen Rücktritt und Jupp Derwall fiel die Aufgabe zu, den Neuaufbau zu organisieren. Und Derwall plante mit Gerd Zewe.

Trainer beim TuS Grevenbroich: Gerd Zewe

1978, beim 4:3-Sieg gegen die Tschechoslowakei in Prag, stand er zum ersten Mal in der Nationalmannschaft, drei weitere Spiele sollten folgen, darunter sein bestes 1979, als im heimischen Rheinstadion die Niederlande mit 3:1 besiegt wurde. Einen Treffer von Karl-Heinz Rummenigge bereitete Zewe vor.

Aber schon 1979 war Schluss mit der Nationalmannschaft. In Malta erreichte die Mannschaft ein blamables 0:0 Unentschieden, Derwall nahm einen Umbau vor, dem auch Zewe zum Opfer fiel. Die Förster-Brüder aus Stuttgart, Bernd und Karl-Heinz, wurden Stammspieler in der deutschen Abwehr, nicht mehr Gerd Zewe.

Der konnte sich immerhin mit zwei Pokalsiegen schadlos halten, jetzt unter den Trainern Tippenhauer und Rehagel. 1979 wurden im Endspiel Hertha BSC mit 1:0 nach Verlängerung geschlagen, ein Jahr später der 1. FC Köln mit 2:1 in Gelsenkirchen.

Es war eine tolle Mannschaft mit großen Namen, die Fortuna Düsseldorf damals vorweisen konnte. Die Allofs-Brüder, Klaus und Thomas, standen im Sturm, dazu Wolfgang Seel, ebenfalls Nationalspieler. Dieter Herzog spielte in Zewes Anfangsjahren dort auf Linksaußen, später dann Rudi Bommer, Manfred Bockenfeld und der kürzlich früh verstorbene Rainer Geye, allesamt Nationalspieler. Keine Überraschung also, dass Fortuna Düsseldorf auch im Europapokal für Furore sorgte. 1979 erreichte die Mannschaft das Europapokalfinale der Pokalsieger. In Basel trat man gegen den hohen Favoriten FC Barcelona an, hielt in der regulären

Spielzeit ein Unentschieden und verlor am Ende unglücklich mit 3:4. Wolfgang Seel schoss zwei der Düsseldorfer Tore. Ein Jahrhundertspiel, der Höhepunkt in der Düsseldorfer Vereinsgeschichte.

Als Torschütze konnte sich auch Gerd Zewe auszeichnen. In seinen über 400 Bundesligaspielen für die Fortuna schoss er immerhin 41 Tore, die meisten davon aus dem Spiel heraus, oft genug mit Weitschüssen. Keine schlechte Bilanz für einen Abwehrspieler.

Einsätze in der B- und Juniorennationalmannschaft stehen noch auf seinem Konto, dazu welche in der Studentennationalmannschaft, die zwar in der Öffentlichkeit wenig beachtet, aber von den Spielern sehr geschätzt wird. Hier treffen sich die „Intellektuellen" unter Deutschlands Fußballern.

1987, mit 37 Jahren, beendete Zewe seine Karriere. Seitdem arbeitet er als Trainer, hat die Amateure von Borussia Mönchengladbach trainiert, dazu auch mal Fortuna Düsseldorf und ist im Moment Trainer des TuS Grevenbroich.

Von seinen beiden Söhnen aus erster Ehe spielt der Jüngere ebenfalls Fußball, er sei auch talentiert, meint Zewe, aber die Ausbildung als Hotelfachmann lasse ihm nicht genügend Zeit zum Training.

Ansonsten staunt er heute selbst, welches Potenzial Fortuna Düsseldorf mal hatte und wie leichtfertig es verspielt wurde. Zusammen mit Klaus Allofs hat er für ein Dreivierteljahr mal was bewegen wollen, aber der Versuch sei am damaligen Vorstand gescheitert. Während weitsichtige Vereinsführungen wie jene bei Borussia Dortmund verdiente Spieler in einem Ältestenrat in die Vereinsstruktur einbinden, sie zu Fanbeauftragten machen und damit eine Kultur innerhalb des Vereins schaffen, würden bei der Fortuna die Alten nicht nur niemals angesprochen, sondern würden, wenn sie mithelfen wollten, prompt in die Wüste geschickt.

In Düsseldorf wurde nicht strategisch geplant, sondern es wurde immer wieder mit neuen Trainern und neuen Spielern versucht, an die großen Zeiten anzuknüpfen. Eine Planung, die gründlich danebenging. Seit 1987 hat die Fortuna zwanzig Trainer verschlissen, dazu sechs Präsidien und sage und schreibe 340 Spieler ein- und verkauft. Zahlen, die im Guinnessbuch der Rekorde Aufnahme finden könnten.

So bleiben als wirkliche Fans nur noch die Mitglieder der Rockband „Tote Hosen", deren Musik auch Zewe schätzt. Da kann Fortuna noch so tief sinken, die „Toten Hosen" halten dem Verein die Treue.

Zewe, das merkt man ihm an, würde es auch gern tun, wenn es sich nur lohnen würde. So aber bleibt ihm das Golfen als Hobby, wo er manchmal Dieter Brei aus der alten Pokalsiegermannschaft trifft. Sonst trifft er wenige von den Ehemaligen, auch nicht Günter Thiele, der mal im Trainingslager auf Gran Canaria seiner frisch angetrauten Ehefrau am Telefon erzählt hatte, dass sie tief im Wald, abseits von all den Menschen, in einem Hotel untergebracht worden seien. Thiele wollte seine Ehefrau beruhigen, dass keine Frauen in der Nähe seien. Dumm war nur, dass am nächsten Tag ein Foto von Fortunas Trainingscamp in der Bildzeitung erschien. Die Spieler, Zewe und Thiele darunter, lagen am Swimmingpool eines Luxushotels, davor stolzierten die Bikinischönheiten herum. Ob Thiele sich wohl noch an das darauffolgende Telefongespräch mit seiner Ehefrau erinnern kann? Ganz sicher, vermutet Zewe.

Achter Einwurf
Der Schuss durch das Fenster

Er hat große Fußballspiele gesehen, der alte Sportplatz unseres Vereins, der eingerahmt von den Siedlungshäusern im Zentrum der Stadt lag.

Ich bin oft dorthin gegangen, habe die dreißig Pfennig Eintritt bezahlt und habe auf dem grasbewachsenen Erdhügel, der sich an einer Seite der Außenlinie entlangzog, gestanden. Von dort oben hatte man einen guten Überblick über das Spielfeld, den besten aber hatten die Anwohner in den Siedlungshäusern nebenan. Sie standen bei Regen im Trocknen, konnten alles sehen und mussten nicht einmal Eintritt bezahlen. Dem Vorstand waren diese ungebetenen Zaungäste natürlich ein Dorn im Auge, aber es ließ sich nichts gegen sie unternehmen.

Einmal wäre einer dieser Zaungäste beinahe aus dem Fenster gefallen. Bei einem Elfer unseres Strafstoßspezialisten Harry Marker war das, als er sich zu weit aus dem Fenster lehnte. Harry war ein todsicherer Elfmeterschütze. Er hatte nämlich einen Silberblick und konnte deshalb in aller Ruhe die Ecke anpeilen, in die er seinen Elfer versenken wollte, ohne dass der Torwart auch nur ahnte, wohin Harry gerade schaute.

Irgendwann, als es kurz vor Spielschluss darum ging, ob wir durch Harrys Elfer doch noch gewinnen würden oder nicht, hat sich der Mann vor lauter Aufregung zu weit vorgebeugt und hat beinahe das Gleichgewicht verloren. Er hing schon halb aus dem Fenster und ruderte wild mit den Armen, um das Gleichgewicht zurückzugewinnen, da packte ihn im letzten Moment eine Hand am Kragen und riss ihn zurück. Fast alle hatten die Szene beobachtet und den Atem angehalten, selbst Harry Marker unterbrach seinen Jubel und starrte zu dem Mann hinauf. Die Erleichterung über die glückliche Rettung wich aber schnell einem schallenden Gelächter. Geschah dem Kerl ganz recht, dieser Schreck, warum stand er dort oben im Trocknen und drückte sich vor dem Eintrittsgeld.

Irgendwann war in eines der Häuser eine Familie eingezogen, die mit Fußball nichts am Hut hatte. Vielleicht war sie aber auch gar nicht neu eingezogen, sondern hatte schon immer dort gewohnt, und es fiel uns erst auf, als Aki Schäper aus der zweiten Mannschaft aufrückte und bei uns auf Linksaußen stürmte. Aki hatte einen Mordsbums, zog von dreißig Metern ab und konnte, wenn er den Ball richtig traf, den Torwart gleich mit ins Netz befördern. Allerdings klappte das nicht immer, Aki hatte nämlich Kraft, aber wenig Technik. Viele Bälle rutschten ihm über den

Spann und bekamen einen merkwürdigen Linksdrall. Weit und hoch flogen sie über das Tor und blieben im Fangzaun hängen. Eines Nachmittags schaffte Aki seinen ersten Schuss, der nicht nur weit am Tor vorbei, sondern auch hoch über den Zaun flog. Krachend prallte er gegen ein Fenster des dahinter liegenden Hauses. Im selben Moment wurde es aufgerissen, ein Mann beugte sich heraus, schimpfte und drohte mit der Faust. Dabei zeigte er ein paar Mal auf Harry Marker, den er zur Freude der Zuschauer für den Übeltäter hielt, während Aki Schäper den Kopf einzog und sich zur Mittellinie schlich. Die Szene wiederholte sich von nun an im Abstand von einigen Wochen, Aki schoss und immer erschien mit hochrotem Kopf der schimpfende Mann im Fenster und beschuldigte diesen oder jenen, niemals aber Aki Schäper, der wirklich unschuldig aus der Wäsche gucken konnte.

Und irgendwann passierte, was unvermeidlich war. Aki zog ab, wir freuten uns schon auf den Wutanfall, da durchschlug der Ball mit voller Wucht die Scheibe. Klirrend flogen die Splitter auf die Kellertreppe. Jetzt, dachten wir, jetzt wird der Mann erscheinen, noch lauter rumbrüllen und wer weiß wen beschuldigen, aber nichts davon geschah. Hinter dem Fenster mit der kaputten Scheibe blieb es ruhig. Ein, zwei Minuten verharrten Zuschauer, Spieler und Schiedsrichter in völliger Stille und starrten nur ungläubig auf das Fenster, dann kam Unruhe auf. Der Ball, wo blieb denn der Ball? Wir wollten ihn zurückhaben, schließlich musste das Spiel weitergehen. Aber nichts geschah. Kein schimpfender Mann, kein Ball, der zurück aufs Spielfeld flog.

Einen Ersatzball hatten wir natürlich nicht, auf so einen Fall war der Verein nicht vorbereitet, deshalb musste sich schließlich Harry Marker aufmachen, an der Seite über den dort niedrigen Zaun klettern und zu dem Haus gehen. Minuten verstrichen, der Schiedsrichter wurde unruhig und drohte mit Spielabbruch, da kehrte Harry Marker mit dem Ball unter dem Arm zurück. Unter dem Jubel der Zuschauer kletterte er über den Zaun zurück und reichte ihn dem gegnerischen Torwart. Wir atmeten auf. Das war noch mal gut gegangen. Nicht auszudenken, wenn Harry den Ball nicht gekriegt hätte und das Spiel abgebrochen worden wäre.

Es lief schon wieder drei, vier Minuten, und wir hatten den Vorfall beinahe vergessen, da geschah etwas Unglaubliches. Eine Frau drängte sich zwischen den Zuschauerreihen nach vorn und betrat, ohne sich an der verbissenen Kickerei zu stören, das Spielfeld. In der Hand hielt sie eine Kuchenschale und darauf befand sich – wir brauchten einen Moment, um es wirklich zu begreifen – eine völlig zermatschte Torte. Ich glaube, es war Schwarzwälder Kirsch. Die Frau sagte nichts, sie stand nur mitten auf dem Spielfeld mit der Kuchenschale in der ausgestreckten Hand. Ein stummer, erschütternder Vorwurf, der alle betroffen machte. Deshalb bedurfte es auch keines Pfiffes des Schiedsrichters, nach und nach hörten alle von selbst auf zu spielen und blickten verlegen zu Boden, am verlegendsten von allen Aki Schäper. Das also hatte sein missglückter Schuss zusätzlich zur zersprungenen Scheibe bewirkt, eine völlig zermatschte Torte. Niemand sagte ein Wort, die meisten dachten wahrscheinlich an die eigene Torte, die nach dem Spiel zu Hause auf sie wartete. Denn das gehörte unabdingbar zu unseren Sonntagnachmittagen, zuerst das Fußballspiel und danach zu Hause die Tasse Kaffee und ein Stück Torte. Vermutlich gab es niemanden auf dem Sportplatz, der das Leid der Frau nicht nachvollziehen konnte. Wehe, wenn Aki Schäper in ihre Torte geschossen hätte!

Am Ende sind ein paar Männer aus unserem Vorstand zu der Frau gegangen, haben beruhigend auf sie eingeredet und sie sanft und verständnisvoll nickend vom Platz geführt. Vermutlich haben sie ihr eine Ersatztorte für den nächsten Sonntag versprochen und natürlich eine neue Fensterscheibe.

Das Spiel haben wir Gott sei Dank gewonnen, aber eine Folge hatte es trotzdem. Aki Schäper spielte fortan linker Läufer, eine Position, von der aus er nur selten aufs Tor schießen konnte. Gut möglich, dass unser Vorstand im Laufe der Woche gemerkt hatte, wie teuer Schwarzwälder Kirschtorte war.

Pierre Littbarski – immer der Größte, nie der Längste

Pierre Littbarski ist ein Berliner Junge. Für die kleine Hertha, die aus Zehlendorf, hat er bis zu seinem 18. Lebensjahr Fußball gespielt, wurde Jugendnationalspieler, aber untrennbar ist sein Name mit dem Rheinland und dem 1. FC Köln verbunden.

Es war die deutsche Jugendmeisterschaft 1977, die ihn nach Köln geführt hat. Mit seiner Hertha musste er beim FC antreten, gewann das Spiel und die Kölner sahen staunend, welch großes Stürmertalent in den Reihen des Berliner Vorortvereins heranwuchs.

Schnell, bevor „Litti" einem Konkurrenzverein auffiel, unterbreiteten sie ihm ein Angebot und von 1978 bis 1993, mit einer einjährigen Unterbrechung bei Racing Paris, stürmte Littbarski für den 1. FC Köln. Über 400 Spiele bestritt er für die Rheinländer und schoss 116 Tore.

Pierre Littbarski im Nationalteam

Er war ein Fummelkönig, der zuerst auf der rechten Sturmseite seinen Stammplatz fand und später offensiver Mittelfeldspieler wurde. Wenn Littbarski fummelte, war es für jeden Verteidiger schwer, an den Ball zu kommen. „Litti", wie er schnell getauft wurde, schlug mit seinen kurzen Beinen Haken, von denen andere nur träumen konnten. Auf engstem Raum konnte er seine Gegenspieler austricksen. Dort, wo andere nicht einmal Platz hatten, um den Ball zu stoppen, hatte Litti Raum genug zum Fummeln. Unvergessen die Bilder vom lachenden Littbarski, der gerade zwei, drei Gegenspieler ausgetanzt hatte und mit dem Ball am Fuß nach vorne stürmte. Er hat nicht gelacht, um sich über seinen Gegner lustig zu machen, so etwas lag ihm fern. Litti war vielmehr ein gut gelaunter Spieler, der wusste, was die Fans sehen wollten.

Diese Offenheit den Fans gegenüber legte er auch nach dem Spiel nicht ab. In Interviews liebte Litti immer ein klares, oft genug ironisches Wort. Die berühmte „Berliner Schnauze" ist ihm in Köln nicht abhanden gekommen.

Sein Spitzname Litti, ebenso von seinem Namen wie vom Englischen „little" abgeleitet, war übrigens berechtigt. Körperlich gehörte Litti zu den kleinsten Bundesligaspielern, unterboten nur noch von „Icke" Häßler, ebenfalls ein Berliner Junge, mit dem zusammen er in der Nationalmannschaft große Erfolge feiern durfte.

„Der Größte war ich auch in Japan nicht."

Nach 21 Spielen in der Juniorennationalmannschaft und einem B-Länderspiel (1980 gegen die Schweiz) bestritt er 1981 sein erstes von insgesamt 73 Länderspielen. An drei Weltmeisterschaften hat Litti teilgenommen und hat dabei zweimal im Endspiel gestanden. Jenes von 1982 wurde in Madrid mit 1:3 gegen Italien verloren. Paul Breitner war Lenker und Denker des deutschen Teams und hatte die Hoffnung, als erster deutscher Spieler zweimal Weltmeister zu werden. Obwohl er wie im Endspiel 1974 auch diesmal ein Tor schoss, hat es aber nicht geklappt, für ihn nicht und auch noch nicht für den 22jährigen Littbarski. Aber dem blieben noch zwei Chancen, doch 1986, als die Deutschen wieder das Endspiel erreichten, saß Litti nur auf der Bank. Zwei Monate vor der Weltmeisterschaft hatte er sich einen Bänderriss zugezogen, war zwar halbwegs wieder in Form gekommen, doch für einen Platz in der Stammelf reichte es nicht ganz. In der Vor- und Zwischenrunde hat er ein paarmal gespielt, aber als gegen Argentinien im Endspiel unglücklich mit 2:3 verloren wurde, durfte Litti nur zuschauen. Team-Chef Beckenbauer, der 1984 den glücklosen Bundestrainer Derwall abgelöst hatte, versuchte es mit Völler und Karl-Heinz Rummenigge, der Wochen vorher selbst verletzt worden war und ebenfalls nur langsam in Form kam.

Erst 1990, beim dritten Anlauf, folgte der große Triumph. In Rom ging es im Endspiel wieder gegen die Argentinier, und diesmal hatten die Deutschen das Glück auf ihrer Seite, das ihnen vier Jahre vorher gefehlt hatte. Zehn Minuten vor Schluss gab es beim Stand von 0:0 einen Foulelfmeter, den Rudi Völler herausgeholt hatte. Lothar „Lodda" Matthäus, der eigentlich als Schütze vorgesehen war, kniff vor der Verantwortung, angeblich, weil er neue Fußballschuhe trug und noch nicht das „richtige Gefühl" darin hatte. Also nahm sich Andi Brehme den Ball und verwandelte unhaltbar unten links vom Schützen. Zum dritten Mal nach 1954 und 1974 und nach zwei verlorenen Endspielen in Folge waren die Deutschen Weltmeister. Und Litti war dabei. Sein größter Triumph!

Dabei hatte es um seinen Einsatz im Endspiel genauso wie um den von Häßler vorher Diskussionen gegeben. Uwe Bein und Andi Möller, zwei weitere Mittelfeldspieler der Sonderklasse, standen im Team und hatten im Halbfinale gegen England, das nach Elfmeterschießen gewonnen wurde, gut gespielt. Im Endspiel aber vertraute Beckenbauer seiner Stammmannschaft aus den Vor- und Zwischenrundenspielen, und dazu hatte auch Litti gehört.

Das Endspiel 1990 war gleichzeitig sein letztes Länderspiel. Auf dem Höhepunkt seiner Karriere ist er abgetreten, und das, obwohl Berti Vogts, der Beckenbauer ablöste, sein erstes Spiel als verantwortlicher Bundestrainer gerne mit der kompletten Endspielmannschaft bestritten hätte. Aber neben Augenthaler wollte auch Littbarski nicht mehr auflaufen. So waren es in Lissabon gegen Portugal nur 9 Weltmeister, die ein 1:1 Unentschieden herausholten.

Aber die Weltmeisterschaften waren nicht die einzigen internationalen Großturniere, an denen Littbarski teilnahm. Zweimal, 1984 und 88, nahm er auch an den Europameisterschaften teil. 1984 schied die Mannschaft nach blamablen Leistungen in der Vorrunde mit einer 0:1-Niederlage

gegen Spanien aus, 1988, als im eigenen Land gespielt wurde, hatte man große Hoffnung, zum dritten Mal den Titel erringen zu können. Aber im Halbfinale waren die Holländer stärker, nicht zuletzt, weil Jürgen Kohler das entscheidende Duell gegen den holländischen Torjäger van Basten verlor. Kurz vor Schluss erzielte van Basten das entscheidende Tor zum 2:1-Sieg.

Insgesamt hat Littbarski also an fünf internationalen Turnieren teilgenommen, ein Rekord, wäre da nicht der unverwüstliche Lothar Matthäus, der es auf acht Turnierteilnahmen gebracht hat.

Das Pech, zwar an Endspielen teilzunehmen und nur selten zu gewinnen, erlebte Litti auch mit seinem 1. FC Köln. Dreimal erreichten die Kölner mit ihm im Team das Pokalendspiel. 1980 wurde gegen Düsseldorf verloren, 1991 nach Verlängerung und Elfmeterschießen gegen Werder Bremen, aber einmal durfte Litti doch den Pokal in Händen halten. 1983 war das, als es gegen den Ortsrivalen Fortuna Köln ging. Der FC war haushoher Favorit, tat sich aber gegen die Lokalkonkurrenz aus der zweiten Liga schwer. Lange stand es 0:0, dann war es Littbarski höchstpersönlich, der den Siegtreffer zum 1:0 schoss. Vielleicht sein wichtigstes Tor für den FC. Denn wenn er es nicht geschossen hätte, wer weiß, wie auch dieses Endspiel ausgegangen wäre.

Auch ein UEFA-Cupfinale hat er mit den Kölnern erreicht, das damals noch in Hin- und Rückspiel ausgetragen wurde. Aber beim Hinspiel bei Real Madrid gab es eine saftige 1:5-Niederlage, der 2:0-Heimsieg war nur noch Ergebniskosmetik.

Meister dagegen ist er nie geworden, dafür – man ahnt es schon – gleich dreimal Vizemeister.

Eine tolle Karriere hat er also vorzuweisen, mit vielen Höhepunkten, einigen Titeln und noch mehr Vizemeisterschaften.

Macht nichts, denkt Litti heute darüber, denn was sind all die möglichen Titel gegen den einen, den Weltmeistertitel, den zu erringen nur ganz wenigen Fußballern vergönnt ist.

Glück hat er auch gehabt, ganz persönliches, das damit begann, dass er am Ende seiner Karriere nach Japan wechselte. Okudera, Stürmerkollege aus Kölner Zeiten, hatte ihn dazu überredet. Titel hat Litti in der japanischen Exotenliga zwar nicht gewonnen, aber eine Frau hat er in Japan gefunden. Inzwischen hat er auch einen fünfjährigen Sohn.

„Ich kann in zwei Ländern leben und arbeiten", sagt Litti heute, nicht zuletzt, weil er von der japanischen Lebensart viel gelernt hat. „Die Japaner sind lebenspraktische Leute", sagt er. „Sie sehen manches gelassener. Davon kann ich heute profitieren."

Freunde von Litti meinen aber, er sei aus einem ganz anderen Grund nach Japan gewechselt. Der Größte sei in der Kölner Mannschaft schon immer gewesen, aber einmal, meinen sie, wollte Litti auch der Längste sein. „Ach Gott", stöhnt Litti, „das war ich doch in Japan auch nicht. Die Nationalspieler dort haben auch alle Gardemaß."

Immer der Größte, nie der Längste, das ist ein Schicksal, das zu ertragen man auch erst mal lernen muss.

Nach seiner aktiven Zeit war er zunächst Trainer in Japan, bei Yokohama Frie, dann lockte ihn Rainer Calmund, schwergewichtiger „XXL-Manager" von Bayer Leverkusen, zurück nach Deutschland. Als Assistent von Berti Vogts hat Litti etwas glücklos Bayer Leverkusen trainiert, eine Zeit, die er aber nicht missen möchte. „Ich habe dabei viel gelernt", sagt er im Rückblick.

Dort, in Leverkusen, traf er auch seinen alten Spezi wieder, Toni Schumacher, Weltklassetorhüter aus Kölner Zeiten, mit dem er bei Auswärtsspielen oft das Zimmer geteilt hat. Einmal haben sich die beiden heftig in ihrem Zimmer gestritten. Es war die Zeit des Zauberwürfels, dessen Einzelteile man solange hin- und herbewegen musste, bis alle sechs Seiten nur jeweils eine Farbe aufwiesen. Litti war fasziniert von dem Spiel, er war sowieso der einzige im Kölner Team, dem man die Lösung des Problems zutraute. Nur Schumacher konnte das knackende Geräusch, das klang, als würden Knochen brechen, nicht ertragen, wollte endlich schlafen und quartierte den vom Spielfieber befallenen Litti kurzerhand mit Bettdecke und Kopfkissen ins Bad um. Am nächsten Tag war schließlich ein wichtiges Spiel, und da wollte Schumacher ausgeschlafen sein. Er war auch glücklich eingeschlafen, als ihn mitten in der Nacht ein lauter Jubelschrei weckte. Litti hatte das Problem gelöst und Schumacher blieb das Problem, wie er nach dem Schreck wieder einschlafen konnte.

Neben Schumacher gehören Rudi Völler, Wolfgang Rolff und Frank Ordenewitz, allesamt Nationalspieler, zu seinen Freunden, die er ab und an trifft.

Mit Ordenewitz verbindet ihn eine herrliche Geschichte, die aus der Zeit stammt, als Ordenewitz noch nicht für Köln, sondern für Werder Bremen spielte. Da war Ordenewitz, zweifacher Nationalspieler, bei einer Flanke in den Strafraum hochgesprungen, hatte den Ball berührt, aber was keiner im Stadion, auch nicht der Schiedsrichter, bemerkt hatte, es war die Hand gewesen, mit der Ordenewitz im Strafraum an den Ball gekommen war. „Otze", wie er später in Köln hieß, war so ehrlich, zum Schiedsrichter zu gehen und sein Handspiel zuzugeben. Elfmeter. Wohl selten ist ein Fußballprofi in der Bundesliga so ehrlich gewesen wie Ordenewitz in jenem Spiel. Auch Littbarski hat darüber gestaunt, sich die Chance zum Tor aber trotzdem nicht nehmen lassen. Sicher hat er den Elfer verwandelt.

Zuletzt, bis zu seiner Entlassung im Herbst 2002, trainierte Litti den MSV Duisburg und schaffte in seiner ersten Saison als Cheftrainer mit einer neu zusammengestellten Mannschaft nach schwachem Start einen Mittelplatz in der zweiten Bundesliga. Zum Spiel des MSV bei Union Berlin kamen als Zuschauer seine Eltern. Immer, wenn Litti mit seinem Verein oder der Nationalmannschaft in Berlin gespielt hat, sind sie gekommen. Das wird, solange sie leben, auch so bleiben. Litti freut sich darüber.

„Toni" Schumacher – der ehrliche Rebell

Angefangen hatte es im Wohnzimmer seines Elternhauses. Da konnte es passieren, dass Mama Schumacher zu ihrem kleinen Harald sagte: „Mach mal den Herkenrath!" Dann warf sie den Ball in die Luft und der kleine Harald flog so spektakulär durchs Zimmer, als wäre er der damalige Nationaltorwart. Natürlich hat er den Ball gefangen.

Kein schlechtes Training, vor allem unabhängig vom Wetter. Harald Schumacher, den später alle „Toni" nannten, hat noch größere Erfolge feiern dürfen als sein Torwartvorbild Fritz Herkenrath.

Im Hechtsprung nach dem Ball: „Toni" Schumacher

Bei Schwarz-Weiß Düren startete er seine Karriere und wurde zu einem der besten Torhüter Deutschlands.

Den Spitznamen „Toni" bekam er, als er 1973 zum 1. FC Köln wechselte. Dort hatte es schon mal einen Torwart namens Schumacher gegeben, und weil der Toni hieß und außerdem gut war, gaben die Kölner Fans dem neuen Schumacher kurzerhand den Vornamen des Alten. So populär wurde er mit seinem Spitznamen, dass heute nur noch wenige wissen, dass der zweite „Toni" eigentlich Harald heißt.

Mit dem 1. FC Köln, der 2003 wieder aufgestiegen ist, hat Schumacher große Erfolge feiern dürfen. 1977 wurde er Pokalsieger nach einem 1:1 im ersten Spiel und einem 1:0 im Wiederholungsspiel gegen Hertha BSC. Ein Jahr später, 1978, wiederholte der 1. FC Köln seinen Triumph, diesmal wurde Fortuna Düsseldorf mit 2:0 geschlagen, aber das war nicht das Besondere in diesem Jahr. Köln wurde außerdem Deutscher Meister, schaffte also das begehrte Double, das nur wenige Vereine erreicht haben. Entscheidender Rückhalt in der Abwehr war der temperamentvolle Schumacher, der hielt, was zu halten war. Und noch ein paar „Hundertprozentige" dazu.

Auf die Berufung in die Nationalmannschaft musste Toni trotzdem lange warten. Erst 1979 trat Torwartlegende „Sepp" Maier zurück und Schumacher durfte sein erstes von insgesamt 76 Länderspielen bestreiten. Auch im Nationaltrikot erreichte er überragende Erfolge. Zweimal, 1982 in Spanien und 1986 in Mexiko, nahm er an der Weltmeisterschaft teil, beide Male schaffte die deutsche Mannschaft den Einzug ins Finale, beide Male gingen die Endspiele aber verloren. 1982 mit 1:3 gegen Italien, 1986 mit 2:3 gegen Argentinien.

> „Mach mal den Herkenrath."

Den Einzug ins Finale 1982, damals noch unter Bundestrainer „Jupp" Derwall, hatte die deutsche Mannschaft nicht zuletzt Toni Schumacher zu verdanken. Im Halbfinale hatte sie einen Rückstand gegen Frankreich aufgeholt, nach der Verlängerung stand es 3:3 und erst nachdem Schumacher im entscheidenden Elfmeterschießen einen Elfmeter hielt, wurde der Einzug ins Finale geschafft.

1986 wiederholte sich die Situation. Wieder ging es im Halbfinale gegen Frankreich und diesmal riskierte Schumacher beim glatten 2:0-Sieg gegen den angreifenden Battiston Kopf und Kragen. Besinnungslos und schwer verletzt blieb Battiston nach dem Zusammenprall mit Schumacher im Strafraum liegen und musste vom Platz getragen werden. Von da an war Schumacher der Buhmann, im Spiel und vor allem danach. Als ihm nämlich ein Sportreporter später erzählte, der Franzosen habe mehrere Zähne verloren, antwortete Schumacher, das sei Gott sei Dank nicht schlimm, die Jacketkronen würde er ihm schon bezahlen. Eine unbedachte Äußerung, die allerdings von Sportmanns Schumacher überhaupt nicht böse gemeint war. Schumacher war erleichtert, dass der Franzose nicht schwerer verletzt war. Als er nämlich besinnungslos vom Platz getragen wurde, haben nicht nur die Zuschauer, sondern auch Schumacher mit dem Schlimmsten gerechnet. Die Aussage sollte also eher seine Erleichterung ausdrücken, nicht seine Gefühlskälte gegenüber der Gesundheit eines Gegenspielers. Aber der Satz war eben missverständlich. Wochenlang blieb Schumacher der Buhmann.

Zwei Endspiele hat er mit der Nationalmannschaft also verloren, eines aber auch gewonnen. 1980 bei der Europameisterschaft in Rom war das, als Belgien im Endspiel mit 2:1 besiegt wurde. Den Weltmeistertitel hat er zweimal denkbar knapp verpasst, aber mit einem Europameistertitel kann er sich trösten.

Zu seinem Ende in der Nationalmannschaft hat Schumacher maßgeblich selbst beigetragen. 1987 hat er sein Buch „Anpfiff" veröffentlicht, und weil er ein Freund der klaren Worte war, standen darin Aussagen, die Fußballdeutschland durcheinander wirbelten und sein Image als Rebell endgültig festigten. Vieles hatte sich in seiner Fußballkarriere an Erfahrungen und Ärger angesammelt und Toni Schumacher befand, dies müsste nun endlich öffentlich diskutiert werden. Schließlich hatten sich in der Nationalmannschaft einige Mitspieler sogar während der Vorbereitung zur Weltmeisterschaft 1982 nicht auf den Fußball konzentriert, sondern an ihr kurzfristiges Vergnügen gedacht. Bier zu trinken, um Geld zu verzocken und die Freundin zu treffen, das schien ihnen wichtiger zu sein als der Erfolg. Am Schluchsee im Schwarzwald fand das damalige Vorbereitungstraining der Nationalmannschaft statt, in „Schlucksee" wurde er grinsend umgetauft, nachdem die Nationalmannschaft abgereist war. Einen Ehrgeizigen wie Schumacher, der die Weltmeisterschaft als größte Herausforderung eines Fußballers begriff, konnte das nicht kalt lassen. Also war klar, dass er sich irgendwann seinen Ärger von der Seele schreiben musste. Zusätzlich stach er in ein Wespennest. Dopingkontrollen, hatte der DFB damals gemeint, seien nicht nötig, denn Doping spiele im Fußball keine Rolle. Schumacher wusste es besser, schrieb, dass er im Training selbst damit experimentiert habe und hatte plötzlich alle gegen sich. Kündigung im Verein und Ausschluss aus der Nationalmannschaft, ausgesprochen vom damaligen Team-Chef Beckenbauer, waren die Folge. Bodo Illgner, beim 1. FC Köln zweiter Mann hinter Schumacher, rückte nach, und er war es, der 1990 Fußballweltmeister wurde, nicht Toni Schumacher. Das Endspiel gegen Argentinien hat sich Toni im Fernsehen trotzdem angeschaut und seinem Freund Illgner die Daumen gedrückt.

Hat er es bereut, so offen seine Meinung gesagt zu haben? Toni Schumacher schüttelt den Kopf. Niemals, sagt er, denn er habe immer nach dem Lebensmotto gehandelt, das seine Mutter ihm mitgegeben habe: Fleißig sollst du sein und ehrlich deine Meinung sagen. Nicht mehr, aber auch nicht weniger habe er getan. So einfach sei das. Dass man damit anecken kann, musste er eben in Kauf nehmen.

Kurz danach wurden übrigens Dopingkontrollen in der Bundesliga eingeführt, es wurden inzwischen sogar einige Dopingsünder überführt, aber natürlich geschah dies alles nicht, wie der DFB betonte, wegen Schumachers Buch. Eine Aussage, die ihm noch heute ein Schmunzeln entlockt.

1983 wurde er mit dem 1. FC Köln zum dritten Mal Pokalsieger, diesmal wurde der Lokalrivale Fortuna knapp mit 1:0 besiegt.

Nach seiner Entlassung in Köln wechselte Schumacher „auf" Schalke, keine glückliche Entscheidung, denn Schalke stieg ab. Danach zog es ihn in die Türkei, wo er noch einmal Landesmeister wurde. 1989 gewann Fenerbace Istanbul mit Toni Schumacher im Tor die türkische Meisterschaft.

Schumacher war ein temperamentvoller Mann, nicht nur beim Reden und Schreiben, sondern vor allem auf dem Platz. Dem Erfolg hat er alles untergeordnet, und solche Spieler werden in der Türkei geliebt. Seine Jahre in Istanbul gehören zu den schönsten seiner Karriere.

Konzentriert auf das Spiel: „Toni" Schumacher

Sogar bei Bayern München hat er gespielt. Für insgesamt acht Spiele sprang er ein, als sich beide Münchner Stammtorhüter 1992 verletzt hatten. Da war er schon 38 Jahre alt. Aber es sollte nicht sein letztes Spiel sein, obwohl er anschließend seine Karriere beendete. Ein Widerspruch? Nicht für Toni Schumacher.

Zunächst wurde er Torwarttrainer auf Schalke, dann, unter Trainer Hitzfeld, bei Borussia Dortmund. Stefan Klos hat er in Form gebracht und 1995 und 96 wurde Borussia nach langen Jahren des Wartens wieder Deutscher Meister. Die zweite dieser beiden Meisterschaften war schon vor dem letzten Bundesligaspiel entschieden und deshalb entschloss sich Borussia Dortmund zu einem ganz besonderen Dank an seinen Co-Trainer. Vorsorglich wurde die Spielerlaubnis für ihn beim DFB beantragt, und nachdem zuerst Ersatztorwart „Teddy" de Beer im letzten Spiel das Dortmunder Tor gehütet hatte, wurde in den letzten Minuten zur Gaudi der Zuschauer Toni Schumacher eingewechselt. So ist er denn mit 42 Jahren noch einmal Deutscher Meister geworden, diesmal mit Borussia Dortmund. Eine weitere Kuriosität in seinem Fußball-Leben, aber nicht die letzte!

1998 übernahm er als verantwortlicher Trainer die Fortuna aus Köln, und er hat den Verein zuerst mit gutem, dann mit zunehmend weniger Erfolg in der 2. Bundesliga trainiert. Als die Erfolge ausblieben, hat er eine Trainerentlassung kassiert wie noch kein Trainer vor ihm. In der Halbzeitpause, als seine Mannschaft hoch zurücklag, hat Fortuna-Chef Jean Löring ihn angemeckert und gesagt, dass er sofort nach Hause gehen könne. Trainerentlassung in der Halbzeit, das hatte vor Schumacher noch keiner erlebt.

Inzwischen ist er wieder Torwarttrainer, diesmal bei Bayer Leverkusen und kann dort wieder Erfolge feiern.

Was würde er eigentlich tun, wenn er als Trainer auf einen Spieler treffen würde, der genauso gradlinig und kritikfreudig ist wie er? Schumacher lacht. „Ich hab ja keinen." Woran das liegt, darüber könne er nur spekulieren. Heute werde interne Spielerkritik vom Vorstand ernster genommen, meint er. Ein Bundesligaverein sei ja ein Wirtschaftsunternehmen mit Umsätzen bis zu 150 Millionen DM im Jahr. Kritik, die nach außen getragen wird, könne dem Image des Vereins nur schaden.

Schumacher mit seinen Fans Simon (links) und Lukas (rechts)

Wäre dann jemand wie er heute gar nicht mehr so wichtig? Das will er nun auch nicht behaupten. Nur mit Harmonie gehe es in einem Verein nicht, antwortet er. Reibungspunkte müssten sein, sie erhöhen die Erfolgschancen. Wobei es allerdings Grenzen gebe. Intern müsse Kritik offen sein, sagt er, was aber nicht heiße, dass sie in „Niedermache" ausarten dürfe. Überhaupt, betont Schumacher, sei Fußball ein Mannschaftssport, in dem das individuelle Interesse mit dem gemeinschaftlichen in Einklang gebracht werden muss. So gesehen ist er ein „Rebell" aus Verantwortung geblieben.

Michael Zorc – Borussia Dortmunds Mann im Mittelfeld

Das Fußballspielen liegt in der Familie von Michael Zorc. Schon Vater Dieter war ein erfolgreicher Verteidiger, der beim Lüner SV in der zweiten Liga und später, als er schon über 30 Jahre alt war, eine Saison in der Bundesliga beim VfL Bochum gespielt hat. Auch er ist wie sein Sohn Nationalspieler geworden, allerdings in der Amateurnationalmannschaft. 32 Länderspiele hat er in den Jahren 1966 bis 71 für diese DFB-Auswahl bestritten und belegt damit

Michael Zorc zwischen Torwart Immel (links) und „Rolli" Rüßmann

einen Spitzenplatz in der Rekordliste. Zusammen mit Erhard Ahmann, der ebenfalls in Lünen und später in Gütersloh gespielt hat, hat er über Jahre hinweg ein eingespieltes und kampfstarkes Verteidigerpaar gebildet.

Sohn Michael brauchte aber keine Anregung von seinem Vater, sagt er. Die Zorcs stammen aus Dortmund-Eving und da gehört der Fußball zu den selbstverständlichen Spielen unter den Jugendlichen. Klar, dass der kleine Michael eines Tages dort landete, wo sein Vater angefangen hatte, beim TuS Eving-Lindenhorst nämlich. Ein paar Jahre hat er dort gespielt, bis Walter Maahs, Geschäftsführer der großen Borussia, ihn entdeckte und sofort zur Borussia holen wollte. Zorc blieb aber noch ein Jahr, weil sein Jugendtrainer ihm versprochen hatte, dass er als C-Jugendlicher sofort in die A-Jugend aufsteigen könnte. Michael Zorc hatte ihm dafür seinerseits das Versprechen gegeben, noch ein Jahr zu bleiben.

Walter Maahs' Angebot hatte sich aber trotzdem rumgesprochen, und weil das Abwerben von Jugendlichen damals untersagt war, wurde er vom DFB-Sportgericht zu einer Geldstrafe verurteilt. Ob wirklich er oder die

Borussen diese Strafe bezahlt haben, weiß Michael Zorc nicht. Borussenfans, die Walter Maahs kennen und mögen, können es kaum vorstellen, dass er es selber war.

Ein Jahr später, 1978, war Michael Zorc dann aber Borusse, und er ist es bis heute geblieben.

Neben der Schullaufbahn, die er mit dem Abitur abschloss, ging es im Fußball nun steil aufwärts mit ihm. Schnell schaffte er den Sprung in die U 19-Juniorennationalmannschaft, mit der er 1981 ein so erfolgreiches Jahr erlebte, wie es dieses Team bis heute nicht mehr geschafft hat.

Bei der Europameisterschaft im eigenen Land wurde 1981 der Titel gewonnen. Im Endspiel in Düsseldorf wurde Polen klar besiegt und nur wenige Monate später folgte der nächste Titel. Bei der Weltmeisterschaft in Australien wurde im Endspiel gegen Katar klar mit 4:0 gewonnen. Die Katarer hatten vorher die Brasilianer und Engländer aus dem Turnier ausgeschaltet, wie sie das geschafft hatten, kann sich Zorc kaum vorstellen. Trainer der deutschen Mannschaft war damals Dietrich Weise, ein ausgezeichneter Fachmann, der dem Fußball in jenen Jahren viele Impulse gegeben hat.

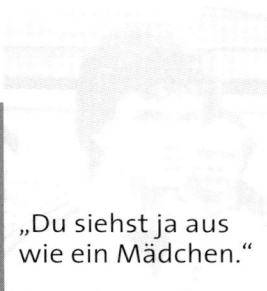

„Du siehst ja aus wie ein Mädchen."

Europa- und Weltmeister in einem Jahr, kein schlechter Start für einen jungen Fußballer.

Zorc wurde damals übrigens von einem zweiten Borussen in dieser Nationalmannschaft begleitet, von Ralf Loose, der Mannschaftskapitän war und in jenen Jahren immer ein bisschen vor Zorc stand. Wie Zorc schaffte er noch 1981 den Sprung in die erste Mannschaft des BVB, gab zu großen Hoffnungen Anlass, die sich aber nicht erfüllten. Nach vier Jahren als Stammspieler war seine Position als Libero plötzlich umstritten, er wechselte zuerst nach Oberhausen in die zweite Liga und später zur Fortuna Düsseldorf. Inzwischen ist er Nationaltrainer von Liechtenstein und damit Nachfolger von Dietrich Weise, der dieses Team auch mal trainiert hat.

Mit Zorc ging es in den frühen 80er Jahren auch erst einmal nicht stürmisch aufwärts, Erfolge wie 1981 kann ein Fußballer eben nicht jedes Jahr erleben. Eng ist seine Entwicklung in dieser Zeit mit der von Borussia verbunden.

Anfangs lief es dort noch gut. Branco Zebec war Trainer geworden, ein kluger Taktiker, der 1952 und 1956 mit der jugoslawischen Nationalmannschaft bei den Olympischen Spielen die Silbermedaille gewonnen hatte. Zebec stellte von der Mann- auf die Raumdeckung um, die ersten Spiele der Borussia verliefen noch chaotisch, hauptsächlich, weil Vorstopper Rolli Rüßmann sich schwer mit dieser Taktik tat. Aber schon nach wenigen Spielen hatte Zebec sein System durchgesetzt und am Ende wurde als Tabellenfünfter ein UEFA-Cupplatz errungen. Es war der erste große Erfolg der Dortmunder nach sechzehn langen Dürrejahren. Zorc hatte mitgeholfen, ihn zu erringen, wenn auch eher als Ergänzungsspieler. Mirko Votava und Jupp Tenhagen, beides Nationalspieler, waren seine Konkurrenten im Mittelfeld, an denen er nicht so leicht vorbeikam.

Es war die Zeit, in der Zorc seinen Spitznamen bekam, mit dem ihn die Fans bis heute anreden. „Susi" Zorc wird er von ihnen gerufen. Diesen Spitznamen hat er Rolli Rüßmann zu verdanken, der sich über seine langen Haare lustig machte. „Du siehst ja aus wie ein Mädchen", hatte er geurteilt, „wie eine Susi." Die „Bild"-Zeitung hat das mitgekriegt und prompt gedruckt. Zorc war darüber anfangs nicht glücklich. Welcher junge Mann will schon einen Mädchennamen haben? Aber mit der Zeit hat er gemerkt, dass es ein Markenzeichen wurde, allerdings nur für die Fans. Die Mitspieler haben ihn nie so genannt.

Zebec war bei seinen Spielern ein äußerst konsequenter Trainer, der sie erziehen wollte. Als Zorc nach auskurierter Verletzung zurück zum Training kam, vergaß er, sich in der Kabine zurückzumelden. Während die anderen auf den Trainingsplatz gingen, hielt Zebec ihn zurück. „Du nicht, Zorci", sagte er, „du hast dich nicht bei mir gemeldet." Zorc, als Abiturient gewohnt, alles auszudiskutieren, wollte sich rechtfertigen, aber Zebec schüttelte nur den Kopf. „Du weißt doch, Zorci, der Trainer hat immer recht." Also hat „Zorci", während die anderen trainierten, untätig in der Kabine warten müssen.

Wenn dieser Klassetrainer doch auch bei sich selbst so konsequent gewesen wäre. Zebec bekam seine Alkoholprobleme leider nicht in den Griff, 1988 ist er, nicht einmal 60 Jahre alt, gestorben.

Auf Zebec folgte Kalli Feldkamp, mit dem Borussia weiter zu den Spitzenvereinen gehörte. Zu Weihnachten lag die Mannschaft nur einen Punkt hinter Tabellenführer HSV, aber Feldkamp vertrug sich nicht mit dem damaligen Präsidenten Vogt, und als das Pokal-Halbfinale gegen Fortuna Köln mit 0:5 verloren wurde, musste er gehen. Dabei war das Erreichen des Halbfinales ein Erfolg gewesen, den Borussia lange nicht errungen hatte. Danach begann der langsame und quälende Abstieg, in den auch Zorc verwickelt war. Als Spieler einer Mannschaft, die permanent gegen den Abstieg kämpfte, hatte er keine Chance, dem Bundestrainer aufzufallen. 1985 war der Tiefpunkt erreicht, Borussia wurde Drittletzter und musste gegen Fortuna Köln, den Dritten der zweiten Bundesliga, Relegationsspiele austragen. Das erste Spiel in Köln ging mit 0:2 verloren, auch beim Rückspiel in Dortmund lag die Mannschaft bis zur Pause 0:1 zurück, nach hartem Kampf wurde die 2:1-Führung erzielt, aber das erlösende 3:1 wollte und wollte nicht fallen. Erst mit dem Schlusspfiff, in allerletzter Sekunde also, schoss es Jürgen Wegmann und erzwang damit ein Entscheidungsspiel. Jürgen Wegmann, dies nebenbei, war jener Fußballer, der den wunderschönen Satz geprägt hat: „In der ersten Halbzeit haben wir unglücklich gespielt und in der zweiten kam Pech hinzu." Um die Borussia jedenfalls hat er sich große Verdienste erworben, denn das dritte Spiel wurde haushoch mit 8:0 gewonnen und Borussia blieb erstklassig.

Diese Spiele, meint Michael Zorc, waren so etwas wie der Wendepunkt. In den Monaten vorher war das Zuschauerinteresse stetig und spürbar zurückgegangen, nun aber kamen die Dortmunder wieder ins Westfalenstadion. Dass ihr Verein gänzlich untergeht, wollten sie denn doch nicht.

Gerd Niebaum wurde Präsident, Stürmer „Frankie" Mill geholt, Saftig und Horst Köppel wurden Trainer und der Aufstieg begann.

1989 wurde der Pokal gewonnen. Im Endspiel in Berlin wurden die favorisierten Bremer mit 4:1 geschlagen, 24 Jahre nach dem letzten Pokalerfolg. „Susi" Zorc war inzwischen Mannschaftskapitän und durfte stolz, wie seinerzeit Aki Schmidt, den Pokal in Empfang nehmen.

Er war inzwischen unumstrittener Gestalter im Mittelfeld, spielte halbrechts oder zentral, verteilte die Bälle und war dazu torgefährlich. 131 Tore hat er in 463 Bundesligaspielen für Borussia geschossen, keine schlechte Bilanz für einen Mittelfeldspieler.

Über viele Jahre hinweg war er der sicherste Elfmeterschütze in der Bundesliga. 48 von knapp über 50 Elfer hat er verwandelt, und dabei nur einen verschossen, der das Ergebnis zuungunsten seiner Mannschaft beeinflusst hat. Bei einem Spiel in Karlsruhe war das, als es beim 0:0 blieb.

Er habe das Elfmeterschießen nicht extra trainiert, erklärt Michael Zorc, es sei reine Konzentrationssache. Man müsse eine gute Schusstechnik haben und die richtig umsetzen, das sei das ganze Geheimnis. Es wäre interessant zu wissen, ob das alle Elfmeterschützen so sehen. Besonders jene, denen beim Anlauf die Nerven flattern.

Schon 1992 hätte der nächste Triumph folgen können. Ein Dreikampf zwischen Frankfurt, Stuttgart und Dortmund war bis zum Schlusstag um die Meisterschaft entbrannt. Während die Frank-

Als Manager am Spielfeldrand: Michael Zorc

furter beim letzten Spiel schnell in Rostock zurücklagen, die Stuttgarter nur ein Unentschieden hielten, lag Dortmund ab der 9. Spielminute in Führung. Bis zur 85. Minute konnten sie sich als Meister fühlen, da köpfte Nationalverteidiger Guido Buchwald für Stuttgart den Siegtreffer. Der VFB, damals noch mit Matthias Sammer, wurde Deutscher, noch nicht Zorcs Borussen.

In diesen Jahren fiel er auch Bundestrainer Berti Vogts auf. Zorc hatte vorher schon einmal Pech mit einer DFB-Auswahlmannschaft gehabt. 1988 war er Stammspieler der Olympiamannschaft, die sich für die Spiele in Seoul qualifiziert hatte. In den Überlegungen von Trainer Hannes Löhr spielte er eine wichtige Rolle, er war auch schon zum Einkleiden gewesen, am folgenden Mittwoch sollte der Abflug sein, da verletzte er sich beim letzten Bundesligaspiel gegen Mannheim schwer. Es war nicht einmal ein umkämpftes Spiel gewesen, Dortmund gewann sicher mit 3:0, da traf ihn bei einem Kampf um den Ball Abwehrspieler Bockenfeld unglücklich am Fuß. Knöchelbruch und Bänderrisse waren die Folge. Während die anderen in Seoul die Bronzemedaille holten, lag Zorc zu Hause mit Gipsbein im Bett und musste vor dem Fernseher zusehen. Eine bittere Erfahrung.

Berti Vogts aber setzte vier Jahre später wieder auf Zorc. Im Dezember 1992 bestritt er in Porto Alegre beim Spiel gegen Brasilien sein erstes von sieben Länderspielen. Mit 1:3 wurde es verloren, Jorginho, Spieler bei Bayer Leverkusen und Bayern München, schoss Torwart Illgner von der Mittellinie einen Ball ins Tor. Vier Tage später wurde das Länderspiel gegen Uruguay aber 4:1 gewonnen. Insgesamt zweimal hat Zorc gegen diese beiden Mannschaften mit dem Nationalteam gespielt, im Herbst 1993 wurde Uruguay in Karlsruhe sogar mit 5:0 besiegt. Er konnte sich berechtigte Hoffnungen machen, zum Kader für die WM ein paar Monate zu gehören, da vollzog Berti Vogts einen überraschenden Sinneswandel. Zorc wurde nicht mehr berücksichtigt, Vogts hat ihm die Gründe dafür niemals erklärt.

Er hat später auch nicht nachgefragt. „Was sollte das bringen?", fragt er. „Die Sache war gelaufen."

Immerhin, ein gutes Jahr lang hat er zum Kader gehört, und sauer auf Vogts ist er auch nicht. Immerhin hat der ihn zum Nationalspieler gemacht.

Die großen Triumphe aber musste Zorc mit seiner Borussia feiern. Deren Aufstieg hing damit zusammen, dass die Vereinsführung die deutschen Italienprofis nach Dortmund holte. Nach und nach kamen sie alle nach Deutschland zurück: Riedle, Reuter, Möller, Sammer und Kohler.

1993 drang Dortmund bis ins UEFA-Cupfinale vor, aber gegen Juventus Turin gab es, ersatzgeschwächt, zwei Niederlagen. Turin, damals noch mit Kohler, Möller und Julio Cesar, war eindeutig besser, das sieht auch Zorc so. Aber im Nachhinein wirken diese beiden Endspiele wie ein Probelauf für größere Aufgaben.

1995 war es dann endlich so weit. Borussia Dortmund wurde nach 32 Jahren Pause wieder Deutscher Meister. Als „Susi" Zorc die Meisterschale im Westfalenstadion in Händen hielt, stand eine ganze Stadt Kopf. Die Vereinsführung ließ die Tore zum Spielfeld öffnen, Unzählige stürmten auf den Rasen und umdrängten in solchen Massen die provisorische Siegertribüne, dass einem um Zorc und seine Mitspieler Angst und Bange werden konnte.

Im Jahr darauf folgte der zweite Meistertriumph, es war eine Wiederholung der Erfolge von 56/57. Wieder war Zorc der Mannschaftskapitän, es waren seine größten Erfolge als Fußballer.

Ein Jahr später drangen die Borussen ins Endspiel um die Champions-League vor. Wieder war Juventus Turin der Gegner, aber inzwischen hatte sich für Zorc Entscheidendes geändert. Die Spiele in der Hinrunde, sowohl in der Bundesliga als auch im Europapokal, hatte er noch alle mitgemacht, dann wurde Dortmunds neuer Mittelfeldstar Paolo Sousa fit und verdrängte ihn.

Mit 35 Jahren saß Zorc jetzt immer öfter auf der Bank und wurde erst im Laufe der Spiele eingewechselt. Genauso war es bei dem größten Triumph in der Dortmunder Vereinsgeschichte. Mit 3:1 wurde Juventus Turin im Endspiel in München geschlagen, Riedle schoss zwei Tore und Einwechselspieler Ricken machte mit einem Heber in den Winkel nach zwischenzeitlichem Anschlusstreffer alles klar.

„Susi!", riefen die Fans, als sich das Spiel dem Ende zuneigte, „Susi!" Sie wollten unbedingt, dass Zorc, dem sie über all die Jahre hinweg so viele Erfolge zu verdanken hatten, auch an diesem Triumph Anteil hatte. Und tatsächlich hat Meistertrainer Hitzfeld Zorc in den letzten Minuten eingewechselt. Auch er wusste schließlich, was Zorc für den Verein geleistet hatte.

Zorc war immer noch Mannschaftkapitän, er nahm auch diesen Pokal entgegen, legte das Amt danach aber nieder. Noch ein Jahr lang hat er für die Borussia gespielt und einen weiteren Triumph erlebt. Beim Endspiel um den Weltpokal gegen den Südamerikameister Cruzeiro Bela Horizonte war Zorc von Anfang an dabei und schoss sogar ein Tor zum 2:0-Sieg.

Er hat also viele Titel in seiner bewegten Karriere gewonnen, die meisten am Ende seiner Karriere, als es mit Borussia Dortmund nach vielen Dürrejahren wieder steil nach oben ging. Es ist so, als wäre er damit belohnt worden für seine Vereinstreue über mehr als zwei Jahrzehnte.

Dort, bei der Borussia, ist er noch heute beschäftigt, inzwischen als Sportdirektor. Es ist Teil einer klugen Vereinsführung, die erfahrenen Altinternationalen in die Vereinsarbeit einzubinden. Zorc ist zuständig für die Spielertransfers. Er hat ein neues System der Beobachtung aufgebaut, in dem viele Beobachter für Borussia unterwegs sind und interessante Spieler mehrfach anschauen. Wer das alles ist, will er aber nicht verraten, denn sobald jemand von Dortmund erkannt wird, beginnen ja die Spekulationen.

Irgendwann, erzählt Zorc, war er selbst mal in Tschechien, um einen Abwehrspieler zu beobachten. Wer ihm aber auffiel, war ein junger Mann im Mittelfeld, gerade mal 19 Jahre alt. Wie der heißt, wollte er wissen, aber die Tschechen neben ihm antworteten nicht. Sie wollten den Jungen, der auch ihnen Freude machte, noch möglichst lange behalten. Rositzky hieß der junge Mann und ist längst der neue Spielgestalter bei Borussia. Dass er ihn entdeckt hat, will Zorc aber nicht gelten lassen. Den, sagt er, hätte jeder entdeckt. Da sei nun wirklich nicht viel Fußballverstand nötig gewesen.

Ansonsten freut er sich über die Entwicklung seiner Mannschaft. Der Umbruch vom alten Meisterteam zum neuen ist geschafft, das Gerüst einer jungen Mannschaft steht, Zorc kann sich in Ruhe nach passender Verstärkung umsehen. Und dazu, das sieht man ihm an, hat die nötige Lust und vor allem die Geduld.

Letzter Einwurf. Ein Nachwort

Fußballgeschichten, die das Leben schrieb

Er muss ein fortschrittlicher Mann gewesen sein, der Professor Konrad Koch, Sportlehrer am Braunschweiger Martino-Katharineum-Gymnasium. Denn während sich seine Kollegen immer nur darüber beklagten, dass mit der Jugend sei nichts anzufangen sei, dass sie bloße Stubenhocker wären, die das Haus höchstens mal zu einem Stadtbummel verließen, blieb er nicht beim Lamentieren. Wenn das so ist, dachte sich Koch, muss ich sie eben mit etwas Interessantem locken. Also besorgte er sich aus England eine lederbeschichtete Gummiblase, einen Fußball also, und schoss ihn in der nächsten Sportstunde auf den Sportplatz. Die Wirkung war verblüffend. Die Jungen rannten wie ausgelassen hinter dem Ball her, alle auf einmal, bis langsam die ersten Spielzüge erprobt wurden. Nichts mehr von Stubenhockerei und liderlichem Stadtbummel. 1874 war das, und es war das erste Fußballspiel auf deutschem Boden.

Die Regeln waren noch wirr. Fünfzehn Spieler pro „Gespielschaft", wie Koch es nannte, traten gegeneinander an, rückwärts durfte der Ball noch geworfen, nach vorn aber nur getreten werden. Anfangs bestand das Ziel darin, den Ball über die Latte zu schießen, erst später wurde als Tor gezählt, wenn der Ball zwischen den Pfosten und unter der Latte einschlug. Zwischendurch ist auch einmal so gerechnet worden, wie wir das als Kinder gemacht haben: zwei Ecken waren ein Tor.

Eine Regel galt aber schon damals, Professor Koch hat sie erfunden. Das Abseits nämlich. Koch hatte bei späteren Spielen festgestellt, dass einige Spieler gerne faul vor dem gegnerischen Tor rumgammelten und nur darauf warteten, bis ihnen der Ball vor die Füße flog. Dann schossen sie ein Tor und konnten auch noch jubeln. Dass Trägheit im Sport belohnt wurde, konnte Koch nicht dulden, er war eben wirklich ein Sportlehrer. Also galt fortan, dass das Spiel mit Freistoß für die gegnerische Mannschaft unterbrochen werden musste, wenn vor dem angreifenden Stürmer im Moment der Ballabgabe nicht mindestens zwei Gegenspieler näher zum Tor standen. Man merkt schon an dieser Formulierung, wie schwierig die Regel ist. Manche, auch unter den Fußballfans, haben sie bis heute nicht richtig kapiert. Fortan mussten also die Stürmer zurücklaufen, wenn die Verteidiger der gegnerischen „Gespielschaft" aufrückten. Und Koch hatte sie alle ans Laufen gekriegt. Was will man mehr als Sportlehrer?

Was Professor Koch für das Abseits, ist Walther Bensemann für die Länderspiele. Er hat sie erfunden, er war der erste, der eines organisiert hat. Lange vor dem ersten offiziellen Länderspiel organisierte er einen Vergleichskampf zwischen deutschen und französischen Fußballern. Ein Städtekampf zwischen Paris und Berlin war das, den die Gäste aus Berlin mit 7:0 gewannen.

Als Koch seine Schüler zum ersten Mal gegen den Ball treten ließ, war Bensemann gerade mal ein Jahr alt. Aber schon 1887, als Vierzehnjähriger, hat er seinen ersten Fußballverein gegründet, den FC Montreux und zwei Jahre darauf den Karlsruher FC. Später noch den Straßburger FC und die Karlsruher Kickers. Bensemann war Kosmopolit, er wuchs in englischen Colleges auf, wo er mit dem Fußball in Berührung kam. Nach der Rückkehr auf den Kontinent arbeitete er als Pädagoge, widmete sich in jungen Jahren aber vor allem dem Aufbau von Fußballstrukturen in Deutschland. Als am 28. Januar 1900 in Leipzig der „Deutsche Fußballbund" gegründet wurde, war Bensemann natürlich dabei. Zwanzig Jahre später wurde er der erste Herausgeber der bis heute führenden Fußballzeitung, des „Kicker" nämlich.

Bensemann war Jude. 1933 musste er vor den Nazis in die Schweiz fliehen, wo er 1934 gestorben ist.

Ihm ist also das wunderbare Hobby so vieler Männer und immer mehr Frauen zu verdanken, nämlich die Diskussion, oft auch die Streiterei darüber, wer von all den Kickern in die Nationalmannschaft gehört, wer auf keinen Fall, wer zurückgeholt und wer aussortiert werden muss.

So viel Fußballfans, so viele Bundestrainer. Obwohl er die Anfänge seiner Erfindung noch mitbekommen hat, dürfte Bensemann über die heutigen Auswirkungen seiner Erfindung sicher staunen.

Die Länderspiele waren und sind die Plattform, auf der die großen Stars geboren werden und auf der die Altstars, die nicht mehr mitkommen, ihre Reputation verspielen.

Wer sich mit der Geschichte der großen Fußballer, von denen die meisten, aber nicht alle Nationalspieler wurden, beschäftigt, stößt auf erstaunliche, teilweise unglaubliche und manchmal auch erschreckende Geschichten.

Das Schicksal von Julius Hirsch ist inzwischen aufgearbeitet worden. Der DFB selbst hat es getan, wenn auch reichlich spät. Zweimal war „Juller" Hirsch, wie er genannt wurde, Deutscher Meister, 1910 mit dem Karlsruher FV und 1914 mit der SpVgg Fürth. Sieben Länderspiele hat er bestritten und dabei vier Tore geschossen. Er war Teilnehmer am Olympiaturnier 1912, als es für die Deutschen nur bis in die Trostrunde reichte. Zwei von den drei Spielen hat er während des Turniers bestritten, allerdings nicht das Spiel gegen Russland, als es einen Rekordsieg gab, der bis heute Bestand hat. Mit sage und schreibe 16:0 wurden die Russen vom Platz gefegt.

Julius Hirsch war Jude. Mit Entsetzen musste er 1933 lesen, dass nach Beschluss der Nazis die deutschen Fußballvereine alle Juden ausschließen mussten. Er schrieb seinem Verein, dem Karsruher FV, dem er seit 1902 angehörte, in einem anrührenden Brief, wie sehr ihn dieser Anschluss treffen würde. Die Verantwortlichen zögerten ein paar Monate lang, dann antworteten sie ihm, dass die neuen Richtlinien des Sportkommissars nicht eingetroffen seien und es deshalb keinen Grund gebe, ihn auszuschließen.

„Juller" Hirsch ging es schlecht in diesen Jahren. Sein Arbeitgeber war in Konkurs gegangen, und so musste er sich mit Hilfsjobs über Wasser halten. Eine Beschäftigung als Trainer, sehnlichst von ihm erwünscht, wurde ihm als Jude verwehrt. Immerhin durfte er aber bis weit in die Nazizeit hinein die Heimspiele seines geliebten KFV besuchen, weil ihn ein Kontrolleur, der ihn kannte, stets heimlich durch einen Hintereingang auf die Zuschauerränge ließ. Um seine nicht-jüdische Frau und seine beiden Kinder Heinold und Esther zu schützen, ließ er sich scheiden. 1943 ist er nach Auschwitz transportiert worden, sein letzter Kartengruß stammt vom März jenes Jahres, er ging an seine Tochter Esther. Kurz darauf ist er ermordet worden. Warum sollte ein Regime, das jede Menschlichkeit mit Füßen trat, ausgerechnet auf einen Fußballspieler Rücksicht nehmen? Zwei Jahre später sind auch seine Kinder deportiert worden, sie überlebten aber im KZ Theresienstadt.

Erst 1998 wurde das Schicksal von Julius Hirsch aufgearbeitet, genauso wie das des zweiten jüdischen Nationalspielers Gottfried Fuchs, der ebenfalls wie Hirsch Teilnehmer am Olympischen Turnier 1912 war. In sechs Länderspielen schoss er 14 Tore, darunter gelang ihm ein einmaliger Rekord, der wohl niemals übertroffen werden wird. Bei dem Kantersieg gegen Russland war Fuchs nämlich im Gegensatz zu Hirsch dabei und schoss nicht weniger als 10 Tore. 10 Tore in einem einzigen Länderspiel, aus heutiger Sicht einfach unglaublich.

Außer Gottfried Fuchs haben nur wenige Spieler mehr Tore als Länderspieleinsätze aufzuweisen. Der spätere Bundestrainer Helmut Schön gehört dazu, außerdem der unvergessene Gerd Müller und auch ein Fußballer namens Ernst Willimowski, ursprünglich polnischer Nationalspieler, den erst Hitlers Kriegs- und Raubzüge gegen Polen einbürgerten. 1941/42 spielte er achtmal für die deutsche Nationalmannschaft und schoss dabei 13 Tore. Als polnischer Nationalspieler brachte er es auf 22 Länderspiele mit nur, muss man fast sagen, 21 Treffern. Willimowski, fünfmal polnischer Landesmeister, blieb später in der Bundesrepublik und spielte u. a. für den TSV Detmold. An seinem Leben kann man ein dunkles Kapitel deutscher Geschichte ablesen, das der Blick auf die Rekordzahlen eines Fußballers keineswegs verharmlosen soll.

Gottfried Fuchs gelang, anders als Hirsch, 1937 die Flucht nach Kanada, wo er 1972, im hohen Alter von fast 83 Jahren, gestorben ist.

Es war kein Geringerer als Sepp Herberger, der ihn nicht vergessen hat. In den sechziger Jahren entwickelte sich zwischen ihnen, die sich persönlich nie begegneten, ein reger schriftlicher Gedankenaustausch, und als die deutsche Nationalmannschaft 1955 in Moskau ein Spiel gegen die Sowjetunion austrug, ließ Herberger seine Spieler eine Grußkarte an Gottfried Fuchs unterschreiben. Die Erinnerung an Fuchs half keinem seiner Spieler, noch einmal zehn Tore gegen „Russland" zu erzielen, das Spiel ging mit 2:3 verloren. Aber der Kartengruß hielt unter den damaligen Nationalspielern die Erinnerung an einen Fußballer wach, den der deutsche Fußball nicht vergessen sollte.

Eng mit Hitlers verbrecherischem Krieg ist auch das Schicksal des Fürthers Hans Fiederer verbunden. Er war erst 19 Jahre alt, als er 1939 gegen Luxemburg sein erstes von sechs Länderspielen bestritt. Drei Tore hat er in diesen Spielen zwischen 1939 und 41 erzielt, dann wurde er als Soldat ins besetzte Frankreich abkommandiert. Dort hat er in seiner freien Zeit natürlich Fußball gespielt und wurde 1942 Opfer einer Aktion der Resistance. Während eines Trainings in Paris flogen Handgranaten auf den Platz und verletzten Fiederer so schwer, dass sein rechtes Bein amputiert werden musste. Angesichts anderer Fußballspieler wie etwa Alan Urban, Nationalspieler von Schalke 04, der im Krieg fiel, ist dies natürlich nicht der schlimmste aller möglichen Ausgänge für einen Soldaten, aber Fiederer war erst 22 Jahre alt, als erleben musste, wie von einer Sekunde zur anderen seine hoffnungsvolle Fußballkarriere zerstört war. Dies zu verarbeiten, muss schwer für einen jungen Mann wie ihn gewesen sein. Dem Fußball ist er trotzdem verbunden geblieben. Fiederer wurde Sportjournalist und war von 1949 an Chefredakteur des „Sport-Magazins".

Sein Onkel Leo war übrigens auch Nationalspieler. 1920 war er dabei, als Ungarn mit 1:0 besiegt wurde. Ihn hat es später in den Fußball-Westen verschlagen. Beim Duisburger SV, bei Rot-Weiß Oberhausen und dem RSV Mülheim hat er gespielt.

Im Krieg gefallen ist auch Dr. Carl Zörner. Im November 1941 starb er schon zu Beginn des Russlandfeldzuges. Zörner war von 1938 an 2. Vorsitzender des Deutschen Fußball-Bundes, im Gedächtnis ist er aber wegen seiner unglaublichen Vielseitigkeit im Sport geblieben. Zörner stammt aus Neunkirchen an der Saar, wo sein Vater Generaldirektor der Humboldtwerke war. Carl Zörners Zwillingsbruder starb schon im ersten Weltkrieg, Carl zog mit der Familie nach Köln, wo er das Abitur bestand und sich dem Kölner Sport-Club anschloss. Für seinen Verein stand er zuerst im Tor der Handballmannschaft, aber Anfang der zwanziger wurde er zu einem wagemutigen und reaktionsschnellen Fußballtorwart, der zu einer echten Konkurrenz für den unvergessenen Heiner Stuhlfaut heranwuchs. 1923 bestritt Carl Zörner vier Länderspiele, kam aber nebenbei auch noch zu Einsätzen in der Nationalmannschaft der Leichtathleten. Zörner war nämlich ein Klassesprinter, der die 100 Meter unter elf Sekunden lief und 7 Meter weit sprang. Stolz war er darauf, dass er 1923 in zwei verschiedenen Sportarten, nämlich als Fußballtorwart und als Sprinter, in Länderkämpfen gegen Holland antreten durfte.

Beim Kölner SC und später, während des Studiums in Berlin, beim Berliner DSC spielte er Fußball, Hockey und Wasserball, und dies jeweils in den ersten Mannschaften. An einem einzigen Tag wurde er in gleich vier Sportarten deutscher Hochschulmeister, nebenbei promovierte er zum Doktor der Jurisprudenz und wurde damit zu einem der wenigen Akademiker unter den Fußballspielern. Beruflich wurde er Manager in einem großen deutschen Industrieunternehmen.

Es war der Krieg, der dieses reiche und vielfältige Leben zerstörte.

Eine andere, zwar nicht dramatische, aber trotzdem erstaunliche Geschichte rankt sich um Robert Schlienz vom VFB Stuttgart. Schlienz konnte alles spielen, Außenläufer, Mittelstürmer, Stopper. Er war ein Torjäger, der in der ewigen Torschützenliste der alten Oberliga Süd den 5. Platz belegt.

Zweimal war er Torschützenkönig, 1946 und 48, aber kurz nach seinem zweiten Triumph wurde er in einen schweren Autounfall verwickelt. Sein linker Arm musste amputiert werden, die Karriere schien beendet. Doch Schlienz war zäh, durch einen fehlenden Arm ließ er sich nicht aufhalten. Sollten andere die Einwürfe machen, mit den Füßen konnte er immer noch mithalten. Und wie er das konnte! Zweimal wurde er mit seinem VFB Deutscher Meister, 1950, als Kickers Offenbach im Endspiel 2:1 geschlagen wurde, 1952, als der 1. FC Saarbrücken mit 3:2 besiegt wurde. Der einarmige Schlienz war nicht etwa ein Mitläufer in dieser Mannschaft, er war der Kapitän und Spielgestalter des Teams. Ebenfalls zweimal wurde der VFB Stuttgart unter seiner Regie Pokalsieger, Erfolge, die die Mannschaft in dieser Anzahl nicht wieder erringen sollte. Sogar vor Herbergers Augen fand er Anerkennung. 1955, beim 2:1-Sieg gegen Irland, stand er zum ersten Mal in der deutschen Nationalmannschaft. 1956, als gegen Holland und England zweimal verloren wurde, war er wieder dabei. Ein Nationalspieler mit nur einem Arm, unvorstellbar heute. 1995 ist er gestorben, bis zu seinem Tod verehrt als einer der großen Fußballhelden Schwabens.

Kurios ist auch die Geschichte der Fußballfamilie Hiller aus Pforzheim. Drei Brüder waren es, von denen zwei als Fußballer Karriere machten. Arthur, in freier Abwandlung seines Nachnamens „Ille" genannt, bestritt vier Länderspiele (1908 und 09) und war der erste Kapitän der deutschen Nationalmannschaft. Mit dem 1. FC Pforzheim wurde er, genau wie sein Bruder Wilhelm, 1906 deutscher Vizemeister. Das Endspiel ging mit 1:3 gegen den VfB Leipzig verloren.

Wilhelm hat den Sprung in die Nationalmannschaft nicht geschafft, dafür aber ein Neffe der beiden, ein Sohn ihres Bruders, der als Fußballer nicht auffiel und dessen Namen die Annalen auch deshalb nicht verraten.

Marius Hiller, ein eher schmächtiger als athletischer Fußballer, war ein ganz besonderer Nationalspieler. Halbstürmer hat er gespielt und schon ein Jahr nach Rücktritt seines Onkels Arthur stand er zum ersten Mal in der Nationalmannschaft. 1910, im Spiel gegen die Schweiz war das, als er gerade erst siebzehneinhalb Jahre alt war. Bei seinem ersten von drei Einsätzen schoss er er auch gleich ein Tor. Damit ist „Bubi" Hiller, wie er gerufen wurde, bis heute der zweitjüngste Nationalspieler. Er hätte bestimmt mehr Länderspiele für Deutschland bestritten, aber 1913 ist er als Repräsentant einer Schweizer Uhrenfirma nach Argentinien ausgewandert. Es war wohl mehr das Fernweh als die Sorge vor der sich zusammenbrauenden Weltkriegs-Katastrophe in Europa, das ihn zu diesem Schritt veranlasst hat. In Argentinien hat er natürlich auch Fußball gespielt, 1918 wurde er mit River Plate argentinischer Meister und spielte nach seiner Einbürgerung als „Edoardo" Marius Hiller zweimal für die argentinische Nationalmannschaft, wobei er vier Tore schoss. Beim 3:1-Sieg gegen Argentinien schoss er den letzten Treffer, beim 7:2-Sieg gegen Uruguay erzielte er drei Tore. Fünf Länderspiele für zwei Nationen hat er also bestritten, auch ein Rekord. Aus der Hillersippe hatte keiner mehr.

Als er 1964 starb, gaben ihm Tausende von Fußballfans auf dem deutschen Friedhof Chacarita in Buenos Aires das letzte Geleit

Wenn man nachschaut, wer denn der jüngste Nationalspieler war, der im deutschen Team jemals zum Einsatz kam, stößt man auf Willy Baumgärtner. 17 Jahre und vier Monate war er bei seinem ersten Länderspiel 1909 gegen die Schweiz. Linksaußen hat er gespielt, zuerst bei Germania Berlin, später beim SV Düsseldorf. Auf vier Länderspiele hat er es gebracht. Sein Alters- oder sollte man besser sagen Jugendrekord dürfte genauso uneinholbar sein wie der Torrekord von Gottfried Fuchs.

Baumgärtner muss eine Seelenverwandtschaft zu „Bubi" Hiller, dem Zweitjüngsten, gehabt haben, denn auch er ist später, Anfang der dreißiger Jahre, nach Südamerika ausgewandert. Nach Brasilien allerdings, wo er Hiller nicht treffen konnte. Zum Fußballspielen war er da schon zu alt, aber er hat noch einen Fußballverein gegründet, den BSC Sao Paulo. Eine merkwürdige Parallelität der Lebensläufe.

Extrem ist die Geschichte der Starostinbrüder aus der Sowjetunion. Nikolai war der Älteste von ihnen, er war der Mannschaftskapitän von Spartak Moskau, wo auch seine Brüder Pjotr, Andrej und Alexander, allesamt bekannte Nationalspieler, kickten. Von Kossarew, dem Chef der Komsomolzen, ist Nikolai eines Tages in den dreißiger Jahren zu einem denkwürdigen Fußballspiel auf dem Roten Platz von Moskau überredet worden, dem einzigen, das jemals dort stattgefunden hat. Stalin, unumschränkter

Herrscher, hatte noch nie ein Fußballspiel gesehen und Kossarew wollte sich bei ihm beliebt machen. Warum nicht mit einem Fußballspiel? Also trat Spartak gegen Dynamo Moskau an, der vorsichtige Kossarew hatte als Zeichen ein Winken mit dem Taschentuch verabredet, falls Stalin das Spiel doch nicht gefallen sollte. Für diesen Fall war das Spiel unverzüglich zu beenden. Aber das Spiel gefiel Stalin, die Brüder strengten sich mächtig an und lagen mit ihrem Team schnell in Führung. Da fiel Nikolai ein weiterer Beobachter, ein Glatzkopf, auf der Kremlmauer auf, Berija, der Geheimdienstchef. Berija war selbst Fußballspieler gewesen, Nikolai Starostin hatte mal gegen ihn gespielt, als Berija linker Läufer bei Dynamo Tiflis gewesen war und selbst von einer Karriere als Fußballer träumte. Aber er war ein kantiger Spieler, technisch unfertig, den auszutricksen nicht besonders schwierig war. Berija hatte also noch eine Rechnung mit ihm offen, am schlimmsten aber war, dass Spartak, ihr Gegner, der Club des Geheimdienstes war. Siedend heiß fiel es Nikolai während des Spiels ein. Wenn sie nun gegen Spartak gewannen, gegen Berijas Club, noch dazu vor Stalins Augen, hatten sie einen Feind fürs Leben. Aber kann ein richtiger Fußballer ein Spiel absichtlich verlieren? Die Starostinbrüder konnten es nicht. Sie schlugen Spartak, Stalin war amüsiert und Berija wütend. Sofort nach dem Spiel hat er versucht, die vier Brüder einzusperren, aber die Starostins hatten in Premier Molotow einen prominenten Fürsprecher. Dessen Tochter Swetlana ging nämlich mit der Starostintochter Jewgenija in eine Schulklasse, die Tochter mochte die Familie ihrer Freundin und so drängte sie ihre Mutter und die ihren Gatten, etwas zur Rettung der Familie zu tun. Ein paar Jahre lang half der Schutz von Molotow, dann fiel die Molotowa in Ungnade und wurde nach Kasachstan verbannt. Kossarew war längst erschossen worden, der Weg war frei für Berija. 1942 ließ er die Brüder verhaften, die Anklage war lebensgefährlich. Bildung einer terroristischen Vereinigung wurde ihnen vorgeworfen, aber weil sich nicht der leiseste Anhauch eines Beweises finden ließ, änderte Berija die Anklage. Nun sollten die Starostinbrüder Eisenbahnwaggons überfallen und beklaut haben. Zu zehn Jahren Gulag wurden sie verurteilt, die sie tatsächlich abgesessen haben. Dort, im Gulag, hat ihnen ausgerechnet das geholfen, was sie dorthin gebracht hat, das Fußballspielen nämlich. Die Wärter kannten die berühmten Starostins natürlich, sie stellten sie in der Lagermannschaft auf und so kam es, dass die Starostins zu ihren bisherigen Titeln einen weiteren hinzugewannen. Die sowjetische Gulagmeisterschaft nämlich. Nikolai hat später, unter Gorbatschow, ein Buch über seine Karriere geschrieben und über diese Ereignisse berichtet. Es ist leider nie ins Deutsche übersetzt worden, nur die Gulaggeschichte ist bekannt geworden.

Wer sich mit Fußball beschäftigt, stößt auf die merkwürdigsten Geschichten. Es ist eben ein Sport, der das Leben spiegelt. Und manchmal sogar den Tod.

Der Autor

Heinrich Peuckmann

Geb. 1949, lebt in Kamen.
Studium der Germanistik und evangelischen Theologie. Schreibt Romane, Erzählungen, Theaterstücke, Hörspiele, Opernlibretti, Kinderbücher, Essays und Reportagen, u. a. über Sport-Themen.

Letzte Veröffentlichungen u. a.: *Aufbruch in Shanghai*. Krimi über das neue China (München, 1995); *Flucht in den Berg*. Roman (München, 1999); *Fouls und Fallen*, Fußballkrimi (München, 1999); *Die Schattenboxer*. Roman. Eine Familien- und Boxgeschichte aus dem Ruhrgebiet (München, 2000); *Das Lied an den Schmetterlingsquellen*. Frauengeschichten aus Asien (München, 2001); *Die Helden aus dem Fußball-Westen* (Münster, 2001); *Der Trick mit der Schürze* (Münster, 2002).